今注本二十四史

漢書

一二

志〔六〕

漢　班固　撰　唐　顏師古　注

孫曉　主持校注

中国社会科学出版社

漢書　卷二九

溝洫志第九[1]

[1]【顔注】應劭曰：溝廣四尺，深四尺；洫廣深倍於溝。師古曰：洫音許域反。

《夏書》：[1]禹堙洪水十三年，[2]過家不入門。陸行載車，水行乘舟，泥行乘毳，[3]山行則梮，[4]以别九州；[5]隨山浚川，[6]任土作貢；[7]通九道，陂九澤，度九山。[8]然河灾之羨溢，[9]害中國也尤甚。[10]唯是爲務，故道河自積石，[11]歷龍門，南到華陰，東下底柱，[12]及明津、雒内，至于大伾。[13]於是禹以爲河所從來者高，水湍悍，難以行平地，[14]數爲敗，迺釃二渠以引其河，[15]北載之高地，[16]過降水，至於大陸，播爲九河，[17]同爲迎河，入于勃海。[18]九川既疏，九澤既陂，諸夏乂安，[19]功施乎三代。[20]

[1]【今注】《夏書》：《尚書》組成部分之一。傳説内容爲記載夏代史事。今本包括《禹貢》《甘誓》《五子之歌》《胤征》四篇。後兩篇屬僞《古文尚書》。近人多認爲《禹貢》係戰國時作品。《甘誓》原爲《商書》中之一篇。

[2]【顔注】如淳曰：堙，没也（殿本無此注）。師古曰：

堙，塞也。洪水汜溢，疏通而止塞之。堙，音因。【今注】禹：傳説中的古代聖王，又稱崇禹、戎禹、伯禹、大禹，一説名文命，姒姓。據説堯、舜在位時發生大洪水，禹之父鯀奉命治水不成而爲舜所殺，禹繼之治水，歷盡艱辛，終獲成功，乃受舜禪位爲王，並大會諸侯於會稽。禹死後，其子啓繼位，結束禪讓制，開始家天下制度，建立夏朝。禹被後世視作夏朝的開國君主，所謂“三王”之一。

［3］【顔注】孟康曰：毳形如箕，擿行泥上。如淳曰：毳音茅蕝之蕝。謂以板置泥上以通行路也。師古曰：孟説是也。毳讀如本字。【今注】毳：通“橇”。

［4］【顔注】如淳曰：梮謂以鐵如錐頭，長半寸，施之履下，以上山，不蹉跌也。韋昭曰：梮，木器，如今輿牀，人舉以行也。師古曰：如説是也。梮，音居足反。

［5］【顔注】師古曰：分其界。【今注】九州：上古行政區劃。傳説爲大禹治水時劃定。據《尚書·禹貢》，分别是冀州、兖州、青州、徐州、揚州、荆州、豫州、梁州、雍州。

［6］【顔注】師古曰：順山之高下而深其流。

［7］【顔注】師古曰：任其土地所有以定貢賦之差也。

［8］【顔注】師古曰：言通九州之道，及鄣遏其澤，商度其山也。度音大各反。

［9］【今注】案，灾，蔡琪本、大德本同，殿本作“菑”。

羡溢：氾濫

［10］【顔注】師古曰：羡讀與衍同，音弋戰反。【今注】。中國：此指中原地區。

［11］【顔注】師古曰：道，治也，引也。從積石山而治引之令通流也。道讀曰導。【今注】積石：山名。即今青海東部積石山脈。

［12］【顔注】師古曰：厎，音之履反。【今注】龍門：山名。

在今陝西韓城市與山西河津市之間，跨黄河兩岸。　華陰：縣名。治所在今陝西華陰市東。　厎柱：山名。原在今河南三門峽市附近黄河中，形若砥柱，故名。《水經注·河水》："昔禹治洪水，山陵當水者鑿之，故破山以通河。河水分流，包山而過，山見水中若柱然，故曰砥柱也。三穿既決，水流疎分，指狀表目，亦謂之三門矣。"歷來爲黄河行船險惡之處，極易觸礁翻船，今已炸毀。

［13］【顔注】鄭氏曰：山一成爲伾，在脩武、武德界。張晏曰：成皋縣山是也。臣瓚曰（蔡琪本作同，大德本、殿本"瓚"後無"曰"字）：以爲今脩武、武德無此山也。成皋縣山又不一成也。今黎陽山臨河，豈是乎？師古曰：内讀曰汭。伾音皮彼反。解在《地理志》。【今注】明津：盟津，又作"孟津"。在今河南孟州市東。明，蔡琪本、殿本同，大德本作"盟"。　雒内：河南境雒水入黄河處。　大伾：山名。在今河南浚縣西南。

［14］【顔注】師古曰：急流曰湍。悍，勇也。湍音它端反。【今注】所從來者：指發源地。

［15］【顔注】孟康曰：釃，分也。分其流，泄其怒也。二渠，其一出貝丘西南南折者也（丘，蔡琪本、大德本同，殿本作"邱"），其一則漯川也。河自王莽時遂空，唯用漯耳。師古曰：釃音山支反。漯音它合反。【今注】數爲敗：指所修堤防屢遭河水沖毁。　釃二渠以引其河：意即自大邳山開始將黄河分成兩條水道。案，釃，《史記·河渠書》作"厮"。

［16］【今注】北載之高地：謂引黄河主幹道向北流。

［17］【顔注】師古曰：播，布也。【今注】洚水：古水名。亦作"浲水""絳水"。降水乃濁漳水上游，源出今山西屯留縣，東流入漳水以注入古黄河。　大陸：澤名。也稱鉅鹿澤，在今河北隆堯、鉅鹿、任縣三縣之間。　播爲九河：韓兆琦《史記箋證》卷二九謂古黄河在今河北省境内分成許多河道，分别入海，非指河北省境内有九條河匯入黄河。

［18］【顔注】臣瓚曰：以爲《禹貢》“夾右碣石入于河”（碣，蔡琪本、大德本、殿本作“碣”），則河入海乃在碣石也。武帝元光二年，河移徙東郡，更注勃海。禹時不注也。師古曰：解在《地理志》。【今注】迎河：《史記·河渠書》作“逆河”。因其入海口處常有潮水倒灌現象，故曰“迎”“逆”。

［19］【顔注】師古曰：疏，分流。【今注】九河：謂徒駭、太史、馬頰、覆釜、胡蘇、簡、潔、句盤、鬲津。

［20］【今注】施：延續。

自是之後，滎陽下引河東南爲鴻溝，[1]以通宋、鄭、陳、蔡、曹、衛，與濟、汝、淮、泗會。[2]於楚，西方則通渠漢川、雲夢之際，[3]東方則通溝江淮之間。[4]於吴，則通渠三江、五湖。[5]於齊，則通淄濟之間。[6]於蜀，則蜀守李冰鑿離堆，[7]避沫水之宫，[8]穿二江成都中。[9]此渠皆可行舟，有餘則用溉，[10]百姓饗其利。至於它，往往引其水，用溉田，溝渠甚多，然莫足數也。

［1］【今注】滎陽：縣名。治所在今河南滎陽市東北。　鴻溝：古運河。魏惠王十年（前360）開通，故道自今河南滎陽市北引黄河水，東經開封市北，折而南經淮陽縣入潁水。

［2］【今注】宋鄭陳蔡曹衛：西周以至春秋時代的諸侯國名，後即用以指該國當年所在之地。　濟：水名。其故道今或堙，或爲他河所奪。　汝：水名。即今河南北汝河、南汝河和新蔡縣以下的洪河。　淮：水名。即今淮河。本由今江蘇北部獨流入海。後下游爲黄河所奪。　泗：水名。其上游今爲泗河，下游代有變遷。

［3］【今注】楚：此指今湖北與河南南部，以及江蘇、安徽等

地。　漢川：即今漢水。　雲夢："雲""夢"二字的本義分别爲（面積不大的）水澤、草地。公元前7世紀初，隨着楚人勢力大規模進入江漢平原區，由於江漢地區低平的地貌特征和亞熱帶季風性氣候，同一個地方一年之中可能出現草→水→草這樣的自然景觀更替，於是，雲、夢二字的含義開始逐漸相互向對方的本義引申：雲有了藪（無水之澤）的含義，夢也有了水澤的意思。約公元前6世紀末，由於含義近同，雲、夢二字開始聯爲普通名詞片語"雲夢"，用來稱呼楚地澤水較少、野草豐茂、禽獸多見，宜於王公貴族遊賞、狩獵的地方。這樣的地方在楚地自然不止一處。於是，伴隨楚國勢力的拓展，不但江漢平原及其附近，就是三峽地區、淮河流域也留下"雲夢"的身影。秦漢以降，隨着中原、楚地之間的交往日益密切，人們（尤其是非楚地人）把本爲普通名詞片語的楚地方言"雲夢"再後綴上雅言同義詞"澤藪"，以便於人們對楚地方言詞雲夢的理解。久而久之，也就出現"雲夢澤"這樣的水體名稱，並進而被不懂楚語方言的後來者視爲古代楚地跨江南北的大型湖泊的專有名稱，於是造成古今學者對古雲夢澤位置、範圍、大小、性質等方面的長期争論（參見周宏偉《雲夢問題的新認識》，《歷史研究》2012年第2期）。

［4］【今注】通溝：韓兆琦《史記箋證》卷二九謂義同上句之"通渠"。本句所説的"江淮之間"，即指今安徽、江蘇中部地區，其連通長江與淮河的最著名的古代運河爲邗溝，乃吴王夫差所開鑿。

［5］【今注】吴：指今蘇南、皖南、浙江等地。　三江：三江合稱。説法不一，有説指北江、中江、南江。　五湖：即今太湖。

［6］【今注】齊：指今山東東部地區。　淄濟：二水名。即淄水、濟水。

［7］【顔注】晉灼曰：隼，古堆字也。隼，岸也。師古曰：音丁回反。【今注】蜀：古國名。秦漢以來爲郡名，首府即今四川成

都市。　李冰：水利學家。戰國時期秦國人。生卒年不詳，官至蜀郡守，主持興建都江堰。

［8］【顔注】師古曰：沫音本末之末。沫水出蜀西南徼外，東南入江。【今注】沫水：古水名。岷江支流，今四川大渡河。案，宫，蔡琪本同，大德本、殿本作“害”。

［9］【今注】二江：指郫江與檢江，二水皆自都江堰分岷江水而來。　成都：地名。在今四川成都市。

［10］【顔注】師古曰：溉，灌也，音工代反。

魏文侯時，[1]西門豹爲鄴令，有令名。[2]至文侯曾孫襄王時，[3]與群臣飲酒，王爲群臣祝曰：“令吾臣皆如西門豹之爲人臣也！”史起進曰：“魏氏之行田也以百畝，[4]鄴獨二百畝，是田惡也。漳水在其旁，[5]西門豹不知用，[6]是不智也。知而不興，是不仁也。仁智豹未之盡，何足法也！”於是以史起爲鄴令，遂引漳水溉鄴，以富魏之河内。[7]民歌之曰：“鄴有賢令兮爲史公，決漳水兮灌鄴旁，終古舄鹵兮生稻粱。”[8]

［1］【今注】魏文侯：戰國時魏國第一位君主，名斯。公元前445年至前396年在位。執政期間師於李悝，進行變法，造《法經》、盡地力之教；用吴起、樂羊爲將，西伐秦，北伐中山；任西門豹守鄴，河内稱治。經過變法與改革，魏國富强起來。

［2］【顔注】師古曰：有善歧之稱（歧，蔡琪本、大德本、殿本作“政”）。【今注】西門豹：戰國魏國人。西門氏，名豹。魏文侯時任鄴令。曾破除當地“河伯娶婦”的迷信，並開鑿水渠十二條，引漳水灌溉，改良土壤，以發展農業生産。　鄴：縣名。治所在今河北臨漳縣西南。

［3］【今注】襄王：戰國時魏國國君。公元前318年至前296年在位。魏惠王子，名嗣。

［4］【顔注】師古曰：賦田之法，一夫百畝也。

［5］【今注】漳水：水名。今山西東部有清漳、濁漳兩河，東南流至今河北、河南兩省交界處，合爲漳河。舊有老漳、小漳河，皆漳河故道，今並堙。

［6］【今注】案，班固據《吕氏春秋·樂成》而稱無西門豹引漳溉鄴事，失之偏頗。王先謙《漢書補注》謂《吕氏春秋》乃敵國記載之詞，不免失實。

［7］【今注】河内：即今河南黄河以北及河北邯鄲市一帶。

［8］【顔注】蘇林曰：終古，猶言久古也。《爾雅》曰"鹵，鹹苦也"。師古曰：舄即斥鹵也。謂鹹鹵之地也。

其後韓聞秦之好興事，欲罷之，無令東伐。[1]迺使水工鄭國間説秦，[2]令鑿涇水，[3]自中山西邸瓠口爲渠，[4]並北山，[5]東注洛，三百餘里，[6]欲以溉田。中作而覺，[7]秦欲殺鄭國。鄭國曰："始臣爲間，然渠成亦秦之利也。臣爲韓延數歲之命，而爲秦建萬世之功。"秦以爲然，卒使就渠。渠成而用溉注填閼之水，溉舄鹵之地四萬餘頃，收皆畝一鍾。[8]於是關中爲沃野，[9]無凶年，秦以富强，卒并諸侯，因名曰鄭國渠。

［1］【顔注】如淳曰：息秦滅韓之計也。師古曰：罷讀曰疲，令其疲勞不能出兵耳（蔡琪本同，大德本、殿本"兵"後無"耳"字）。【今注】無令東伐：使其没有力量再向東方諸國進攻。

［2］【顔注】師古曰：間音居莧反。其下亦同。【今注】鄭國：戰國末年水利專家。　間説秦：爲開展間諜活動而勸説秦國統

治者。

[3]【今注】涇水：即今陝西境内的涇河。

[4]【顔注】師古曰：中讀曰仲，即今九嵕之東仲山也。邸，至也。【今注】中山：山名。在今陝西淳化縣東南。　瓠口：即穀口。在今陝西禮泉縣東北。

[5]【今注】並北山：謂沿着北部的山勢東行。北山，指今陝西關中平原北部諸山。

[6]【顔注】師古曰：並音步浪反。洛水，即馮翊漆沮水。

[7]【顔注】師古曰：中作，謂用功中道，事未竟也。

[8]【顔注】師古曰：注，引也。閼讀與淤同，音於據反。填淤謂壅泥也。言引淤濁之水灌鹹鹵之田，更令肥美，故一畝之收至六斛四斗。【今注】案，王念孫《讀書雜志·漢書第七》謂"溉"字當删。《史記·河渠書》無"溉"字。　鐘：古代量器名。一鐘等於六石四斗。

[9]【今注】關中：函谷關以西，通常用以指今陝西中部一帶地區。

漢興三十有九年，孝文時河決酸棗，[1]東潰金隄，[2]於是東郡大興卒塞之。[3]

[1]【今注】孝文時河決酸棗：指漢文帝十二年（前168）黄河堤決於東郡酸棗。酸棗，縣名。治所在今河南延津縣西南。

[2]【顔注】師古曰：潰，横決也。金隄，河隄名也，在東郡白馬界。隄音丁奚反（殿本無"音"字）。【今注】金隄：西漢時東郡、魏郡、平原郡界内黄河河堤，用石築成，根據地勢高低，高度從一丈到四五丈不等，取名金堤，寓意堅固。

[3]【今注】東郡：治濮陽（今河南濮陽市西南）。

其後三十六歲，孝武元光中，[1]河決於瓠子，[2]東南注鉅野，[3]通於淮、泗。[4]上使汲黯、鄭當時興人徒塞之，[5]輒復壞。是時武安侯田蚡爲丞相，[6]其奉邑食鄃。[7]鄃居河北，[8]河決而南則鄃無水灾，邑收入多。蚡言於上曰："江河之决皆天事，未易以人力彊塞，[9]彊塞之未必應天。"而望氣用數者亦以爲然，[10]是以久不復塞也。

[1]【今注】元光：漢武帝年號（前134—前129）。

[2]【今注】瓠子：古河堤名。在今河南濮陽市西南。

[3]【顔注】師古曰：鉅野，澤名，舊屬兖州界，即今之鄆州鉅野縣。【今注】鉅野：澤名。在今山東鉅野縣北一帶。

[4]【今注】通於淮泗：此謂黄河氾濫，與東南方的泗水、淮水連成一片。

[5]【今注】汲黯鄭當時：漢武帝時名臣。二人傳見本書卷五〇。

[6]【今注】田蚡：漢景帝王皇后同母弟。傳見本書卷五二。

[7]【今注】奉邑：漢代列侯受封的食邑。

[8]【顔注】師古曰：奉音扶用反。鄃音輸，清河之縣也。【今注】鄃：縣名。治所在今山東平原縣西南。

[9]【今注】彊塞：勉强地堵塞。

[10]【今注】望氣：古代方士的一種占候術，望雲氣變幻測吉凶禍福（參看洪衞中《漢魏晉南北朝"望氣"淺論》，《甘肅社會科學》2011年第2期）。　用數者：講究各種迷信的技術、法術的人。數，數術，關于天文、曆法、占卜、陰陽五行等涉及演算的學問。

時鄭當時爲大司農，[1]言“異時關東漕粟從渭上，[2]度六月罷，[3]而渭水道九百餘里，時有難處。[4]引渭穿渠起長安，旁南山下，[5]至河三百餘里，徑易[6]漕，度可令三月罷；[7]罷而渠下民田萬餘頃又可得以溉。[8]此損漕省卒，而益肥關中之地，得穀。”上以爲然，令齊人水工徐伯表，[9]發卒數萬人穿漕渠，三歲而通。[10]以漕，大便利。其後漕稍多，而渠下之民頗得以溉矣。

[1]【今注】大司農：漢時全國財政經濟的主管官。秦時爲治粟内史，漢景帝時更名爲大農令，武帝太初元年（前104），改爲大司農。新莽時稱羲和，後又改爲納言，東漢時復稱大司農。從西漢到東漢，或簡稱爲大農。

[2]【顔注】師古曰：異時，往時也。【今注】關東漕粟：指東部地區向首都長安水運糧食。　從渭上：從黄河西上進入渭水，再逆渭水上抵長安。

[3]【顔注】師古曰：計度其功，六月而後可罷也。度音大各反。【今注】度六月罷：謂運送一趟需用時六個月。

[4]【今注】時有難處：常有難以通行之處。

[5]【顔注】師古曰：旁音步浪反。【今注】南山：即今陜西秦嶺山脈。旁南山下，至河謂自長安沿南山向東修渠，直通黄河。

[6]【顔注】師古曰：徑，直也。易音弋豉反。

[7]【今注】可令三月罷：可以將運送的時間縮減到三個月。

[8]【今注】渠下：謂渠道兩側。

[9]【顔注】師古曰：巡行穿渠之處而表記之（處，蔡琪本、殿本同，大德本作“処”），今之竪標是（竪，蔡琪本同，大德本、殿本作“豎”）。

［10］【今注】漕渠：運糧使用的渠道。

後河東守番係[1]言："漕從山東西，歲百餘萬石，[2]更厎柱之艱，[3]敗亡甚多而煩費。穿渠引汾溉皮氏、汾陰下，引河溉汾陰、蒲坂下，[4]度可得五千頃。故盡河堧棄地，[5]民茭牧其中耳，[6]今溉田之，[7]度可得穀二百萬石以上。穀從渭上，與關中無異，[8]而厎柱之東可無復漕。"上以爲然，發卒數萬人作渠田。數歲，河移徙，[9]渠不利，田者不能償種。[10]久之，河東渠田廢，予越人，令少府以爲稍入。[11]

［1］【顏注】師古曰：姓番名係也。番音普安反。【今注】河東：郡名。治安邑（今山西夏縣西北）。

［2］【顏注】師古曰：謂從山東運漕而西入關也。【今注】山東：即殽山（今河南靈寶市東南）以東。

［3］【顏注】師古曰：更，歷也，音庚。

［4］【顏注】師古曰：引汾水可用溉皮氏及汾陰以下，而引河水可用溉汾陰及蒲坂以下，地形所宜也。【今注】汾：水名。即今山西境内之汾水。　皮氏：縣名。治所在今山西河津市。　汾陰：縣名。治所在今山西萬榮縣西南。　蒲坂：縣名。治所在今山西永濟市西。

［5］【顏注】師古曰：謂河岸以下緣河邊地素不耕墾者也。堧音而緣反（堧，蔡琪本、殿本同，大德本作"壖"）。【今注】河堧棄地：河道邊廢棄的土地。案，堧，蔡琪本、殿本同，大德本作"壖"。

［6］【顏注】師古曰：茭，乾草也。謂收茭草及牧畜産於其中。茭音交。

［7］【顔注】師古曰：溉而種之。

［8］【顔注】師古曰：雖從關外而來，於渭水運上，皆可致之，故曰與關中收穀無異也。【今注】案，此言將河東地區收穫的糧食經由渭水運到長安，其近便程度與直接在關中生産糧食幾乎無異。

［9］【今注】數歲河徙移：謂幾年後黄河河道出現變化。

［10］【顔注】師古曰：言所收之直不足償糧種之費也。種音之勇反。

［11］【顔注】如淳曰：時越人有徙者，以田與之，其租税入少府也。師古曰：越人習於水田，又新至，未有業，故與之也。稍，漸也。其入未多，故謂之稍也。【今注】越人：韓兆琦《史記箋證》卷二九謂此處似指温州一帶的東越人，東越爲避閩越的進攻，於建元三年（前138）北遷於江淮之間，或亦有更北遷於河東者。　少府：漢代中央諸卿之一。爲皇帝私府，專管皇室財政及生活諸事。機構龐大，屬官繁多。秩中二千石。

其後人有上書，欲通褒斜道及漕，[1]事下御史大夫張湯。[2]湯問之，言“抵蜀多故道，故道多阪，回遠。[3]今穿褒斜道，少阪，近四百里；而褒水通沔，[4]斜水通渭，皆可以行船漕。漕從南陽上沔入褒，褒絶水至斜，[5]閒百餘里，以車轉，從斜下渭。如此，漢中穀可致，[6]而山東從沔無限，[7]便於底柱之漕。且褒斜材木竹箭之饒，[8]儗於巴蜀。”[9]上以爲然。拜湯子卬爲漢中守，發數萬人作褒斜道五百餘里。道果便近，而水多湍石，不可漕。[10]

［1］【顔注】師古曰：褒、斜，二谷名，其谷皆各自有水耳。

斜音弋奢反。【今注】褒斜道：漢武帝時修建的重要入蜀道路。自今陝西眉縣經太白山至陝南褒城附近的山路。因沿出於秦嶺的褒水和斜水而得名。褒、斜，二水名（亦山谷名），皆源自秦嶺太白縣附近，斜水北流，至眉縣入渭水；褒水南流，至漢中入沔水。

［2］【今注】御史大夫：職官名。秦始置，西漢沿置，與丞相、太尉並稱“三公”。佐丞相理國政，兼司監察。秩中二千石。　張湯：漢武帝時著名的酷吏。傳見本書卷五九。

［3］【顔注】師古曰：抵，至也。故道屬武都，有蠻夷，故曰道，即今鳳州界也。回音胡内反。【今注】故道：古道路名。又稱陳倉道。是秦嶺南北的主要通道，陝、蜀來往經此。北起陳倉（今陝西寶雞市東），向西南經大散關沿故道水（今嘉陵江）河谷至今陝西鳳縣，折東南過褒谷抵漢中。斜谷道廢後，成爲北棧道的一段。　阪：山坡。

［4］【今注】沔：沔水。即今漢江。

［5］【今注】褒絶水：即褒水的源頭。

［6］【今注】漢中：郡名。治西城（今陝西安康市西北）。

［7］【今注】山東從沔無限：謂關東地區之貨物可由沔水運至長安，不受任何限制。

［8］【今注】竹箭：即篠，細竹。

［9］【顔注】師古曰：儗，比也。【今注】巴：郡名。治江州（今重慶北嘉陵江北岸）。　蜀：郡名。治成都（今四川成都市）。

［10］【今注】水多湍石：水流湍急，並且河道多石。　不可漕：無法運糧。

其後嚴熊言“臨晉民願穿洛以溉重泉以東萬餘頃故惡地。[1]誠即得水，可令畝十石。”於是爲發卒萬人穿渠，自徵引洛水至商顔下。[2]岸善崩，[3]乃鑿井，深者四十餘丈。往往爲井，井下相通行水。水隤以絶商顔，[4]東至山領十餘里間。井渠之生自此始。穿得龍骨，故名曰龍首渠。[5]作之十餘歲，渠頗通，猶未得其饒。

［1］【顔注】師古曰：臨晉、重泉皆馮翊之縣也。洛即漆沮水。【今注】嚴熊：王鳴盛《十七史商榷》卷二一謂《史記》作莊熊羆。"嚴"字避漢明帝劉莊諱。去"羆"字恐爲班氏之誤。　臨晉：縣名。治所在今陝西大荔縣東南。　重泉：縣名。治所在今陝西大荔縣内。

［2］【顔注】應劭曰：徵在馮翊。商顔，山名也。師古曰：徵音懲，即今所謂澄城也。商顔，商山之顔也。謂之顔者，譬人之顔額也，亦猶山領象人之頸領。【今注】徵：縣名。治所在今陝西澄城縣西南。　商顔：山名。在今陝西大荔縣北。

［3］【顔注】如淳曰：洛水之岸也（蔡琪本同，大德本、殿本"水"後無"之"字）。師古曰：善崩，言憙崩也。【今注】岸善崩：指穿渠之岸常崩塌。

［4］【顔注】師古曰：下流曰隤。

［5］【今注】龍首渠：中國歷史上第一條地下井渠。漢武帝時爲灌溉今陝西北洛水下遊東岸一萬多頃鹹鹵地而開鑿。相傳開鑿時掘到龍骨，故名。自今澄城西南引洛水東南流，至今大荔西仍入洛。渠經商顔山下，土松渠岸易崩，乃鑿井在井下開渠通水，長十餘里。最深的井達四十餘丈。發動兵卒萬人，歷時十餘年。北周時又曾重加開浚。至唐廢。

自河決瓠子後二十餘歲，歲因以數不登，而梁楚之地尤甚。[1]上既封禪，[2]巡祭山川，其明年，[3]乾封少雨。[4]上乃使汲仁、郭昌發卒數萬人塞瓠子決河。[5]

於是上以用事萬里沙則，[6]還自臨決河，湛白馬玉璧，[7]令群臣從官自將軍以下皆負薪寘決河。[8]是時東郡燒草，以故薪柴少，而下淇園之竹以爲揵。[9]上既臨河決，悼功之不成，[10]迺作歌曰：

[1]【今注】梁楚之地：指今河南東部及與之鄰近的安徽、江蘇北部地區。

[2]【今注】封禪：封爲“祭天”，禪爲“祭地”。古代帝王祭祀天地的大型典禮。一般在泰山上筑壇祭天稱爲封，在泰山之南梁父山辟場祭地稱爲禪。

[3]【今注】其明年：指漢武帝元封二年（前109）。

[4]【顔注】師古曰：乾音干。解在《郊祀志》。【今注】乾封：謂天旱。封，即祭壇。

[5]【今注】汲仁：汲黯之弟，曾官至九卿。不知此時所任何職。　郭昌：西漢雲中郡（今内蒙古托克托縣古城村）人。武帝時爲校尉，隨大將軍衛青北擊匈奴。元鼎六年（前111）爲中郎將，率領準備遠征南越的巴蜀八校尉轉攻且蘭及南夷諸部，漢以其地置牂柯郡。元封二年率數萬士卒治理瓠子決口，使改道二十三年之久的黄河復歸故道。同年又率巴蜀兵平定西南夷中之不服者，漢以其地置益州郡。元封四年以太中大夫拜爲拔胡將軍，駐屯朔方郡，備禦匈奴侵擾。元封六年率軍征討益州昆明族叛亂，作戰不力而被免職。宣帝地節年間（前69—前66）以光禄大夫身份巡察黄河，修渠引水，百姓以安。事迹見本書卷五五《衛青霍去病傳》。　案，乃，蔡琪本同，大德本、殿本作“迺”。

[6]【今注】萬里沙：地名。在今山東掖縣東北。

[7]【顔注】師古曰：“湛”讀曰“沈”。沈馬及璧以禮水神也。

[8]【顔注】師古曰：寘，音大千反。【今注】將軍以下：指

大將軍以下的所有文武官員。

[9]【顏注】晉灼曰：淇園，衞之苑也。如淳曰：樹竹塞水決之口，稍稍布插接樹之，水稍弱，補令密，謂之揵（揵，蔡琪本、大德本同，殿本作“楗”。本注下同）。以草塞其中（中，蔡琪本、殿本同，大德本作“衷”），乃以土填之。有石，以石爲之。師古曰：揵音其偃反。【今注】淇園：園林名。在今河南淇縣西北。　揵：同“楗”，用以堵塞決口的柱樁。案，揵，蔡琪本、大德本同，殿本作“楗”。下同不注。

[10]【今注】河決：黄河決口處。　悼功之不成：傷悼過去二十多年治理黄河的失敗。

瓠子決兮將奈何？浩浩洋洋，慮殫爲河。[1]殫爲河兮地不得寧，功無已時兮吾山平。[2]吾山平兮鉅野溢，[3]魚弗鬱兮柏冬日。[4]正道弛兮離常流，[5]蛟龍騁兮放遠遊。歸舊川兮神哉沛，[6]不封禪兮安知外！[7]皇謂河公兮何不仁，[8]泛濫不止兮愁吾人！[9]齧桑浮兮淮、泗滿，[10]久不反兮水維緩。[11]

[1]【顏注】如淳曰：殫，盡也。師古曰：浩浩洋洋，皆水盛貌。慮猶恐也。浩音胡老反。洋音羊。【今注】慮：大率、大抵。《史記·河渠書》作“閭”。

[2]【顏注】如淳曰：恐水漸山使平也。韋昭曰：鑿山以填河。師古曰：韋説是也。已，止也。言用功多不可畢止也。

[3]【顏注】如淳曰：瓠子決，灌鉅野澤使溢也。【今注】吾山：亦作“魚山”，在今山東東阿縣西南。

[4]【顏注】孟康曰：鉅野滿溢，則衆魚弗鬱而滋長，迫冬日乃止也。師古曰：孟説非也（殿本無“孟説非也”）。弗蔚

（蔚，蔡琪本同，大德本、殿本作“鬱”），憂不樂也。水長滿溢（滿，蔡琪本同，大德本、殿本作“涌”），濊濁不清，故魚不樂，又迫於冬日，將甚困也。柏讀與迫同。弗音佛（佛，蔡琪本同，大德本、殿本作“佛”）。

［5］【顔注】晉灼曰：言河道皆弛壞。【今注】弛：毁壞。離常流：離開了正常的流通之道。

［6］【顔注】臣瓚曰：水還舊道，則群害消除，神祐滂沛也。師古曰：沛音普大反（普，大德本、殿本同，蔡琪本作“沛”）。

［7］【顔注】師古曰：言不因巡狩封禪而出，則不知關外有此水。【今注】案，韓兆琦《史記箋證》卷二九謂“不封禪兮安知外”乃强詞奪理之語，是漢武帝爲其求長生的封禪活動作藉口。

［8］【顔注】張晏曰：皇，武帝也。河公，河伯也。【今注】河伯：黄河之神。

［9］【今注】愁吾人：令我的子民遭受創痛。

［10］【顔注】如淳曰：齧桑，邑名，爲水所浮漂。【今注】齧桑：古邑名，在今江蘇沛縣東南。

［11］【顔注】師古曰：水維，水之綱維也。【今注】久不反：指河水二十多年没有回到原先固有的河道。

一曰：河湯湯兮激潺湲，[1]北度回兮迅流難。[2]搴長茭兮湛美玉，[3]河公許兮薪不屬。[4]薪不屬兮衛人罪，[5]燒蕭條兮噫乎何以御水！[6]隤林竹兮揵石菑，[7]宣防塞兮萬福來。[8]

［1］【顔注】師古曰：“歌有二章，自“河湯湯”以下更是其一，故云一曰也。湯湯，疾貌也。潺湲，激流也。湯音傷。潺音仕連反。湲音于權反。

［2］【顔注】師古曰：迅，疾也，音訊。【今注】北度回：言

水面遼遠，難以北渡。案，度，蔡琪本同，大德本、殿本作“渡”。

［3］【顏注】如淳曰：搴，取也。茭，草也，音郊。一曰，茭，竿也。取長竿樹之，用著石間以塞決河也。臣瓚曰：竹葦絙謂之交也（交，蔡琪本、大德本、殿本作“茭”），所以引置土石也。師古曰：瓚説是也。搴，拔也。絙，索也。湛美玉者，以祭河也。茭字宜從竹。搴音騫。茭音交，又音爻。湛讀曰沈。絙音工登反。

［4］【顏注】如淳曰：旱燒，故薪不足也。師古曰：沈玉禮神，見許福祐，但薪不屬逮（但薪，蔡琪本同，大德本、殿本作“但以薪”），故無功也。屬音之欲反。

［5］【顏注】師古曰：東郡本衞地，故言此衞人之罪也。【今注】案，春秋時代的衞國都城即漢東郡郡治所在濮陽。

［6］【顏注】師古曰：燒草皆盡，故野蕭條然也。噫乎，歎辭也。噫，音於期反。

［7］【顏注】師古曰：隤林竹者，即上所説“下淇園之竹以爲揵”也。石菑者謂臿石立之，然後以土就填塞也。菑亦臿耳，音側其反，義與臿同（臿，蔡琪本、殿本同，大德本作“俥”）。

［8］【今注】宣防塞：即堵住了瓠子決口，並在其堤上修築了宣房宮。宣房，又作“宣防”。漢代宮名，故址在今河南濮陽市西南。

於是卒塞瓠子，築宮其上，名曰宣防。而道河北行二渠，復禹舊迹，[1]而梁、楚之地復寧，無水灾。

［1］【顏注】師古曰：“道”讀曰“導”。【今注】道河北行二渠：即重新讓黄河還向北流，一如當初大禹“釃二渠以引其河”。

自是之後，用事者争言水利。朔方、西河、河西、酒泉皆引河及川谷以溉田。[1]而關中靈軹、成國、湋渠[2]引諸川，汝南、九江引淮，[3]東海引鉅定，[4]泰山下引汶水，[5]皆穿渠爲溉田，各萬餘頃。它小渠及陂山通道者，不可勝言也。[6]

[1]【今注】朔方：郡名。治朔方（今内蒙古杭錦旗東北）。西河：郡名。治平定（今内蒙古准格爾旗西南）。　河西：泛指黄河以西地區。　酒泉：郡名。治禄福（今甘肅酒泉市）。

[2]【顔注】如淳曰：《地理志》"盩厔有靈軹渠"。成國，渠名，在陳倉。湋音韋，水出韋谷。【今注】靈軹：渠名。在今陝西周至縣東靈軹下，東北流入渭水。　成國：渠名。自今陝西眉縣東北渭水北岸，引渭水東流，經興平市及咸陽市北，至涇、渭合流處復入渭水。　緯渠：渠名。在今陝西岐山縣東北。

[3]【今注】汝南：郡名。治上蔡（今河南上蔡縣西南）。九江：郡名。治壽春（今安徽壽縣）。

[4]【顔注】臣瓚曰：鉅定，澤名也。【今注】東海：疑爲"北海"之訛。北海郡治營陵（今山東濰坊市南）。　鉅定：澤名。在今山東臨淄市東北。

[5]【顔注】師古曰：汶音問。【今注】泰山：郡名。治奉高（今山東泰安市東）。　汶水：在今山東中部。

[6]【顔注】師古曰：陂山，因山之形也。道，引也。陂音彼義反。道讀曰導。一曰，陂山，遏山之流以爲陂也，音彼皮反。【今注】陂山：瀧川資言《史記會注考證》卷二九引中井積德，謂《漢志》"披"作"陂"，謂隨山勢造陂堤以導水也。

自鄭國渠起，至元鼎六年，[1]百三十六歲，而兒寬爲左内史，[2]奏請穿鑿六輔渠，[3]以益溉鄭國傍高卬之田。[4]上曰："農，天下之本也。泉流灌寖，所以育五穀也。[5]左、右内史地，[6]名山川原甚衆，細民未知其利，故爲通溝瀆，畜陂澤，[7]所以備旱也。今内史稱田租挈重，不與郡同，[8]其議減。令吏民勉農，盡地利，平繇行水，勿使失時。"[9]

[1]【今注】元鼎：漢武帝年號（前116—前111）。

[2]【今注】兒寬：傳見本書卷五八。　左内史：官名。治京師。漢武帝建元六年（前135）分爲左右内史，太初元年（前104）又改左内史曰左馮翊，屬官有廩犧令丞尉，左都水、鐵官、雲壘、長安四市四長丞。

[3]【顔注】師古曰：在鄭國渠之裏，今尚謂之輔渠，亦曰六渠也。【今注】六輔渠：關中地區六條人工灌溉渠道的總稱。又名六渠、輔渠。在今陝西涇陽縣西北鄭國渠北岸。

[4]【顔注】師古曰：素不得鄭國之溉灌者也。卬謂上向也，讀曰仰也（蔡琪本同，大德本、殿本"仰"後無"也"字）。

[5]【顔注】師古曰：寖，古"浸"字。

[6]【今注】右内史：官名。漢武帝建元六年分置左右内史，太初元年改右内史曰京兆尹，掌治京師。屬官有長安市、厨兩令丞和都水、鐵官兩長丞。

[7]【顔注】師古曰："畜"讀曰"蓄"。

[8]【顔注】師古曰：租挈，收田租之約令也。郡謂四方諸郡也。挈音苦計反（計，大德本、殿本同，蔡琪本作"結"）。

[9]【顔注】師古曰：平繇者，均齊渠堰之力役，謂俱得水利也。繇讀曰傜。

後十六歲，太始二年，[1]趙中大夫白公[2]復奏穿渠。引涇水，首起谷口，尾入櫟陽，[3]注渭中，袤二百里，[4]溉田四千五百餘頃，因名曰白渠。民得其饒，歌之曰："田於何所？池陽、谷口。鄭國在前，白渠起後。[5]舉臿爲雲，決渠爲雨。[6]涇水一石，其泥數斗。且溉且糞，長我禾黍。[7]衣食京師，億萬之口。"言此兩渠饒也。

[1]【今注】太始：漢武帝年號（前96—前93）。　案，一，蔡琪本同，大德本、殿本作"二"。

[2]【顏注】鄭氏曰：白，姓。公，爵。時人多相謂爲公。師古曰：此時無公爵也，蓋相呼尊老之稱耳。【今注】趙：諸侯王國名。治邯鄲（今河北邯鄲市）。　中大夫：此爲王國職官名。掌議論。

[3]【顏注】師古曰：谷口即今雲陽縣治谷是也（殿本無"即"字；大德本"是"後無"也"字）。【今注】谷口：縣名。治所在今陝西三原縣西。白渠實起於穀口縣之瓠口。　櫟陽：縣名。治所在今陝西西安市閻良區武屯鄉。

[4]【顏注】師古曰：袤，長也，音茂。

[5]【顏注】師古曰：鄭國興於秦時，故云前。【今注】池陽：縣名。治所在今陝西涇陽縣西北。

[6]【顏注】師古曰：臿，鍫也，所以開渠者也。

[7]【顏注】如淳曰：水渟淤泥，可以當糞也（蔡琪本同，大德本、殿本"糞"後無"也"字）。

是時方事匈奴，興功利，言便宜者甚衆。[1]齊人延年上書[2]言："河出昆侖，[3]經中國，注勃海，是其地埶西北高而東南下也。可案圖書，觀地形，令水工準高下，開大河上領，[4]出之胡中，東注之海。如此，關東長無水灾，北邊不憂匈奴，可以省隄防備塞，士卒轉輸，胡寇侵盜，覆軍殺將，暴骨原野之患。天下常備匈奴而不憂百越者，[5]以其水絶壤斷也。此功壹成，萬世大利。”書奏，上壯之，報曰：“延年計議甚深。然河迺大禹之所道也，[6]聖人作事，爲萬世功，通於神明，恐難改更。”

[1]【今注】便宜：指有利國家、合乎時宜之事。

[2]【顔注】師古曰：史不得其姓。

[3]【今注】昆侖：即今新疆、西藏之間的昆侖山脈。

[4]【顔注】晉灼曰：上領，山頭也。

[5]【今注】百越：亦作“百粤”。古代南方越人的總稱。分布在今浙、閩、粤、桂等地，因部落衆多，故總稱百越。

[6]【顔注】師古曰：道讀曰導。

自塞宣房後，河復北決於館陶，[1]分爲屯氏河，[2]東北經魏郡、清河、信都、勃海入海，[3]廣深與大河等，故因其自然，不隄塞也。此開通後，館陶東北四五郡雖時小被水害，而兖州以南六郡無水憂。[4]宣帝地節中，[5]光禄大夫郭昌使行河。[6]北曲三所水流之埶皆邪直貝丘縣。[7]恐水盛，隄防不能禁，迺各更穿渠，直東，經東郡界中，不令北曲。渠通利，百姓安之。元帝永光五年，[8]河決清河靈鳴犢口，[9]而屯氏河絶。

[1]【今注】館陶：縣名。治所在今河北館陶縣。

［2］【顔注】師古曰：屯音大門反。而隋室分析州縣，誤以爲毛氏河，乃置毛州，失之甚矣。【今注】屯氏河：西漢元封後黄河決於今河北館陶縣境，分爲屯氏河，東北流經今山東臨清、武城、故城三市縣，至河北吴橋縣合於黄河故道。

［3］【今注】魏郡：治鄴縣（今河北臨漳縣西南）。 清河：郡名。治清陽（今河北清河縣東南）。 信都：王國名。治信都（今河北衡水市冀州區）。 勃海：郡名。治浮陽（今河北滄州市舊州鎮）。

［4］【今注】兖州：漢十三刺史部之一。約當今山東西南部及河南東部地區。

［5］【今注】地節：漢宣帝年號（前69—前66）。

［6］【今注】光禄大夫：官名。漢置，武帝太初元年（前104）更名中大夫爲光禄大夫，秩比二千石，掌論議。

［7］【顔注】師古曰：直，當也。【今注】貝丘：縣名。治所在今山東臨清市東南。

［8］【今注】永光五年：公元前39年。

［9］【顔注】師古曰：清河之靈縣鳴犢河口也。【今注】靈：縣名。治所在今山東高唐縣東南。 鳴犢口：鳴犢河（由黄河分出，東北至修縣入屯氏河）口。

成帝初，清河都尉馮逡[1]奏言："郡承河下流，與兖州東郡分水爲界，城郭所居尤卑下，土壤輕脆易傷。頃所以闊無大害者，以屯氏河通，兩川分流也。[2]今屯氏河塞，靈鳴犢口又益不利，獨一川兼受數河之任，雖高增隄防，終不能泄。如有霖雨，旬日不霽，必盈溢。[3]靈鳴犢口在清河東界，所在處下，雖令通利，猶不能爲魏郡、清河減損水害。禹非不愛民力，以地形有埶，故穿九河，今既滅難明，屯氏河不流行七十餘年，新絶未久，其處易浚。[4]又其口所居高，於以分流殺水力，道里便宜，可復浚以助大河泄暴水，備非常。又地節時郭昌穿直渠，後三歲，河水更從故第二曲間北可六里，復南合。今其曲埶復邪直貝丘，百姓寒心，宜復穿渠東行。不豫修治，北決病四五郡，南決病十餘郡，然後憂之，晚矣。”事下丞相、御史，[5]白博士許商治《尚書》，善爲算，能度功用。[6]遣行視，[7]以爲屯氏河盈溢所爲，方用度不足，[8]可且勿浚。

[1]【顏注】師古曰：逡，音七旬反。【今注】都尉：官名。太守佐官，輔助太守掌軍事。　馮逡：事迹見本書卷七九《馮奉世傳》。

[2]【顏注】師古曰：闊，稀也。【今注】頃：近來。

[3]【顏注】師古曰：雨止曰霽，音子計反，又音才詣反。【今注】霖雨：連綿不絶的大雨。

[4]【顏注】師古曰：浚謂治道之令其深也（殿本無“道”字）。浚音峻。

[5]【今注】御史：此指御史大夫。

[6]【顏注】師古曰：白，白於天子也（蔡琪本同，大德本、殿本“白”前有“謂”字）。度，音大各反。【今注】博士：官名。秦置，漢因之，隸屬九卿之一奉常（太常）。漢武帝罷黜百家之前，博士治各家之學，其後乃專立儒學一家。掌議政、制禮、藏書、顧問及教授經學、考核人材、奉命出使等。初秩比四百石，後升比六百石。　許商：字長伯，漢代長安人。從周堪學《尚書》，長於數學。著有《五行論》和《算術》二十六卷。曾任將作大匠以及河堤都尉，並幾次到黄河下游視察沿河工程。

[7]【顔注】師古曰：行，音下更反。

[8]【顔注】師古曰：言國家少財役也。

後三歲，河果決於館陶及東郡金隄，泛濫兖、豫，[1]入平原、千乘、濟南，[2]凡灌四郡三十二縣，水居地十五萬餘頃，深者三丈，壞敗官亭室廬且四萬所。[3]御史大夫尹忠對方略疏闊，上切責之，忠自殺。遣大司農非調[4]調均錢穀河決所灌之郡，[5]謁者二人發河南以東漕船五百搜，[6]徙民避水居丘陵，九萬七千餘口。河隄使者王延世使塞，[7]以竹落長四丈，[8]大九圍，[9]盛以小石，兩船夾載而下之。三十六日，河隄成。上曰："東郡河決，流漂二州，校尉延世隄防三旬立塞。其以五年爲河平元年。[10]卒治河者爲著外繇六月。[11]惟延世長於計策，功費約省，用力日寡，朕甚嘉之。其以延世爲光禄大夫，秩中二千石，[12]賜爵關内侯，[13]黄金百斤。"

[1]【今注】豫：州名。漢十三刺史部之一。轄境約當今淮河以北伏牛山以東豫東、皖北地區。

[2]【今注】平原：郡名。治平原（今山東平原縣南）。　千乘：郡名。治千乘（今山東高青縣東南）。　濟南：郡名。治東平陵（今山東濟南市章丘區西北）。

[3]【今注】官亭：供過往官吏食宿的處所。

[4]【顔注】師古曰：大司農名非調也。

[5]【顔注】師古曰：令其調發均平錢穀遭水之郡，使存給也。調音徒釣反。

[6]【顔注】師古曰：一船爲一搜，音先勞反，其字從木。

【今注】謁者：職官名。春秋戰國已有，秦、漢承之。西漢時掌賓贊受事，郎中令（光禄勳）屬官，員七十人，秩比六百石。　案，漕，殿本作“灌”。

［7］【顔注】師古曰：命其爲使而塞河也。《華陽國志》云延世字長叔，犍爲資中人也。【今注】河隄使者：官名。西漢置，掌治河，不常置。今陝西西安漢城出土有“河堤謁者”官印。或稱河堤使者。

［8］【今注】竹落：竹籠。

［9］【今注】圍：計量周長的約略單位。指兩臂合拱的長度。

［10］【今注】五年：指成帝建始五年（前28）。　河平：漢成帝年號（前28—前25）。

［11］【顔注】如淳曰：律説，戍邊一歲當罷，若有急，當留守六月。今以卒治河之故，復留六月。孟康曰：外繇，戍邊也（戍，大德本作“戊”）。治水不復戍邊也。師古曰：如、孟二説皆非也。以卒治河有勞，雖執役日近，皆得比繇戍六月也。著謂著於簿籍也（蔡琪本同，大德本、殿本“籍”後無“也”字）。著音竹助反。下云“非受平賈，爲著外繇”，其義亦同。【今注】著：登記。　外繇：郭嵩燾《史記札記》卷三謂漢律，踐更、過更，謂之繇戍。出錢給代更者，皆官主之，故名更賦。外繇正謂出繇戍錢者。

［12］【今注】中二千石：漢代官吏秩位之一。中即滿，九卿皆爲中二千石。

［13］【今注】關内侯：爵名。秦漢二十等爵制的第十九級，次於列侯。有侯號、封户而無封土，居京畿，有徵收租税之權。也有特殊者，在關内有封土，食其租税。

後二歲，河復決平原，流入濟南、千乘，所壞敗者半建始時，[1]復遣王延世治之。杜欽説大將軍王鳳，[2]以爲“前河決，丞相史楊焉言延世受焉術以塞之，[3]蔽不肯見。今獨任延世，延世見前塞之易，恐其慮害不深。又審如焉言，延世之巧，反不如焉。且水埶各異，不博議利害而任一人，如使不及今冬成，來春桃華水盛，必羨溢，有填淤反壤之害。[4]如此，數郡種不得下，[5]民人流散，盜賊將生，雖重誅延世，無益於事。宜遣焉及將作大匠許商、諫大夫乘馬延年雜作。[6]延世與焉必相破壞，深論便宜，以相難極。[7]商、延年皆明計算，能商功利，[8]足以分别是非，擇其善而從之，必有成功。”鳳如欽言，自遣焉等作治，[9]六月迺成。復賜延世黄金百斤。治河卒非受平賈者，爲著外繇六月。[10]

[1]【今注】建始：漢成帝年號（前32—前28）。

[2]【今注】杜欽：杜周之孫。傳見本書卷六〇。　王鳳：西漢貴戚。字孝卿。東平陵（今山東濟南市東）人。妹王政君爲元帝皇后。初爲衛尉、侍中，襲父爵陽平侯。成帝時，以外戚爲大司馬、大將軍、領尚書事。其弟五人也都同日封侯。王鳳專斷朝政，内外官吏皆出其門下。

[3]【今注】丞相史：西漢置，屬丞相。協助丞相處理具體事務，無定員。秩四百石。

[4]【顔注】師古曰：《月令》“仲春之月，始雨水，桃始華”。蓋桃先華時，既有雨水，川谷水泮，衆流猥集（猥，蔡琪本、殿本同，大德本作“偎”），波瀾盛長，故謂之桃華水耳。而《韓詩》傳云“三月桃華水”。反壤者，水塞不通，故令其土壤反還也。羨音弋繕反。淤音於庶反。

[5]【顔注】師古曰：種，五穀之子也，音之勇反。

［6］【顔注】孟康曰：乘馬，姓也。師古曰：乘，音食證反。【今注】將作大匠：官名。原名將作少府，漢景帝中元六年（前144）更爲將作大匠。掌修建宫室、宗廟、陵寢等。秩二千石。諫大夫：掌論議，秩六百石，屬光禄勳。秦始置諫議大夫，掌議論，有數十人之多。漢初不置。武帝元狩五年（前118）初置。東漢改稱諫議大夫。

［7］【顔注】師古曰：壞，毁也，音怪。極，窮也，音居力反。

［8］【顔注】師古曰：商，度也。

［9］【今注】案，自，蔡琪本同，大德本、殿本作“白”。

［10］【顔注】蘇林曰：平賈，以錢取人作卒，顧其時庸之平賈也。如淳曰：律説，平賈一月，得錢二千。師古曰：賈音價。

後九歲，鴻嘉四年，[1]楊焉言：“從河上下，患底柱隘，可鐫廣之。”[2]上從其言，使焉鐫之。鐫之裁没水中，不能去，而令水益湍怒，爲害甚於故。

［1］【今注】鴻嘉：漢成帝年號（前20—前17）。

［2］【顔注】師古曰：鐫謂琢鑿之也，音子全反。

是歲，渤海、清河、信都河水湓溢，灌縣邑三十一，[1]敗官亭民舍四萬餘所。河隄都尉許商與丞相史孫禁共行視，圖方略。[2]禁以爲“今河溢之害數倍於前決平原時。今可決平原金隄間，開通大河，令入故篤馬河。[3]至海五百餘里，水道浚利，又乾三郡水地，得美田且二十餘萬頃，足以償所開傷民田廬處，又省吏卒治隄救水，歲三萬人以上。”許商以爲“古説九河之名，有徒駭、胡蘇、鬲津，今見在成平、東光、鬲界中。[4]自鬲以北至徒駭間，相去三百餘里，[5]今河雖數移徙，不離此域。孫禁所欲開者，在九河南篤馬河，失水之迹，處埶平夷，旱則淤絶，水則爲敗，不可許。”公卿皆從商言。先是，谷永[6]以爲“河，中國之經瀆，[7]聖王興則出圖書，[8]王道廢則竭絶。今潰溢擴流，[9]漂没陵阜，異之大者也。[10]修政以應之，灾變自除”。是時李尋、解光亦言“陰氣盛則水爲之長，[11]故一日之間，晝減夜增，江河滿溢，所謂水不潤下，雖常於卑下之地，猶日月變見於朔望，明天道有因而作也。衆庶見王延世蒙重賞，競言便巧，不可用。議者常欲求索九河故迹而穿之，今因其自決，可且勿塞，以觀水埶。河欲居之，當稍自成川，跳出沙土，然後順天心而圖之，必有成功，而用財力寡。”於是遂止不塞。滿昌、師丹等數言百姓可哀，[12]上數遣使者處業振贍之。[13]

[1]【顔注】師古曰：湓，涌也（涌，蔡琪本同，殿本、大德本作“踊”），音普頓反。【今注】湓溢：謂水洶湧氾濫。

[2]【顔注】師古曰：圖，謀也。行音下更反。【今注】行視：巡行視察。

[3]【顔注】韋昭曰：在王原縣（王，蔡琪本同，殿本、大德本作“平”）。【今注】篤馬河：在今山東平原縣西南自黄河分出，東北流，經樂陵、無棣，東北流入渤海。

[4]【顔注】師古曰：此水河之三也（水，蔡琪本同，大德本、殿本作“九”）。徒駭在成平，胡蘇在東光，鬲津在鬲。成

平、東光屬勃海，鬲屬平原。徒駭者，言禹治此河，用功極衆，故人徒驚駭也。胡蘇，下流急疾之貌也。鬲津，言其陿小，可鬲以爲津而度也。鬲與隔同。【今注】成平：縣名。治所在今河北滄州市西南。　東光：縣名。治所在今河北景縣東北。　鬲：縣名。治所在今山東德州市東南。

[5]【今注】案，三，蔡琪本同，殿本、大德本作"二"。

[6]【今注】谷永：傳見本書卷八五。

[7]【顔注】師古曰：經，常也。

[8]【今注】案，《易·繫辭上》云："河出圖，洛出書，聖人則之。"

[9]【今注】案，擴，蔡琪本同，殿本、大德本作"横"。

[10]【今注】異：災異。

[11]【今注】李尋：傳見本書卷七五。

[12]【今注】師丹：傳見本書卷八六。

[13]【顔注】師古曰：處業，謂安處之使得其居業。

哀帝初，平當使領河隄，[1]奏言："九河今皆寘滅，[2]按經義治水，[3]有決河深川，[4]而無隄防雍塞之文。[5]河從魏郡以東，北多溢決，水迹難以分明。四海之衆不可誣，宜博求能浚川疏河者。"下丞相孔光、大司空何武，[6]奏請部刺史、三輔、三河、弘農太守舉吏民能者，[7]莫有應書。[8]待詔賈讓奏言：[9]

[1]【顔注】師古曰：爲使而領其事。【今注】平當：傳見本書卷七一。

[2]【今注】寘滅：淤塞，湮没。

[3]【今注】案，按，蔡琪本、殿本同，大德本作"桉"。

［4］【顔注】師古曰：決，分泄也。深，浚治也（浚，大德本、殿本同，蔡琪本作“峻”）。

［5］【顔注】師古曰：雍讀曰壅。

［6］【今注】孔光：傳見本書卷八一。　大司空：漢成帝綏和元年（前8）改御史大夫爲大司空，内領侍御史十五人，受公卿奏事，舉劾按章，並掌圖籍秘書；外督部刺史。金印紫綬，禄比丞相，秩萬石。　何武：傳見本書卷八六。

［7］【今注】部刺史：漢武帝時分全國爲十三州，部置刺史一人，“刺”是檢核問事，司監察之職。“史”爲“御史”之意。武帝各部始置刺史一人，秩六百石，位低權重。　三輔：西漢時於京畿之地所設京兆尹、左馮翊、右扶風的合稱。在十三州之外，由司隸校尉部負責監察。　三河：指河南、河東、河内三郡，相當於今河南北部、中部及山西西南部地區。在十三州之外，由司隸校尉部負責監察。河南郡，即秦三川郡，治洛陽（今河南洛陽市東北）。河内郡，治懷縣（今河南武陟縣西南）。河東郡，治安邑（今山西夏縣西北）。　弘農：郡名。治弘農（今河南靈寶市北）。

［8］【今注】應書：上級對某一專事有所查詢，下級復文，稱爲應書。

［9］【今注】待詔：指應皇帝徵召隨時待命，以備諮詢顧問。漢朝皇帝徵召才術之士至京，都待詔公車，其中特别優秀的待詔金馬門，備顧問應對，或奉詔而行某事。後遂演變爲官名，凡具一技之長而備諮詢顧問者，如太史、治曆、音律、本草、相工等皆置。

治河有上中下策。古者立國居民，疆理土地，必遺川澤之分，度水埶所不及。[1]大川無防，小水得入，陂障卑下，以爲汙澤，[2]使秋水多，得有所休息，左右游波，寬緩而不迫。夫土之有川，猶人之有口也。治土而防其川，猶止兒啼而塞其口，豈不遽止，然其死可立而待也。[3]故曰：“善爲川者，決之使道；[4]善爲民者，宣之使言。”蓋隄防之作，近起戰國，雍防百川，[5]各以自利。齊與趙、魏，以河爲竟。[6]趙、魏瀕山，齊地卑下，[7]作隄去河二十五里。河水東抵齊隄，則西泛趙、魏，趙、魏亦爲隄去河二十五里。雖非其正，水尚有所遊盪。時至而去，則填淤肥美，民耕田之。或久無害，稍築室宅，遂成聚落。大水時至漂没，則更起隄防以自救，稍去其城郭，排水澤而居之，湛溺自其宜也。[8]今隄防陿者去水數十步，[9]遠者數里。近黎陽南故大金隄，[10]從河西西北行，至西山南頭，迺折東，與東山相屬。[11]民居金隄東，爲廬舍，住十餘歲更起隄，從東山南頭直南與故大隄會。又内黄界中有澤，[12]方數十里，環之有隄，[13]往十餘歲太守以賦民，[14]民今起廬舍其中，此臣親所見者也。東郡白馬故大隄亦復數重，民皆居其間。從黎陽北盡魏界，故大隄去河遠者數十里，内亦數重，此皆前世所排也。河從河内北至黎陽爲石隄，[15]激使東抵東郡平剛；[16]又爲石隄，使西北抵黎陽、觀下；[17]又爲石隄，使東北抵東郡津北；[18]又爲石隄，使西北抵魏郡昭陽；[19]又爲石隄，激使東北。百餘里間，河再西三東，迫阸如此，不得安息。

[1]【顔注】師古曰：遺，留也。度，計也。言川澤水所流

聚之處，皆留而置之，不以爲居邑而妄墾殖，必計水所不及，然後居而田之也。分，音扶問反。度，音大各反。

［2］【顔注】師古曰：停水曰汙（汙，蔡琪本、大德本同，殿本作“汙”），音一胡反。

［3］【顔注】師古曰：遽，速也，音其庶反。

［4］【顔注】師古曰：道讀曰導。導，通引也。

［5］【顔注】師古曰：雍讀曰壅（蔡琪本、大德本、殿本此注位於“各以自利”後）。

［6］【顔注】師古曰：竟，讀曰“境”。

［7］【顔注】師古曰：瀕山，猶言以山爲邊界也。瀕，音“頻”，又音“賓”。

［8］【顔注】師古曰：湛，讀曰“沈”。

［9］【今注】案，十，蔡琪本同，大德本、殿本作“百”。

［10］【今注】黎陽：縣名。治所在今河南滑縣東北。

［11］【顔注】師古曰：屬，連及也，音之欲反。

［12］【今注】内黄：縣名。治所在今河南内黄縣西北。

［13］【顔注】師古曰：環，繞也。

［14］【顔注】師古曰：以隄中之地給與民。

［15］【今注】河内：郡名。治懷縣（今河南武陟縣西南）。

［16］【顔注】師古曰：激者，聚石於隄旁衝要之處，所以激去其水也。激音工歷反。【今注】平剛：地名。在今内蒙古寧城縣西南。

［17］【顔注】師古曰：觀，縣名也，音工喚反。【今注】觀：縣名。治所在今河南清豐縣東南。

［18］【今注】津：指白馬津。黄河古渡口名。在今河南滑縣東北，秦漢白馬縣西北古黄河南岸，與北岸黎陽津相對。

［19］【今注】昭陽：地名。在今河南濮陽市西。

今行上策，徙冀州之民當水衝者，[1]決黎陽遮害亭，[2]放河使北入海。河西薄大山，東薄金隄，埶不能遠泛濫，朞月自定。[3]難者將曰："若如此，敗壞城郭田廬冢墓以萬數，百姓怨恨。"昔大禹治水，山陵當路者毀之，故鑿龍門，辟伊闕，[4]析底柱，破碣石，[5]墮斷天地之性。[6]此迺人功所造，何足言也！今瀕河十郡治隄歲費且萬萬，及其大決，所殘無數。如出數年治河之費，以業所徙之民，遵古聖之法，定山川之位，使神人各處其所，而不相奸。[7]且以大漢方制萬里，[8]豈其與水争咫尺之地哉？此功一立，河定民安，千載無患，故謂之上策。

[1]【今注】冀州：西漢武帝元封五年（前106）置，爲"十三刺史部"之一。東漢治所在高邑縣（今河北柏鄉縣北），後移治鄴縣（今河北臨漳縣西南）。

[2]【今注】遮害亭：在今河南滑縣西南。

[3]【今注】朞月：一整個月。

[4]【顔注】師古曰：辟讀曰闢。闢，開也。【今注】伊闕：地名。在今河南洛陽市南。

[5]【顔注】師古曰：析，分也。【今注】碣石：山名。在今河北昌黎縣北。

[6]【顔注】師古曰：墮，毁也，音火規反。【今注】碣石：山名。在今河北昌黎縣北。

[7]【顔注】師古曰：奸，音"干"。

[8]【今注】方制：疆域。

若迺多穿漕渠於冀州地，使民得以溉田，分殺水怒，雖非聖人法，然亦救敗術也。難者將曰："河水高於平地，歲增隄防，猶尚決溢，不可以開渠。"臣切桉視遮害亭西十八里，[1]至淇水口，[2]迺有金隄，高一丈。自是東，地稍下，隄稍高，至遮害亭，高四五丈。往五六歲，河水大盛，增丈七尺，壞黎陽南郭門，入至隄下。[3]水未踰隄二尺所，從隄上北望，河高出民屋，百姓皆走上山。水留十三日，隄潰，吏民塞之。臣循隄上，行視水埶，[4]南七十餘里，至淇口，水適至隄半，計出地上五尺所。今可從淇口以東爲石隄，多張水門。初元中，[5]遮害亭下河去隄足數十步，至今四十餘歲，適至隄足。由是言之，其地堅矣。恐議者疑河大川難禁制，滎陽漕渠足以卜之，[6]其水門但用木與土耳，今據堅地作石隄，埶必完安。冀州渠首盡當卬此水門。治渠非穿地也，[7]但爲東方一隄，北行三百餘里，入漳水中，其西因山足高地，諸渠皆往往股引取之；[8]旱則開東方下水門溉冀州，水則開西方高門分河流。通渠有三利，不通有三害。民常罷於救水，半失作業；[9]水行地上，湊潤上徹，[10]民則病溼氣，木皆立枯，鹵不生穀；[11]決溢有敗，爲魚鼈食：此三害也。若有渠溉，則鹽鹵下溼，填淤加肥；[12]故種禾麥，更爲秔稻，[13]高田五倍，下田十倍；[14]轉漕舟船之便：此三利也。今瀕河隄吏卒郡數千人，伐買薪石之費歲數千萬，足以通渠成水門；又民利其溉灌，相率治渠，雖勞不罷。[15]民田適治，河隄亦成，此誠富國安民，興利除害，支數百歲，故謂之中策。

［1］【今注】案，切桉，大德本作“竊桉”，蔡琪本、殿本作“竊按”。

［2］【今注】淇水口：淇水東至黎陽入黄河處，在漢黎陽縣境。

［3］【顔注】如淳曰：然則隄在郭内也。臣瓚曰：謂水從郭南門入，北門出，而至隄也。師古曰：瓚説是也。

［4］【顔注】師古曰：行，音下更反。

［5］【今注】初元：漢元帝年號（前48—前44）。

［6］【顔注】如淳曰：今礫谿口是也。言作水門通水流，不爲害也。師古曰：礫谿，谿名，即《水經》所云沛水東通礫谿者。

［7］【顔注】師古曰：卬，音牛向反。

［8］【顔注】如淳曰：股，支别也。

［9］【顔注】師古曰：此一害也。罷讀曰疲。

［10］【今注】湊潤：指聚集的濕潤之氣。

［11］【顔注】師古曰：此二害。

［12］【顔注】師古曰：此一利。

［13］【今注】秔稻：不黏的稻。

［14］【顔注】師古曰：此二利也。秔謂稻之不粘者也，秔（大德本無“秔”），音庚。

［15］【顔注】師古曰：罷，讀曰“疲”。

若迺繕完故隄，增卑倍薄，勞費無已，數逢

其害，此最下策也。

王莽時，[1]徵能治河者以百數，其大略異者，長水校尉平陵關並[2]言："河決率常於平原、東郡左右，其地形下而土疏惡。聞禹治河時，本空此地，以爲水猥，盛則放溢，[3]少稍自索，[4]雖時易處，猶不能離此。上古難識，近察秦漢以來，河決曹、衛之域，[5]其南北不過百八十里者，皆空此地，[6]勿以爲官亭民室而已。"大司馬史長安張戎[7]言："水性就下，行疾則自刮除成空而稍深。河水重濁，號爲一石水而六斗泥。今西方諸郡，以至京師東行，民皆引河、渭山川水溉田。春夏乾燥，少水時也，故使河流遲，貯淤而稍淺；雨多水暴至，則溢決。而國家數隄塞之，稍益高於平地，猶築垣而居水也。可各順從其性，毋復灌溉，則百川流行，水道自利，無溢決之害矣。"御史臨淮韓牧[8]以爲"可略於禹貢九河處穿之，縱不能爲九，但爲四五，宜有益。"大司空掾王横[9]言："河入勃海，勃海地高於韓牧所欲穿處。往者天嘗連雨，東北風，海水溢，西南出，寖數百里，九河之地已爲海所漸矣。[10]禹之行河水，本隨西山下東北去。[11]《周譜》云定王五年河徙，[12]則今所行非禹之所穿也。又秦攻魏，決河灌其都，決處遂大，不可復補。宜卻徙完平處，更開空，[13]使緣西山足乘高地而東北入海，迺無水灾。"沛郡桓譚爲司空掾，[14]典其議，爲甄豐言："凡此數者，必有一是。宜詳考驗，皆可豫見，計定然後舉事，費不過數億萬，亦可以事諸浮食無産業民。[15]空居與行役，同當衣食；衣食縣官，而爲之作，迺兩便，[16]可以上繼禹功，下除民疾。”王莽時，但崇空語，無施行者。

[1]【今注】王莽：傳見本書卷九九。

[2]【顔注】師古曰：桓譚《新論》云並字子陽，材智通達也。【今注】長水校尉：官名。西漢武帝置，領長水宣曲胡騎，屯戍京師，兼任征伐。爲北軍八校尉之一，秩二千石。　平陵：縣名。治所在今陝西咸陽市西北。

[3]【顔注】師古曰：猥，多也。

[4]【顔注】師古曰：索，盡也，音先各反。

[5]【今注】曹衞之域：在今山東菏澤市定陶區、河南濮陽市一帶。曹，西周分封的諸侯國。姬姓。封於周武王克商後，始封之君爲武王弟叔振鐸。都陶丘（今山東菏澤市定陶區西南）。衞，西周分封的諸侯國。姬姓。公元前11世紀周公平定武庚叛亂後，以原商都周圍地區封予周武王弟康叔，建立衞國。都朝歌（今河南淇縣），後遷於帝丘（今河南濮陽市）。

[6]【今注】案，皆，蔡琪本同，大德本、殿本作“可”。

[7]【顔注】師古曰：《新論》云字仲功，習溉灌事也。【今注】大司馬史：大司馬屬吏。

[8]【顔注】師古曰：《新論》曰字子台（曰，蔡琪本同，大德本、殿本作“云”；台，蔡琪本作“后”），善水事（善水事，殿本同，蔡琪本作“善”，大德本作“喜水事”）。【今注】臨淮：郡名。治徐縣（今江蘇泗洪縣南）。

[9]【顔注】師古曰：横字平中，琅邪人。見儒林傳。中讀曰仲。【今注】大司空掾：大司空屬吏。

[10]【顔注】師古曰：漸，寖也，讀如本字，又音子廉反。

[11]【顔注】師古曰：行謂通流也。

［12］【顏注】如淳曰：譜音補，世統譜諜也。【今注】周譜：周王室的世系譜録。　定王五年：公元前602年。

［13］【顏注】師古曰：空猶穿。

［14］【今注】沛郡：治相縣（今安徽濉溪縣西北）。

［15］【顏注】師古曰：事謂役使也。【今注】浮食：謂不從事耕作而食。

［16］【顏注】師古曰：言無産業之人，端居無爲，及發行力役，俱須衣食耳。今縣官給其衣食，而使修治河水，是爲公私兩便也。【今注】空居與行役：賦閒在家與外出服役。　縣官：或專指皇帝、天子，或泛指政府（參見楊振紅《“縣官”之由來與戰國秦漢時期的“天下”觀》，《中國史研究》2019年第1期）。

贊曰：古人有言：“微禹之功，吾其魚乎！”[1]中國川原以百數，莫著於四瀆，[2]而河爲宗。孔子曰：“多聞而志之，知之次也。”[3]國之利害，故備論其事。

［1］【顏注】師古曰：《左氏傳》載周大夫劉定公之辭也。言無禹治水之功，則天下之人皆爲魚鼈耳。

［2］【今注】四瀆：指長江、黄河、淮河、濟水，皆獨流入海，故名四瀆。

［3］【顏注】師古曰：《論語》稱孔子之言曰“多聞擇其善者而從之，多見而志之，知之次也。”志，記也，字亦作識，音式異反。【今注】案，語出《論語·述而》。

漢書　卷三〇

藝文志第十[1]

[1]【今注】藝文：六經諸子爲藝，詩賦文辭爲文。案，劉咸炘《漢書知意》云，藝文群書皆文，以六藝爲宗，故稱藝文。漢代遵儒崇經，故先藝後文。漢成帝時，劉向等校理秘閣之書，爲每種書撰叙録，彙集爲《别録》二十卷。其子劉歆繼承父業，撮其旨要，著《七略》七卷（姚振宗輯，師石山房叢書本），分爲輯略、六藝略、諸子略、詩賦略、兵書略、術數略和方技略。班固校書東觀及仁壽閣，以《七略》爲藍本作《藝文志》一卷，可以使讀者瞭解周秦學術的源流，爲學問著述的門津。又，《漢志》乃是劉向、劉歆父子所校"新書"目録，而非西漢當世所傳文獻（或曰"舊書"）目録。它記録了西漢末年有哪些文獻的文本形式發生了革命性的變化，屬於以學術來歸類文獻的"類目"，而非"書目"，可以反映當時世傳文獻的主體類型（徐建委：《〈漢志〉與早期書籍形態之變遷》，《復旦學報》2016年第1期）。

昔仲尼没而微言絶，[1]七十子喪而大義乖。[2]故《春秋》分爲五，[3]《詩》分爲四，[4]《易》有數家之傳。[5]戰國從衡，[6]真僞分争，諸子之言紛然殽亂，[7]至秦患之，乃燔滅文章，[8]以愚黔首。[9]漢興，改秦之敗，大收篇籍，廣開獻書之路。[10]迄孝武世，[11]書缺簡脱，[12]禮壞樂崩，聖上喟然而稱曰：[13]“朕甚閔焉！”[14]於是建藏書之策，[15]置寫書之官，[16]下及諸子傳説，[17]皆充祕府。[18]至成帝時，[19]以書頗散亡，使謁者陳農求遺書於天下。[20]詔光禄大夫劉向校經傳諸子詩賦，[21]步兵校尉任宏校兵書，[22]太史令尹咸校數術，[23]侍醫李柱國校方技。[24]每一書已，[25]向輒條其篇目，撮其指意，録而奏之。[26]會向卒，哀帝復使向子侍中奉車都尉歆卒父業。[27]歆於是總群書而奏其《七略》，[28]故有《輯略》，[29]有《六蓺略》，[30]有《諸子略》，有《詩賦略》，[31]有《兵書略》，有《術數略》，[32]有《方技略》。今删其要，[33]以備篇籍。

[1]【顔注】李奇曰：隱微不顯之言也。師古曰：精微要妙之言耳。【今注】微言：具體精微而含義深遠的言辭。指記載孔子言行的《論語》或經孔子整理傳授的《周易》《詩經》《春秋》等典籍。

[2]【顔注】師古曰：七十子，謂弟子達者七十二人。舉其成數，故言七十。【今注】七十子：孔子衆多弟子的總稱。關於孔子弟子的數量，各書記載不同，有七十人、七十二人、七十七人諸説。其中《孔子家語》作七十七人，篇名却作“七十二弟子解”。關於各書所載孔子弟子數量不同，錢穆《先秦諸子繫年》、王樹岷《史記斠證》等所列甚詳，可參看。張舜徽《漢書藝文志通釋》（本卷下文簡稱《通釋》）認爲，所謂孔子弟子七十二人等説法，指孔子弟子衆多，教化之盛。但其所謂“七十二”，是因古人多以三、九的倍數形容數量之多，並非具體實指。也有學者認爲，孔子弟子七十人的説法，與春秋晚期“徒七十人”的軍事編制有關。清朱彝尊撰《孔子弟子考》，統計孔子弟子共九十八人（宋丁羿：

《孔子七十子之説成因考》，《四川師範大學學報》2016 年第 5 期）。另據吕思勉《吕思勉讀史札記》（上海古籍出版社 2005 年版，第 736—737 頁）“講學者不親授”説，由於講學方式的特點，漢代學者講學，其弟子可以分爲三類：一是“受業”“及門”“入室”的弟子，可以接受孔子親自教導；二是“編牒”“著録”“在籍”的弟子，多由第一類弟子代爲授課；三是衹能追隨孔子學問名聲，並不能得到求學機會的弟子。孔子所處的時代，應當與此相類，故孔子弟子或許有三千人之多，但並非實際數量。　大義：指孔子在《論語》《春秋》《易·繫辭》《詩經》等典籍中所藴含的旨義。義爲正道、大道理。如《春秋》“尊王攘夷”、《論語》“仁”、《易·繫辭》“君子”、《詩經》“思無邪”等。案，此二句應合並理解，《孟子·離婁下》載“王者之迹熄而《詩》亡，《詩》亡然後《春秋》作”，“其事則齊桓、晉文，其文則史，孔子曰‘其義則丘竊取之矣’”。其中事、文即微言，而義即大義。此句指孔子及其弟子之後，其微言大義出現了歧説和錯訛。此二句劉歆《移書讓太常博士》作“夫子没而微言絶，七十子卒而大義乖”，應劭《風俗通義》作“昔仲尼没而微言闕，七十子喪而大義乖”，孔安國《孔子家語序》作“孔子既没而微言絶，七十二弟子終而大義乖”，范寧撰《春秋穀梁傳序》作“蓋九流分而微言隱，異端作而大義乖”。

［3］【顔注】韋昭曰：謂左氏、公羊、穀梁、鄒氏、夾氏也。【今注】春秋分爲五：左氏指左丘明，公羊指公羊高，穀梁指穀梁赤，鄒氏、夾氏，其事迹不詳。陳直《漢書新證》案，據本書《古今人表》有軋子、聚子，疑即治《春秋》之鄒氏、夾氏。漢代有軋姓，不見夾姓。軋爲夾一聲之轉。出土漢印有“軋少孺”“軋舍之”等。班固撰《漢書》時，易“夾”爲“軋”，蓋用當時通用的姓氏。“聚”即“㮴”字，爲“鄒”字假借。案，《公羊》興於景帝時，《穀梁》盛於宣帝時，而《左氏》至東漢章帝令賈逵作訓詁。又據余嘉錫《古書通例·古書不題撰人》，先秦古書皆不題撰

人姓名，一般衹知其學出於某氏，故題某氏。《春秋》，魯國編年體史書。傳説爲孔子編次，記載列國之間朝聘、盟會、戰争等事，起魯隱公元年（前722）至魯哀公十四年（前481）。

［4］【顔注】韋昭曰：謂毛氏、齊、魯、韓。【今注】詩分爲四：毛氏指毛享、齊指齊國轅固，魯指魯國申培，韓指燕人韓嬰。《詩》，即《詩經》。詩歌總集。相傳原有三千餘篇，由孔子删定爲三百零五篇。按音樂特點分爲風、雅、頌三類。所載詩最早爲西周初年，最晚爲春秋中期。

［5］【今注】易有數家之傳：據後文傳易者有十三家。案，張舜徽《通釋》云，先秦時期學術傳授，起初皆口耳相傳，後撰著於竹帛，由於字形、語音的差異，導致文獻的訛變，從而形成不同的傳本。《易》，又稱《易經》《周易》。有交易、變易之義，故謂之“易”。分經、翼兩部分。經包括卦、卦辭、爻辭；翼有十篇，分上下彖、上下象、上下繫、文言、説卦、序卦、雜卦，爲解説經的文字。

［6］【顔注】師古曰：從音子容反。【今注】戰國：因劉向《戰國策》而得名，一般指自周威烈王二十三年（前403）起，至秦始皇統一（前221）止，其間列國争雄，戰争不斷。　從横：合縱連横。南北爲縱，東西爲横。指戰國時韓、趙、魏、燕、齊、楚六國諸侯聯合抗秦，秦則以軍事及游説等手段，向東争取盟國。從，通“縱”。

［7］【顔注】師古曰：殽，雜也。【今注】案，此二句指戰國時期諸子學派衆多，觀點歧異，互相争鳴，並基於現實需要，表達自己的主張，如合縱、連横。《韓非子·顯學》云，孔子、墨子之後，儒分爲八，墨離爲三，對儒、墨的理解和觀點不同，但都自以爲是孔、墨的真傳，而斥其他人爲僞學。《荀子·非十二子》批評邪説奸言使天下混然不知是非治亂之所在。《莊子·天下》則稱，天下大亂，聖賢不明，故諸子百家各有所長，互相辯難。余嘉錫

《古書通例·秦漢諸子即後世之文集》云，周秦、西漢之人，其學問都有師承傳受，文章專爲表達觀點，故各持一端，成一家之學。殽亂，混亂。

［8］【顔注】師古曰：燔，燒也。秦謂人爲黔首，言其頭黑也。燔，音扶元反。黔，音其炎反，又音琴。【今注】乃燔滅文章：《韓非子·和氏》有商鞅“燔詩書而明法令”的記載。《史記》卷六《秦始皇本紀》云，始皇三十四年（前213），非博士官所職，天下敢有藏詩、書、百家語者，悉詣守、尉雜燒之。《六國年表》則云，秦既得意，燒天下詩書。諸侯史記尤甚，爲其有所刺譏。《史記》卷八七《李斯列傳》載：“臣請諸有文學詩書百家語者，蠲除去之。令到滿三十日弗去，黥爲城旦。所不去者，醫藥卜筮種樹之書。”

［9］【今注】黔首：平民、百姓。許慎《説文解字》：“黔，黎也。秦謂民爲黔首，謂黑色也。周謂之黎民。”這一稱呼在秦統一之前就已經使用。先秦時，黑色爲平民在日常勞作中形成的膚色，又有蒼生、黎民的稱呼。黔，黑色（參見王子今《説“黔首”稱謂——以出土文獻爲中心的考察》，載《出土文獻研究》第11輯，中西書局2012年版）。

［10］【今注】案，“漢興”四句，指漢初至文帝時收書的相關史實。有學者認爲，漢初大收篇籍、廣開獻書之路是漢人誇大之辭，爲武帝之後的史實。但據史載，高祖時蕭何收秦圖籍。本卷兵書略載張良、韓信序次兵法一百八十二家，除兵書外還包含諸多圖書。惠帝時除挾書令，使民間藏書情況得到極大改善，如淮南王劉安、河間獻王劉德都進行過文獻的搜集和整理。漢初《易傳》《尚書》《三禮》《論語》等典籍傳承也能體現民間藏書及傳授情況。長沙馬王堆漢墓、阜陽雙古堆漢墓、臨沂銀雀山漢墓等也出土了涉及《藝文志》“六藝略”“諸子略”“兵書略”“詩賦略”“術數略”“方技略”的典籍，有些還屬於《漢志》未著録的佚書（參見姚小

鷗《“漢興”“大收篇籍”考》,《歷史研究》2007年第2期)。此句《文選》引劉歆《七略》作“孝武皇帝敕丞相公孫弘,廣開獻書之路,百年之間,書積如山”。《太平御覽》卷六一九引作:“武帝廣開獻書之路,立五經博士。”也有學者將“廣開獻書之路”具體至武帝元朔五年(前124)(參見耿戰超《漢興“大收篇籍”之時間斷限考》,《華夏文化論壇》2018年第2輯)。

[11]【今注】孝武:指劉徹。公元前140年至前87年在位。紀見本書卷六。

[12]【顔注】師古曰:編絶散落故簡脱。脱,音吐活反。【今注】書缺簡脱:漢代書籍多以簡牘、縑帛抄寫。簡牘用絲繩編聯,絲繩朽斷會造成簡編錯訛脱落;縑帛容易腐壞,故殘缺不全。

[13]【顔注】師古曰:喟,歎息之貌也,音丘位反。【今注】案,周壽昌《漢書注校補》云,“聖上”指武帝,此句似當時武帝説話的真實記録。

[14]【今注】閔:同“憫”。憂傷。案,自首句至本句,本書卷三六《楚元王傳》“移讓太常博士書”所載與此所叙類似。其中“禮壞樂崩,書缺簡脱,朕甚閔焉”當屬武帝詔書原文,又見本書《武紀》,但無“書缺簡脱”四字。

[15]【顔注】如淳曰:劉歆《七略》曰:“外則有太常、太史、博士之藏,内則有延閣、廣内、祕室之府。”【今注】建藏書之策:對漢初至武帝元朔五年所收集的圖籍文獻開始進行整理,設立分類入藏的簿録,置太常、太史、博士等官職負責(參見耿戰超《漢興“大收篇籍”之時間斷限考》,《湖北民族學院學報》2015年第1期)。

[16]【今注】寫書之官:負責抄書的書吏。也有學者認爲,置寫書之官,即設置生産書籍的作坊(參見劉光裕《先秦兩漢出版史論》,齊魯書社2016年版,第317頁)。

[17]【今注】諸子:先秦時各種學派的總稱。原指公卿大夫

士之子。漢代以後專指孔子以外的各學派。如揚雄《法言》認爲，諸子者，以其知異於孔子。　傳説：漢代隨文釋義的注疏方式。傳，以漢代詞語傳達古書含義。説，説明、解釋。傳説，徵引事實以發揮文義（參見周大璞主編《訓詁學初稿》，第29頁）。

［18］【今注】祕府：漢代宫中收藏書籍的場所，如天禄、石渠、廣内、秘室等（參見徐興無《漢代的“秘書”》，《文史》2014年第1輯）。《隋書・經籍志》（本卷下文簡稱《隋志》）作“武帝置太史公，命天下計書，先上太史，副上丞相，開獻書之路，置寫書之官，外有太常、太史、博士之藏，内有延閣、廣内、祕室之府”。

［19］【今注】成帝：劉驁。公元前32年至前7年在位。紀見本書卷一〇。

［20］【今注】謁者：官名。漢九卿之一郎中令（光禄勳）屬官。掌傳達政令、導引賓客。設謁者僕射統領。員七十人。秩比六百石。　陳農：事迹僅見於此，其他不詳。案，本書《成紀》載，河平三年（前26）秋八月，光禄大夫劉向校中秘書，使謁者陳農求遺書於天下。

［21］【今注】光禄大夫：官名。漢九卿之一郎中令（光禄勳）屬官，掌議論，無定員。秩比二千石。原稱中大夫，武帝太初元年（前104）改名光禄大夫。　劉向：字子政，本名更生。沛（今江蘇沛縣）人。先爲諫大夫，以能屬文辭，獻賦頌數十篇。又上《枕中鴻寶苑秘書》。受《穀梁春秋》，講論五經於石渠閣。元帝時，任宗正。成帝時，更名爲劉向，遷光禄大夫，至中壘校尉。領校中《五經》秘書。撰《别録》《洪範五行傳論》等。《隋志》載，劉向作《列仙傳》《列士傳》。傳見本書卷三六。

［22］【今注】步兵校尉：官名。掌上林苑屯兵，兼任征伐。北軍八校尉之一，武帝時置，秩二千石。　任宏：王先謙《漢書補注》引陶憲曾曰，據本書卷一一《哀紀》、卷一九《百官公卿表》，有任宏，字偉公，爲執金吾，守大鴻臚，當即其人。

［23］【顔注】師古曰：占卜之書。【今注】太史令：官名。漢九卿之一太常屬官。掌天文曆法，記節日禁忌、瑞應災異秩。秩八百石。　尹咸：本書卷三六《劉歆傳》載其爲丞相史，能治《左氏》，與劉歆共校經傳，則尹咸不僅校數術。周壽昌《漢書注校補》云，本書卷八八《儒林傳》載尹咸爲諫大夫尹更始之子，官至大司農。顧實《漢書藝文志講疏》（本卷下文簡稱《講疏》）則稱，與劉向一同校書的尚有杜參、班斿等人。

［24］【顔注】師古曰：醫藥之書也。【今注】侍醫：官名。天子之醫官。當爲少府太醫令的屬官。《隋志》序引作“太醫監”。方技：包括醫經、經方、房中、神仙四類。

［25］【顔注】師古曰：已，畢也。【今注】每一書已：《北齊書》卷四五《樊遜傳》云：“漢中壘校尉劉向受詔校書，每一書竟，表上，輒言：臣向書、長水校尉臣參書，太史公、太常博士書、中外書合若干本以相比校，然後殺青。”

［26］【顔注】師古曰：撮，總取也，音千括反。【今注】録而奏之：阮孝緒《七録》云，劉向校書，每校一書即撰一篇敘録，論其指歸，辨其訛謬，隨竟奏上。所撰敘録集合爲《别録》。應劭《風俗通義》則云，劉向校書時，先書於竹簡，待校讎刊定後，請抄書者繕寫至縑帛。《隋志》云：“每一書就，向輒撰爲一録，論其指歸，辨其訛謬，敘而奏之。”陳國慶《漢書藝文志注釋彙編》（本卷下文簡稱《彙編》）認爲，劉向所做的書録，附在每種書之後，稱爲敘録。現今所存衹有《戰國策》《管子》《晏子》《列子》《荀子》《鄧析子》《説苑》七書中各一篇，共七篇。其他如《關尹子》《子華子》二書中之敘録，爲後人僞託，不足憑信。

［27］【顔注】師古曰：卒，終也。【今注】哀帝：劉欣。公元前6年至前1年在位。紀見本書卷一一。　侍中：加官。凡貴戚列侯官員等加此可入侍宫禁，親近皇帝，掌侍從起居。武帝後參與朝政，充顧問應對。武帝末期出居宫外，有事則召入，事畢即出。

奉車都尉：官名。掌皇帝車輿，出入充侍從。秩比二千石。　歆：劉歆，字子駿。劉向少子。成帝時爲中壘校尉。治《春秋左氏傳》。哀帝崩，封紅休侯。考定律曆，著《三統曆譜》。哀帝建平元年（前6）後更名“秀”。王莽篡位，爲國師。傳見本書卷三六。案，《劉歆傳》作騎都尉、奉車光禄大夫。

［28］【今注】七略：劉向《别録》是各書叙録的總集，劉歆《七略》爲節略《别録》内容，並進行分類整理。《隋志》著録劉向《七略别録》二十卷、劉歆《七略》七卷。史部簿録篇云，漢時劉向《别録》、劉歆《七略》，分析典籍的源流，分成各種部類，可以追尋典籍的相關事迹，或許屬於古制。略，指概述。清代有洪頤煊、嚴可均、馬國翰、顧觀光、姚振宗五家輯本，以姚振宗輯本内容最豐富。

［29］【顔注】師古曰：輯與集同，謂諸書之總要。【今注】輯略：其他六略的總序及總目。《隋志》作“集略”。

［30］【顔注】師古曰：六蓺，六經也。【今注】六蓺：易、詩、書、禮、樂、春秋。賈誼《新書·六術》載：“是以先王爲天下設教，因人所有，以之爲訓；道人之情，以之爲真。是故内法六法，外體六行，以與書詩易春秋禮樂六者之術以爲大義，謂之六藝。”

［31］【今注】詩賦：詩指民間感於哀樂、緣事而發的代趙之謳、秦楚之風等；賦指公卿大夫等用於抒情或諷喻的作品（參見陳韵竹《〈漢書·藝文志·詩賦略〉“歌詩”與“賦”之作品著録——論“歌詩”與“賦”之類分原則》，《詩經研究叢刊》2015年第11期）。

［32］【今注】術數：以天文、陰陽、方位、五行等推測吉凶。

［33］【顔注】師古曰：删去浮冗，取其指要也。其每略所條家及篇數，有與總凡不同者，轉寫脱誤（轉，蔡琪本、大德本同，殿本作“傳”），年代久遠，無以詳知。【今注】案，據顧實《講

疏》,《漢志》著録的家數，與《七略》相比，衹有《兵書略》之“兵技巧”、《數術略》之“天文”有所不同。張舜徽《通釋》認爲,《七略》原在每種書下有簡要解題，而《漢志》僅存書目。

《易》。[1]經十二篇,[2]施、孟、梁丘三家。[3]

［1］【今注】易：書名。傳説伏羲作八卦，文王、周公作六十四爻，孔子作十翼。秦始皇焚書,《易》爲卜筮之書，故没有被禁。漢代田何傳今文《易》，有施、孟、梁丘、京氏列於學官。此處經爲今文《易》，已佚，今流行傳本爲古文《易》。劉向以古文《易》校以施、孟、梁丘三本，脱去“無咎”“悔亡”，衹有費氏《易》與古文《易》相同。東漢光武時，曾議立費氏《易》爲博士，但因“無有本師”而作罷。馬融、荀爽爲費氏《易》作傳。鄭玄合彖、象於經，作易注。王弼又分文言於乾、坤後，加“文言曰”。南北朝時，梁、陳將鄭玄、王弼《易》注列於國學。唐代孔穎達因王弼本作《周易正義》，王弼《易》取代了鄭玄《易》成爲官學本。故鄭玄《易》不復存。宋儒力求復古《周易》原貌，吕大防撰《周易古經》，認爲彖、象分綴於卦、爻各句之下，使學者不見完經，因重定爲經二篇，彖、繫辭各二篇，文言、説卦、序卦、雜卦各一篇。晁説之注古《易》，著《録古周易》，以卦爻、彖、象、文言、繫辭、説卦、序卦各爲一篇。吕祖謙著《古周易》定爲十二篇。又有薛季宣《古文周易》、程迥《古周易考》、李燾《周易古經》、吴仁傑《古周易》等。吕大防本最優。《宋志》著録《周易古經》一卷。今有單行本，分一卷、三卷、四卷三種，皆爲明刻本。出土文獻主要有 1973 年長沙馬王堆漢墓出土的帛書《周易》、1977 年安徽阜陽漢墓出土的阜陽漢簡《周易》、1994 年上海博物館藏戰國楚竹書《周易》以及 1993 年出土於湖北荆門市郭店的楚墓竹簡等（參見陳居淵《周易今古文考證》，商務印書館 2015 年

版)。《易》“古義”突出的則是陰陽災變思想（劉大鈞《〈周易〉古義考》,《中國社會科學》2002 年第 5 期)。

［2］【顔注】師古曰：上下經及十翼，故十二篇。【今注】案，張舜徽《通釋》指出，此處當以“易”字爲一句，下文始云經、傳若干篇。孔子至漢代學者引六藝之書，皆不加“經”字。“經”的含義爲綱領，諸子百家都可以稱爲經。十二篇包括上下經與十翼，指上經、下經、上彖、下彖、上象、下象、上繫、下繫、文言、説卦、序卦、雜卦。彖傳解釋卦名、卦辭的含義，象傳以卦象解釋卦名、爻辭，繫辭解釋全書義理，文言解釋乾、坤二卦，説卦闡明每一卦的形象，序卦叙述六十四卦的次第，雜卦綜合説明各卦之間的關係和旨義。馬王堆帛書《繫辭》始於今本上篇的首章，終於今本下篇的末章，但帛書本缺少今本《繫辭上》的第八章和《繫辭下》的第五、六、八章及第七章的一部分（駢宇騫：《出土簡帛書籍分類述略（六藝略）》,《中國典籍與文化》2005 年第 2 期)。又案，一般認爲《漢志》中所稱“篇”指以簡牘爲書寫材料的文獻，“卷”則是以縑帛爲書寫材料。但有學者指出“篇”是依文獻的内容劃分，指一篇首尾文意完整的文章；“卷”則是對編聯成册的竹簡的計數單位。如文獻中的每一篇均做到以一卷載之，則全書以篇計；若文獻内部不分篇或雖然分篇但篇卷並不一一對應，其中或有一卷容納多篇，或有一篇以多卷載之，或兩種情況均有時，則全書以卷計（參見曹寧《〈漢書・藝文志〉篇卷問題新論》,《圖書館雜志》2013 年第 8 期；鄒皓《〈漢書・藝文志〉中“篇”“卷”的含義》,《圖書館雜志》2017 年第 10 期)。

［3］【今注】施：施讎，字長卿。沛（今江蘇沛縣）人。宣帝甘露中與《五經》諸儒雜論同異於石渠閣。　孟：孟喜，字長卿。東海蘭陵（今山東蘭陵縣）人。舉孝廉爲郎，供事於曲臺殿，後爲丞相掾。從田王孫學《易》，主卦氣説，因改師法，不得被薦爲博士。　梁丘：梁丘賀，字長翁。琅邪諸（今山東諸城市西南）人。從京房受《易》。官太中大夫、給事中，至少府。傳見本書卷八八。

案，三人並從田王孫受《易》，宣帝時列於學官。三家指施讎、孟喜、梁丘賀的作傳訓，並非《易》本文。

《易傳周氏》二篇。[1]字王孫也。[2]

[1]【今注】案，張舜徽《通釋》認爲，此句首的“易”字爲衍文，是鈔書者誤增。此前已有“易”字，此處不應再出現。傳，古代對典籍進行注解的方式，指注釋並傳播（參見馬劉鳳、曹之《中國古書編例史》，武漢大學出版社 2015 年版，第 116—117 頁）。周氏，周王孫。洛陽（今河南洛陽市）人。本書卷八八《丁寬傳》載，丁寬從周王孫受古義，號《周氏傳》。《隋志》、兩《唐志》無著録，已亡佚。

[2]【今注】案，此爲班固注原文。此下凡不加顏注的，皆同於此。

《服氏》二篇。[1]

[1]【顏注】師古曰：劉向《别録》云，服氏，齊人，號服光。【今注】服氏：陸德明《經典釋文序録》引作“劉向《别録》云‘齊人，號服先’”，即服先生。服光或當作“服先”。服，通“宓”“伏”。案，《隋志》、兩《唐志》無著録，已亡佚。

《楊氏》二篇。[1]名何，字叔元，菑川人。[2]

[1]【今注】案，本書卷八八《儒林傳》云，漢興，田何傳《易》於王同，王同傳楊何。武帝元光中，徵爲太中大夫。《隋志》、兩《唐志》無著録，已亡佚。楊何，菑川國（今山東青州市

東北及昌樂縣、壽光市西）人。

［2］【今注】菑川：王國名。王都在劇縣（今山東壽光市南）。

《蔡公》二篇。[1]衛人，[2]事周王孫。

［1］【今注】案，《隋志》、兩《唐志》無著録，已亡佚。有馬國翰、胡薇元輯本。蔡公，事迹不詳。清馬國翰輯《蔡氏易説》一卷，題漢蔡景君撰。姚振宗認爲，《史記》《漢書》之《儒林傳》均不載此人。馬國翰因虞翻引彭城蔡景君説，故以蔡景君爲蔡公；在彭城爲官，故以官號稱之。但蔡景君在西漢爲楚國彭城人，並非官於彭城。

［2］【今注】衛：周初諸侯國名。武王封少弟康叔。戰國末年都帝丘（今河南濮陽市西南）。在今河南、山東兩省之間。

《韓氏》二篇。[1]名嬰。

［1］【今注】案，《隋志》、兩《唐志》無著録，云亡佚於西晉。有馬國翰、胡薇元輯本。案，《中國古佚書輯本目録解題》（孫啓治、陳建華著，上海古籍出版社2017年版。此下關於輯佚情況均引自此書，不別注）認爲，韓氏《易傳》當即《子夏易傳》，後人又稱《子夏易傳》爲卜商所作，或丁寬所作。馬國翰以韓嬰、丁寬作《易傳》，本於卜商。其實子夏《易傳》傳至馯臂子弓，而丁寬、韓嬰得其書而修訂，入各自《易傳》中。故《漢志》有丁氏、韓氏兩種。本書卷七七《蓋寬饒傳》載，蓋寬饒從韓嬰學《易》，並引《韓氏易傳》一節。潘雨廷《讀易提要》認爲，“《韓氏》二篇”即韓嬰所傳《子夏易傳》，而《子夏易傳》反而没有被著録。韓氏，即韓嬰，字子夏。燕（今河北北部及遼寧西部）人。文帝時爲博士，景帝時至常山太傅。作内外傳。以《易》授人，推

《易》意而爲傳。武帝時嘗與董仲舒論辯。傳見本書卷八八。

《王氏》二篇。[1]名同。

[1]【今注】案，《隋志》、兩《唐志》無著録，已亡佚。漢《易》家著書，自王同開始。王同，字子中。東武（今山東諸城市）人。受《易》於田何。傳見本書卷八八。

《丁氏》八篇。[1]名寬，[2]字子襄，梁人也。[3]

[1]【今注】案，《隋志》、兩《唐志》無著録，已亡佚。有馬國翰輯本。

[2]【今注】寬：即丁寬。梁（今河南商丘市）人。從田何受《易》。景帝時，因爲梁孝王將軍拒吴、楚，號丁將軍。後作《易》説三萬言，訓故舉大義。授田王孫，王孫授施讎、孟喜、梁丘賀。傳見本書卷八八。

[3]【今注】梁：王國名。治睢陽（今河南商丘市南）。

《古五子》十八篇。[1]自甲子至壬子，説《易》陰陽。

[1]【今注】案，此書不署撰者。沈欽韓《漢書疏證》稱，《初學記·文部》引劉向《别録》云，所校讎中易傳《古五子篇》，除去重複，定爲十八篇，分六十四卦，著之日辰。自甲子至於壬子，即干支之甲子、丙子、戊子、庚子、壬子，共五子，故號曰“五子”。顧實《講疏》稱，以漢代以前篆字書寫的文獻加“古”字，今文與古文有較大差異的稱“中”。《隋志》、兩《唐志》無著録，已亡佚。有馬國翰、胡薇元輯本。

《淮南道訓》二篇。[1]淮南王安聘明《易》者九人，[2]號九師説。[3]

[1]【今注】案，王應麟《漢藝文志考證》（本卷下文簡稱《考證》）引劉向《别録》云，所校讎中易傳《淮南九師道訓》，除去重複，定爲十二篇。或此書原名《淮南九師道訓》，共十二篇。原文“二”或當作“十二”。

[2]【今注】淮南王：指劉安。淮南王劉長之子。爲人好書，招集賓客數千人，編纂《内書》二十一篇、《外書》多篇，又有《中篇》八卷，甚得武帝尊重。後因謀反事，自殺。傳見本書卷四四。

[3]【今注】九師：不詳何人。王應麟《考證》引劉向《别録》曰，淮南王聘善易者九人，從之采獲，故書中署曰“淮南九師書”。《隋志》、兩《唐志》無著録，《文選》張平子《思玄賦》李善注引有一節，或唐初此書尚存，後亡佚。有王謨、黄奭、馬國翰、胡薇元輯本。

《古雜》八十篇。[1]《雜災異》三十五篇。[2]《神輸》五篇，圖一。[3]

[1]【今注】古雜：指漢以前篆文書寫，故稱“古雜”。《隋志》、兩《唐志》無著録，已亡佚。沈欽韓《漢書疏證》以此書即《乾鑿度》《稽覽圖》等，爲講陰陽災異之書。所謂“古雜”，即古代帝王卜筮之事。

[2]【今注】雜災異：本書卷八八《儒林傳》載，孟喜得《易》有陰陽災變書，或即此類。

[3]【顔注】師古曰：劉向《别録》云：“神輸者，王道失則災害生，得則四海輸之祥瑞。”【今注】案，《古雜》《雜災異》

《神輪》三種書皆不署撰者。姚振宗《漢書藝文志條理》（本卷下文簡稱《條理》）指出，圖一即《神輪圖》，又稱《祥瑞圖》。又，以上三種書當分爲二家。

《孟氏京房》十一篇，[1]《灾異孟氏京房》六十六篇。[2]《五鹿充宗略説》三篇。[3]《京氏段嘉》十二篇。[4]

[1]【今注】孟氏：孟喜。本書卷八八《儒林傳》載，焦延壽（焦贛）從孟喜問《易》，京房又受《易》於焦延壽，故託於孟氏，稱"孟氏京房"。其説長於災變占驗。京房授東海殷嘉、河東姚平、河南乘弘，皆爲郎、博士。於是《易》有京氏之學。　京房：字君明，東郡頓丘（今河南浚縣）人。本姓李，推律改爲京氏。任魏郡太守。傳見本書卷七五。漢元帝時，京房《易》立於學官。關於京房的著作，《隋志》著録《周易》十卷，漢魏郡太守京房章句。另，《隋志》子部"五行類"有十餘種題名《周易》的著作，題京房撰。姚振宗《條理》認爲，史書中所見的題名京房撰的十餘種《周易》，或是《孟氏京房》《灾異孟氏京房》《京氏段嘉》八十九篇的散佚内容。《舊唐志》著録《周易》十卷，京房章句；《新唐志》著録京房章句十卷。《宋志》無著録。京房《易》章句已亡佚，其佚文載於僧一行《大衍曆》及李鼎祚《周易集解》。有孫堂、張惠言、黄奭、馬國翰、王仁俊、王保訓、胡薇元、王謨等輯本。而其《易傳》三卷及《積算雜占條例法》一卷存世，《四庫全書》入術數類。今存《京氏易傳》，又題爲《京氏積算易傳》，王應麟懷疑即隋唐《志》所著録的《周易錯卦》，而所謂《積算雜占條例法》，即《隋志》著録的《逆刺占災異》。宋哲宗元祐八年（1093），高麗進書有《京氏周易占》十卷，即《隋志》著録的《周易占》。

［2］【今注】案，楊樹達《漢書窺管》云，兩書皆是京房述孟喜之學。

［3］【今注】案，《隋志》、兩《唐志》無著録，已亡佚。姚振宗《條理》認爲，五鹿充宗傳《梁丘易》，不應當列入京房一類。自《古五子》至《京氏段嘉》，共八家，都是雜説陰陽災異。辛德勇認爲，此書爲京房一家之學，但五鹿充宗與京房雖同治《易》經，却師承淵源有别，且由於政治利益的衝突，議論往往相左，故此書應爲京房批駁五鹿充宗的論述，宜標點作"《五鹿充宗略説》三篇"（辛德勇：《什麽是"五鹿充宗略説"?》，《中國經學》2018年第1期）。五鹿充宗，字君孟。傳《梁丘易》及《齊論語》。元帝時，爲尚書令，又據本書《百官公卿表下》，元帝建昭元年（前38）爲少府，五年貶爲玄菟太守。

［4］【顔注】蘇林曰（林，蔡琪本同，大德本、殿本作"氏"）：東海人，爲博士。晉灼曰：《儒林》不見。師古曰：蘇説是也。嘉即京房所從受易者也，見《儒林傳》及劉向《别録》。【今注】案，《隋志》、兩《唐志》無著録，已亡佚。京房弟子所撰，故冠以京氏。段嘉，本書《儒林傳》作"殷嘉"，疑"段"或當作"殷"。又云京房授東海殷嘉，故殷嘉從京房受《易》，師古説有誤。又案，姚振宗《條理》云，此段當以《孟氏京房》《災異孟氏京房》爲一家，《五鹿充宗略説》爲一家，《京氏段嘉》爲一家。

《章句》施、孟、梁丘氏各二篇。[1]

［1］【今注】案，孫德謙《漢書藝文志舉例》（本卷下文簡稱《舉例》）認爲，《漢志》中《易》類各書前的經、傳、古、古雜、章句，是分别標題的方式。這樣學者就可以明白各書的類别。章句，漢代學者將經書劃分章節、斷明句讀、解説經文辭旨義的一種

教授方式。另外一種傳授方式則是訓詁經書文本中的字詞音義、名物制度等（參見楊權《論章句與章句之學》，《中山大學學報》2002年第4期）。又案，此三種宣帝時立爲博士。施讎《章句》，有黄奭、馬國翰、胡薇元輯本。孟喜《章句》，《隋志》著録孟喜《易》八卷，殘缺。梁十卷。兩《唐志》著録《孟氏章句》十卷。有朱彝尊、王謨、孫堂、張惠言、黄奭、馬國翰、胡薇元輯本。梁丘賀《章句》有馬國翰、胡薇元輯本。

凡《易》十三家，[1]二百九十四篇。[2]

[1]【今注】案，姚振宗《條理》認爲，此十三家指前文所述十三條，但實際有二十一家。其中，施、孟、梁丘三家有經、章句兩次著録，當合爲一家。故《易》類實爲十八家。清胡薇元輯有《漢易十三家》。

[2]【今注】案，周壽昌《漢書注校補》認爲，第一條《易經》十二篇，施、孟、梁丘三家各十二篇，共三十六篇，加上以下諸條篇數，正得二百九十四篇。又此條後當加“圖一”二字。

《易》曰：“宓戲氏仰觀象於天，俯觀法於地，觀鳥獸之文，與地之宜，近取諸身，遠取諸物，於是始作八卦，以通神明之德，以類萬物之情。”[1]至于殷、周之際，[2]紂在上位，[3]逆天暴物，[4]文王以諸侯順命而行道，[5]天人之占可得而效，[6]於是重《易》六爻，作上下篇。[7]孔氏爲之《彖》《象》《繫辭》《文言》《序卦》之屬十篇。[8]故曰《易》道深矣，人更三聖，[9]世歷三古。[10]及秦燔書，而《易》爲筮卜之事，[11]傳者不絶。漢興，田何傳之。[12]訖于宣、元，[13]

有施、孟、梁丘、京氏列於學官，[14]而民間有費、高二家之説。[15]劉向以中《古文易經》校施、孟、梁丘經，[16]或脱去“無咎”“悔亡”，[17]唯費氏經與古文同。[18]

［1］【顔注】師古曰：《下繫》之辭也。鳥獸之文，謂其跡在地者。宓讀與伏同。【今注】案，此二句指宓戲畫八卦，會通天地之間人和事物的各種神妙變化的屬性。宓戲氏，風姓。傳説中的人類始祖，與女媧氏兄妹爲婚。相傳始作八卦，教民漁獵，制定嫁娶禮儀、姓氏等。觀象於天，觀察天空日月星辰之類的發展變化。觀法於地，觀察地形。法，法則。鳥獸之文，飛禽走獸在地面上活動留下的痕迹。地之宜，地上各種各樣的植物。地之宜，指植物。植物生於地上，各有其宜。近取諸身，人體的耳目口鼻之屬。遠取諸物，雷風山澤之類。八卦，《易》的八種符號。由陰爻（--）陽爻（—）兩種符號組成。三爻成卦，象徵天地間事物的變化，即乾（天）、震（雷）、兑（澤）、離（火）、巽（風）、坎（水）、艮（山）、坤（地）。神明，人的精神和智慧。

［2］【今注】殷：朝代名。約公元前16世紀至前11世紀。因始祖契封於商，湯代夏有天下，遂號商。後盤庚遷殷（今河南安陽市西北），遂稱殷。共傳十七代，歷三十一王。　周：朝代名。約公元前11世紀至前256年。武王滅商，都鎬（今陝西西安市西南灃水東岸），史稱“西周”。公元前771年犬戎攻破鎬京，殺周幽王。次年，周平王遷都洛邑（今河南洛陽市），史稱“東周”。共傳三十二代，歷三十七王。

［3］【今注】紂：子姓，名辛。商朝最後一個王，荒淫暴虐。武王伐商，自焚而死。紂，《謚法》曰“殘義損善曰紂”。

［4］【今注】逆天暴物：《尚書·武成》：“今商王受無道，暴殄天物，害虐烝民。”孔安國傳：“暴絶天物，言逆天也。”孔穎达

疏："普謂天下百物，鳥獸草木，皆暴絶之。"

［5］【今注】文王：姬昌。受商封爲西伯，被殷紂囚於羑里（今河南湯陰市北）。相傳被囚期間益《易》之八卦爲六十四卦。伏羲所畫衹有八卦，卦三畫。文王因而重之，成八八六十四卦，卦六畫，是爲六爻，並作卦辭。武王建周，謚爲文王。案，《史記》卷四《周本紀》載："西伯陰行善，諸侯皆來決平。"

［6］【今注】案，此句指以《易》來占卜天地之間萬物的命運，都有成效。

［7］【今注】案，爻，《周易》中組成卦的符號，包括陰爻（--）陽爻（—）兩種符號。宓戲作八卦，每卦三爻。文王以兩卦相重，變成六十四卦，每卦有六爻。因篇帙較多，作《卦辭》上下篇。其爻辭相傳爲周文王所作。王應麟《考證》卷一認爲，重卦之人有四説：王弼等以爲宓戲，鄭玄以爲神農，孫盛以爲夏禹，司馬遷以爲文王。

［8］【今注】十篇：十翼。相傳孔子作《彖》上下、《象》上下、《繫辭》上下、《文言》、《説卦》、《序卦》、《雜卦》，共十篇。案，張舜徽《通釋》認爲，《論語》中衹載孔子五十而學《易》，孟子也衹稱孔子作《春秋》。而且，《繫辭》《文言》中有"子曰"二字，則《繫辭》《文言》當爲孔子後學所記述。

［9］【顔注】韋昭曰：伏羲、文王、孔子。師古曰：更，經也，音工衡反。

［10］【顔注】孟康曰：《易·繫辭》曰："易之興，其於中古乎?"然則伏羲爲上古，文王爲中古，孔子爲下古。

［11］【今注】案，一般認爲《易》是卜筮之書，以吉凶進行勸誡。但據《易·繫辭上》所載《易》有四个方面的聖人之道，即"以言者尚其辭，以動者尚其變，以制器者尚其象，以卜筮者尚其占"，所以卜筮衹爲《易》的一个方面作用。故張舜徽《通釋》認爲，《易》的作用不限於卜筮，衹不過先秦術士多以此書作爲卜

筮之用，故免於秦焚書。

［12］【今注】田何：字子莊。本書卷八八《儒林傳》作“子裝”。戰國末期齊國人。《史記》卷一二一《儒林列傳》載，孔子傳《易》於商瞿，六世至齊人田何。漢初，田何傳東武（今山東諸城市）人王同。

［13］【今注】宣：漢宣帝劉詢。公元前 73 年至前 49 年在位。紀見本書卷八。　元：漢元帝劉奭。公元前 48 年至前 33 年在位。紀見本書卷九。

［14］【今注】案，漢武帝時立五經博士，各以家法教授，列於學官。據本書《儒林傳》，宣帝時，施讎因梁丘賀推薦，爲博士；授張禹、琅邪魯伯。孟喜因改師法，不得爲博士；後授白光、翟牧，兩人皆爲博士。梁丘賀從京房受《易》；傳其子臨，後爲黄門郎。授五鹿充宗，又有士孫、鄧、衡之學。元帝時，京房受《易》於梁人焦延壽。京房授殷嘉、姚平、乘弘，皆爲郎、博士。

［15］【顔注】師古曰：費，音扶味反。【今注】費：費直，字長翁。東萊（今山東萊州市）人。長於占卦卜筮，没有文章章句，以彖、象、繫辭十篇文言解説上下經。傳見本書卷八八。《隋志》載，費直授王璜，王璜授高相，高相授其子高康及母將永。故有費氏之學，但未立於學官。東漢陳元、鄭衆皆傳費氏學，馬融又作傳，以授鄭玄。鄭玄作《易注》，荀爽又作《易傳》。魏王肅、王弼並爲之作注，自是費氏大興，高氏遂衰。《隋志》著録費氏《周易》四卷，已亡。但兩《唐志》又有載費直《章句》四卷。有馬國翰、胡薇元輯本。王樹枏撰《費氏丁易訂文》十二卷。案，據《隋志》，其本皆古字，號曰《古文易》。所謂“古文”，即六國文字，則費氏《易》當爲古文鈔寫。　高：高相，沛（今江蘇沛縣）人。治《易》與費公同時，其學也没有章句，專説陰陽災異，自言出於丁寬。授其子高康及毋將永。高、費皆未嘗立於學官。

［16］【顔注】師古曰：中者，天子之書也。言中，以别於

外耳。

［17］【今注】案，周壽昌《漢書注校補》認爲，“無咎”中“無”應作“无”。《易》中“无咎”“悔亡”最多，脱去則原文闕失不少，故劉向等校正之。經過校正，三家經與中古文並無太多差别。

［18］【今注】案，姚振宗《條理》認爲，此篇“叙”與上文易家總數一段當連書。劉光蕡則認爲，費氏《易》實際是以民間的版本僞造。案，今《四庫全書》著録《周易注》十卷，王弼注。余嘉錫《目録學發微》卷二云，本段當爲劉歆《七略》中《輯略》的原文，論述各家的淵源利弊。

《尚書古文經》四十六卷。[1]爲五十七篇。[2]

［1］【今注】案，此處當爲孔壁所藏《古文尚書》。漢代武帝時，魯恭王劉餘發現於孔子舊宅壁中，用秦小篆以前的文字寫成。經孔安國校理並作傳，比伏生所傳二十九篇增加十六篇。孔安國將此書獻於朝廷，但因巫蠱之禍，没有被列於學官。此書在西漢未立學官。東漢又無師説，馬融、鄭玄有關著述亦未提及十六逸篇，疑四十六卷之《古文尚書》亡於魏晉間。魏晉南北朝時期，鄭學與王學並立於學官，後僞孔傳興起，唐孔穎達《尚書正義》用僞孔傳，鄭學遂不存。

［2］【顔注】師古曰：孔安國書序云“凡五十九篇，爲四十六卷。承詔作傳，引序各冠其篇首，定五十八篇”，鄭玄叙贊云“後又亡其一篇”（一，蔡琪本、殿本作“七”），故五十七。【今注】五十七篇：王先謙《漢書補注》據《尚書孔疏》云，伏生二十九篇，是以卷計，若計篇則爲三十四。多出的十六篇，即《舜典》《汩作》《九共》《大禹謨》《棄稷》《五子之歌》《胤征》《湯誥》《咸有一德》《寶典》《伊訓》《肆命》《原命》《武成》《旅

棐》《畢命》,《九共》有九篇,實際爲二十四篇,合五十八篇。

《經》二十九卷。[1]大、小夏侯二家。[2]《歐陽經》三十二卷。[3]

[1]【顔注】師古曰:此二十九卷,伏生傳授者。【今注】案,此乃今文《尚書》。《尚書》經孔子整理,有百篇,秦焚書之時伏生藏於壁中,漢初仍存二十九篇。伏生以此書傳授門徒,形成三派:由歐陽生開始,傳至歐陽高而建立歐陽氏學;由夏侯勝建立的大夏侯氏學;由夏侯建建立的小夏侯氏學。漢朝派鼂錯聽伏生講授並以當時文字記録,以漢代通行的隸書書寫,即“今文尚書”。東晉梅賾所獻孔安國作傳的《古文尚書》就包括了這二十九篇,《隋志》已不著録。有馬國翰輯本。陳喬樅撰《今文尚書經説考》三十二卷,叙録一卷。

[2]【今注】大小夏侯:即夏侯勝、夏侯建。夏侯勝,字長公,東平(今山東汶上縣)人。其先爲夏侯都尉,從濟南張生受《尚書》,後傳族子始昌。夏侯勝從夏侯始昌受《尚書》及《洪範》,官至太子太傅,宣帝時,受詔撰《尚書》《論語》説。傳見本書卷七五、八八。夏侯建,字長卿。夏侯勝之侄。夏侯勝傳夏侯建,而建又從歐陽高受《尚書》,官至太子少傅。傳見本書卷七五。於是《尚書》有大小夏侯之學。

[3]【今注】歐陽:歐陽生,字和伯。千乘(今山東高青縣東南)人。從伏生習《尚書》。世傳《尚書》,授兒寬,兒寬又授孔安國。寬授歐陽生子,世代相傳,至曾孫歐陽高,爲博士。由是《尚書》世有歐陽氏學。傳見本書卷八八。案,漢武帝時,立五經博士,其中《尚書》博士立歐陽氏學,宣帝時立大夏侯、小夏侯氏。又,成帝時詔求古書,張霸分析二十九篇爲數十篇,又采《左傳》《書叙》作爲首尾,編成百篇,又將各篇前的序言合編成兩

篇，即成《百兩篇》，獻與朝廷。後因弟子謀反，其書被廢。漢廷很快即發現這是張霸的僞作，並予以廢黜。但所載百篇《書序》却流傳並盛行。又，東晉元帝時，梅賾獻一部《古文尚書》，共有經文五十八篇，其中包括與《今文尚書》基本相同的二十八篇，但分爲三十三篇（具體是：分《堯典》下半爲《舜典》，分《皋陶謨》下半爲《益稷》，分《顧命》下半爲《康王之誥》，分《盤庚》爲上、中、下三篇）；另有《今文尚書》所無的二十五篇（從當時典籍中綴集詞句成二十二篇，其中又從百篇《書序》中采十八個篇題，其中《太甲》《説命》各分爲三篇），另新撰《泰誓》三篇。唐初，孔穎達領銜作《尚書正義》二十卷、陸德明作《經典釋文》皆以此爲底本。孫猛《日本國見在書目詳考》指出，近年郭店簡與上博簡均有《小戴禮記》的《緇衣》篇，其中徵引《今文尚書》所没有的《尹誥》《君牙》《君陳》三篇。所引《古書尚書》或是未經魏晉人改動的真《古文尚書》。清華簡中有二十餘篇屬於《尚書》《逸周書》，其中《尹至》屬今本《尚書》的《商書》，《尹誥》與今本《咸有一德》不同，《金縢》與今本大致相合，《傅説之命》見於梅賾所獻，前人已定爲僞書。《保訓》《耆夜》體裁與《尚書》相似，或是《尚書》佚篇。另有敦煌殘卷本（參見吴福熙《敦煌殘卷古文尚書校注》，甘肅人民出版社 1992 年版）。今通行的十三經注疏本、四部叢刊本，不計孔安國《書序》，共五十八篇，各篇附以孔子所撰序及孔安國的《尚書傳》。《隋志》除著録孔安國傳《古文尚書》十三卷外，還有馬融注《尚書》十一卷、鄭玄注《尚書》九卷、王肅注《尚書》十一卷。宋代吴域、朱熹即懷疑梅賾所獻《古文尚書》和孔安國傳的真實性。清代閻若璩、惠棟、程廷祚、王鳴盛、段玉裁、江聲、崔述、孫星衍、皮錫瑞等人皆證其僞。丁晏認爲該書出於王肅僞造。毛奇齡撰《古文尚書冤詞》則認爲此二十五篇爲真。孫星衍又作《尚書今古文注疏》，把今文和古文分開（關於尚書史概況，參見臧振《古史考論西雍集》，商務印書館 2016 年版，第 167—207 頁）。但因近年清華簡、上博簡、郭店簡的出土，這種説法受到挑戰（關於上博簡、郭店簡引《書》與古本《尚書》比較，參見林志强《古本〈尚書〉文字研究》，中山大學出版社2009年版；朱建亮則辯此書並非僞書，見《〈僞古文尚書〉研究》，光明日報出版社2017年版；劉光勝《出土文獻與〈古文尚書〉研究》，中國社會科學出版社2020年版）。

《傳》四十一篇。[1]

［1］【今注】案，此即伏生《尚書大傳》。伏生，或曰名勝。濟南國（都東平陵，今山東濟南市章丘區西）人。秦時爲博士。據《隋志》，伏生作《尚書傳》四十一篇，授同郡張生，張生授千乘歐陽生。但本書卷八八《儒林傳》載伏生傳張生及歐陽生。《隋志》又著録鄭玄注《尚書大傳》三卷。陸德明《經典釋文·序録》稱《尚書大傳》三卷，伏生作，鄭康成注。其序稱，文帝時，伏生年近百歲，歐陽生、張生從伏生學《尚書》。伏生死後，其弟子按自己的理解注《尚書》，别作章句，撰其大義，稱作《傳》。劉向校書，奏上四十一篇，鄭玄整理爲八十三篇。今本四卷。則此《傳》爲張生、歐陽生所述，並非伏生自撰。《舊唐書·經籍志》（本卷下文簡稱《舊唐志》）著録《尚書暢訓》三卷，伏生注。《新唐書·藝文志》（本卷下文簡稱《新唐志》）著録伏生注《大傳》三卷，又《暢訓》一卷。《宋志》著録伏生《大傳》三卷，鄭玄注。今有朱彝尊、孫之騄、惠棟、陳壽祺、盧文弨、黄奭、袁堯年、孔廣林、皮錫瑞、王闓運諸家輯佚校訂本，以陳壽祺本最爲完備。秦始皇時下令禁《書》，伏生將《書》藏於壁中。漢初僅得二十九篇，教於齊、魯間。漢文帝時，求天下治《書》者，召伏生，因年老不能行，故文帝命鼂錯前往受學。傳見本書卷八八。

《歐陽章句》三十一卷。[1]

［1］【今注】案，楊樹達《漢書窺管》引莊述祖説，《歐陽經》三十二卷，《章句》三十一卷，其一卷無章句，蓋爲《書序》。但張舜徽《通釋》云，伏生所傳《今文尚書》二十九篇，是合《泰誓》一篇而説，實有二十八篇。歐陽高分《盤庚》爲一篇，故成三十一篇。《隋志》稱此書亡於永嘉之亂，已不著録。有黄奭、馬國翰輯本。歐陽，歐陽高，字子陽，歐陽生之曾孫。《經典釋文·序録》稱其作《尚書章句》，爲歐陽氏學。

大小《夏侯章句》各二十九卷。[1]

［1］【今注】案，《隋志》稱兩書亡佚於西晉永嘉之亂。馬國翰輯有《大夏侯章句》一卷、《小夏侯章句》一卷。王應麟《考證》認爲，《書》最初衹有歐陽學，漢宣帝時立大、小夏侯。三家至西晉時亡佚。《經典釋文叙録》稱，夏侯勝從歐陽氏問學，又傳夏侯建，夏侯建又受學於歐陽高，則大、小夏侯皆歐陽之學。

大小《夏侯解故》二十九篇。[1]

［1］【今注】案，《隋志》、兩《唐志》無著録，已亡佚。解故，通“解詁”，重在詮釋訓詁名物，文辭簡略；章句則主要疏通經文大義，文辭較繁。

《歐陽説義》二篇。[1]

［1］【今注】案，《隋志》、兩《唐志》無著録，已亡佚。陳喬樅撰《尚書歐陽夏侯遺説考》一卷。

劉向《五行傳記》十一卷。[1]

[1]【今注】案，本書卷三六《劉向傳》稱，劉向見《尚書·洪範》載箕子爲武王陳述五行陰陽的吉凶應驗，於是集合上古以來以及春秋六國至秦、漢符瑞災異的記載，搜集導致禍福的事迹，明確其占卜的結果得到應驗，以類相從，列爲條目，共十一篇，號曰《洪範五行傳論》，並上奏朝廷。此書原衹十篇，後加入劉向《稽疑》一篇。《隋志》、兩《唐志》皆著録劉向《尚書洪範五行傳論》十一卷，《宋志》無著録。本書《五行志》多載其文，有王謨、陳壽祺、黄奭輯本。

許商《五行傳記》一篇。[1]

[1]【今注】案，此書當爲記符瑞災異之作，《隋志》、兩《唐志》無著録，已亡佚。許商，字長伯，長安（今陝西西安市）人。從周堪受《尚書》，善於推算，能够有實際功效。著《五行論曆》，四至九卿。事迹見本書卷八八《儒林傳》、卷二九《溝洫志》。

《周書》七十一篇。[1]周史記。[2]

[1]【今注】案，即《逸周書》。據劉向説，此書爲孔子論《尚書》百篇之後的内容，均爲周朝的誥誓號令，存四十五篇。許慎《説文解字》注已引《逸周書》。《四庫全書總目提要》則稱，郭璞注《爾雅》稱《逸周書》，李善《文選注》所引亦稱《逸周書》，知晉至唐初，舊本尚不題稱“汲冢”。至南朝梁時，遂誤合《汲冢周書》《逸周書》爲一事，而修《隋志》者誤采信其説。《隋志》“雜史類”著録《周書》十卷，注云“《汲冢書》，似仲尼删書

之餘”，將此書與《汲冢周書》視爲一本。《舊唐志》著録孔晁注《周書》八卷，《新唐志》著録《汲冢周書》十卷、孔晁注《周書》八卷。《宋志》著録《汲冢周書》十卷。自宋王應麟已認爲，《汲冢周書》出土於晉武帝太康二年（281），而此《周書》在兩漢時已有，則兩書明顯並非一書。但晉太康十年（289）《齊太公吕望碑》所引《周志》（周書）文本見於《逸周書·大匡解》，可見汲冢所出書中確實有《周書》。或者是汲冢書出土之後，荀勖整理時，將傳世孔晁注本《周書》八卷與《汲冢周書》合在一起，成十卷本，並把整理的汲冢書附於《中經新簿》中。王應麟有《周書王會補注》一卷。清盧文弨校刊成《逸周書》定本，據《吕氏春秋》十二紀補入《月令》篇，又補《程寤》七十餘字。（關於《逸周書》校釋補注的情況，參見王小紅《〈逸周書〉源流及研究史述略》，《儒學論衡》2017 年第 1 期。）也有學者認爲，《汲冢周書》並非《逸周書》，當爲《六韜》類道家文獻，荀勗對傳世《周書》與《汲冢周書》進行了整合（王連龍：《談汲冢〈周書〉與〈逸周書〉——從出土文獻研究看古書形成和流傳問題》，《中原文化研究》2014 年第 4 期）。孫猛《日本國見在書目詳考》指出，《清華簡》中《金縢》《傅説之命》等是《尚書》，《皇門》《祭公》爲《逸周書》，通稱爲《書》，並不區别《尚書》與《逸周書》。這説明當時既有今古文《尚書》，也有像《逸周書》一樣的《書》，所以《逸周書》或非“孔子删書之餘”，而是當時人以選編流傳的《書》成七十一篇，合《今文尚書》二十九篇，共成百篇。或成於漢代人之手。李學勤認爲，《逸周書》即《周書》，所謂“逸”指没有師説（《清華簡與〈尚書〉〈逸周書〉的研究》，《史學史研究》2011 年第 2 期）。今本《逸周書》十卷七十一篇，與《漢志》相合，但似與《汲冢周書》無關。其間十一篇有目無文，朱佑曾《逸周書集訓校釋序》認爲，當亡佚於唐以後。另有郝懿行、嚴可均、陳逢衡、朱右曾、陳漢章等輯本，馬國翰輯《汲冢書鈔》一卷。今人黄懷信有《逸周書源流考辨》《逸周書校補注譯》，羅家湘有《〈逸周書〉研究》，均是對《逸周書》進行系統全面整理研究的專著。

［2］【顏注】師古曰：劉向云："周時誥誓號令也，蓋孔子所論百篇之餘也。"今之存者四十五篇矣。

《議奏》四十二篇。[1]宣帝時石渠論。[2]

［1］【今注】案，宣帝甘露三年（前51），在石渠閣召集諸儒辯論五經異同，蕭望之等平奏其議，帝爲稱制臨決之。姚振宗《條理》稱，據《玉海》《經義考》，共二十三人，《易》則施讎、梁邱臨，《書》則歐陽地餘、林尊、周堪、張山拊、假倉，《詩》則韋玄成、張長安、薛廣德，《禮》則戴聖、聞人通漢，《公羊》則嚴彭祖、申輓、伊推、宋顯、許廣，《穀梁》則尹更始、劉向、周慶、丁姓、王亥。蕭望之則以五經名家，與韋玄成條奏其議，梁邱臨奉使問難。此書爲與《尚書》相關的篇目。《隋志》、兩《唐志》無著録，已亡佚。

［2］【顏注】韋昭曰：閣名也，於此論書。【今注】石渠：閣名。在今陝西西安市西北漢長安城内未央宫前殿西北，爲漢代儒者校書之所，並藏秘書。據《後漢書》卷四八《翟酺傳》章懷注稱，宣帝甘露三年，詔諸儒講五經於殿中，兼平《公羊》《穀梁》同異。據本書卷八八《儒林傳》，論《書》於石渠者有歐陽地餘、林尊、周堪、張山拊、假倉等人。

凡《書》九家，[1]四百一十二篇。[2]入劉向《稽疑》一篇。[3]

［1］【今注】案，書類所載共十五家，其中歐陽有經、章句、説義，大小夏侯有經、章句、解故，共九家，實則爲三家。故當以

古文經爲一家，今文經傳爲一家，歐陽、大小夏侯、解詁義説爲三家，劉向、許商爲兩家，《周書》《議奏》爲兩家，共計九家。也有説，姚振宗《條理》此篇凡分四段，古今文《經》爲一段，《傳》及《章句》《解詁》爲一段，《五行傳記》二家爲一段，《周書》及《議奏》爲一段。

[2]【今注】案，所列篇數實共四百二十二篇。

[3]【顔注】師古曰：此凡言入者，謂《七略》之外班氏新入之也。其云出者與此同。【今注】案，周壽昌《漢書注校補》認爲，此篇爲班固自《七略》以外新加入的一篇，當即《劉向五行傳記》。

《易》曰：[1]“河出圖，雒出書，[2]聖人則之。”故《書》之所起遠矣，至孔子纂焉，[3]上斷於堯，下訖于秦，凡百篇，[4]而爲之序，[5]言其作意。秦燔書禁學，濟南伏生獨壁藏之。漢興亡失，求得二十九篇，以教齊魯之間。訖孝宣世，有歐陽、大小夏侯氏，立於學官。《古文尚書》者，出孔子壁中。[6]武帝末，魯共王壞孔子宅，[7]欲以廣其宫，而得古文《尚書》及《禮》《記》《論語》《孝經》凡數十篇，皆古字也。共王往入其宅，聞鼓琴瑟鐘磬之音，於是懼，乃止不壞。孔安國者，[8]孔子後也，悉得其書，以考二十九篇，得多十六篇。[9]安國獻之。[10]遭巫蠱事，[11]未列于學官。劉向以中古文校歐陽、大小夏侯三家經文，《酒誥》脱簡一，《召誥》脱簡二。[12]率簡二十五字者，脱亦二十五字，簡二十二字者，脱亦二十二字，文字異者七百有餘，脱字數十。《書》者，古之號令，[13]號令於衆，其言不立具，[14]則聽受施行者弗曉。古文讀應爾雅，[15]故解古今語而可知也。

［1］【顔注】師古曰：《上繫》之辭也。

［2］【今注】河出圖雒出書：相傳伏羲氏時洛陽東北孟津縣境内有龍馬負圖出於河，伏羲據其文以畫八卦。大禹時，洛陽西洛寧縣洛河中有神龜出，背負九組黑白點組成的圖畫。禹因此而治水，並劃天下爲九州，依此治理天下。案，“河出圖”三句，《周易正義》卷七《正義》云，孔安國認爲，河圖即八卦，洛書則是九疇。至北魏關朗首次提出“河圖洛書”的圖數：“河圖之文，七前六後，八左九右。洛書之文，九前一後，三左七右，四前左，二前右，八後左，六後右。”至宋太平興國年間，方士陳摶始繪成“河圖洛書”，朱熹刊於所著《周易本義》篇首（李立新：《“河圖洛書”與漢字起源》，《周易研究》1995 年第 3 期；陳恩林：《河圖、洛書時代考辨》，《史學集刊》1991 年第 1 期）。宋明以來，很多學者認爲，漢至宋的所謂河圖洛書爲附會傳説而作，並不足信。黄宗羲、黄宗炎、毛奇齡和胡渭等清代學者更對此詳加考辨（陳咏琳：《清儒黄宗羲、黄宗炎、毛奇齡與胡渭對“河圖”“洛書”學之考辨》，《中國文學研究》2014 年第 37 期）。

［3］【顔注】孟康曰：篹音撰。

［4］【今注】凡百篇：《史記》卷四七《孔子世家》載，孔子追迹三代之禮，序書傳，上紀唐虞之際，下至秦繆，編次其事。沈欽韓《漢書疏證》引《尚書緯》則載，孔子求書，得黄帝玄孫帝魁之書，訖於秦穆公，凡三千二百四十篇。選取接近孔子所處時代的内容，定可以爲世法者百二十篇，以百二篇爲《尚書》，十八篇爲《中侯》，删去三千一百二十篇。

［5］【今注】案，張舜徽《通釋》認爲，“序”與“叙”同，即編次。《史記·孔子世家》載，孔子序書傳，本書卷八八《儒林

傳》載孔子“叙《書》則斷《堯典》”，並不載孔子作《書序》。而《隋志》“史部簿録類”稱孔子删《書》，别爲之《序》，各陳作者所由。《尚書正義》認爲，鄭玄、馬融、王肅等均稱孔子作《書序》，《尚書》百篇共有六十三序。學者據新出清華簡等文獻證明，《書序》成書於公元前 289 年至前 213 年，既不是孔子所作，也非劉歆等人僞作，而是此時儒家後學託名孔子所作（騰興建：《清華簡與〈書序〉研究》，《孔子研究》2017 年第 4 期）。

［6］【顔注】師古曰：《家語》云孔騰字子襄，畏秦法峻急，藏《尚書》《孝經》《論語》於夫子舊堂壁中，而《漢記·尹敏傳》云孔鮒所藏。二説不同，未知孰是。【今注】案，《孔叢子·獨治》載，魏人陳餘謂孔鮒曰：“秦將滅先王之籍，而子爲書籍之主，其危哉！”子魚曰：“吾將先藏之。”然《隋志》與《史通》《經典釋文》並作“孔惠”。顧實《講疏》云，孔惠即《孔子世家》之孔忠。忠、惠二字形近而訛。師古注中所引《漢記》，當指《東觀漢記》。

［7］【今注】魯共王：劉餘。景帝子。本書卷五三《景十三王傳》作“魯恭王”，載其即位初年好治宫室、苑囿、狗馬。景帝二年（前 155）立爲淮陽王，次年徙王魯，後二十八年薨。武帝元朔元年（前 128），魯安王光嗣位。所謂武帝末壞孔子宅，當作武帝初。此事當發生於景帝末年，而孔安國獻書在武帝初（關於孔壁書發現的時間，有多種説法。詳參楊澤生《戰國竹書研究》，第 11 頁）。李學勤認爲，孔壁中書或以受楚文字影響的字體寫成（《論孔壁中書的文字類型》，《齊魯文化研究》第 1 輯）。

［8］【今注】孔安國：字子國。魯（今山東曲阜市）人。孔子第十一代孫。孔武之子。受《詩》於申公，受《尚書》於伏生。武帝元朔末爲博士，官至臨淮太守。武帝初，魯恭王於孔壁中得《古文尚書》《禮》《記》《春秋》《論語》《孝經》等數十篇。孔安國以漢代當時隸書改寫，又受詔作傳。但逢武帝元光五年（前

130）陳皇后巫蠱之禍，此書不得上奏朝廷，僅藏於家。又作《古文孝經傳》《論語訓解》等。另有《尚書孔氏傳》，係後人僞託。

［9］【顔注】師古曰：壁中書多，以考見行世二十九篇之外，更得十六篇。【今注】案，多得十六篇爲《舜典》《汨作》《九共》《大禹謨》《棄稷》《五子之歌》《胤征》《湯誥》《咸有一德》《寶典》《伊訓》《肆命》《厚命》《武成》《旅獒》《畢命》。實爲二十四篇，其中《九共》九篇爲一卷，減去八篇，故爲十六篇。

［10］【今注】案，《史記·孔子世家》稱孔安國爲臨淮太守，早卒，則孔安國死於司馬遷作《史記》之前，約武帝太初元年（前104）以前。而據孔安國爲武帝時博士，兒寬受業於孔安國，爲博士在武帝元朔五年（前124），則孔安國爲博士在此以前。其生年約在公元前156年，卒年近六十，所謂“早卒”指作《史記》而言（陳以鳳：《孔安國學術研究》，第13頁）。魯恭王壞孔子宅在元朔年間（前128—前123），武帝於元朔五年開獻書之路，此時孔安國已爲博士。此時孔壁中書出，武帝已經明詔求書，孔安國没有不獻書的道理。本書《儒林傳》云，孔氏有古文《尚書》，孔安國以今文字讀之，因以起其家逸《書》，得十餘篇，《尚書》因此增加篇數。自孔壁書被發現，至孔安國獻書，期間孔安國當有數年的整理過程，兒寬從安國受業，司馬遷亦從安國問學。至於後遭巫蠱，未立於學官，是指古文不被列入學官而言。所謂巫蠱，指武帝元光五年七月陳皇后巫蠱之禍。劉躍進亦考證孔安國獻書在漢武帝元光五年（《秦漢文學編年史》，第152—153頁），又案，荀悦《漢紀》作“安國家獻之”。

［11］【今注】巫蠱事：漢武帝時期的巫蠱事有四次：元光五年、太始元年（前96）、征和二年（前91）春、征和二年七月。陳皇后爲長公主劉嫖之女，武帝即位，立爲皇后，十餘年無子。因衛子夫得幸，陳皇后挾婦人媚道，請來巫女楚服等詛咒暗害衛子夫，後被人告發。元光五年，武帝遂窮治之，楚服梟首於市誅連者三百

餘人。陳皇后璽綬被奪，退居長門宫。

［12］【顔注】師古曰：召讀曰邵。【今注】案，閻若璩《尚書古文疏證》卷七云，伏生寫此二篇，《酒誥》以若干字爲一簡，《召誥》率以若干字爲一簡，而後歐陽、大小夏侯三家傳之，謹守師説而不改。劉向以宫中所藏本校之，故知有脱漏。但有脱字、脱簡的區别。脱字即傳寫者有遺漏文字，脱簡則是簡牘編次時有遺漏。這説明伏生所藏與孔壁所出的書每篇每簡字數並不同。這種脱字、脱簡的情况，或發生於伏生《尚書》剛被發現的時候。一簡容一行字，二十五字是《酒誥》之簡，二十二字是《召誥》之簡，《酒誥》脱簡一則中古文多二十五字，《召誥》脱簡二則中古文多四十四字。然張舜徽《通釋》認爲，不一定爲伏生親自書寫，另據出土先秦簡牘，每簡字數不一，不能確定二十五字一簡、二十二字一簡具體爲哪一篇。

［13］【今注】號令：古者左史記言，凡訓誥誓命之文，皆爲號令。

［14］【今注】立具：設備完備。

［15］【今注】古文讀應爾雅：讀《尚書》古文以常見字義代替古語。司馬遷受《尚書》於孔安國，其撰《史記》徵引《尚書》者，即以訓詁之字代尚書古語。《後漢書》卷三六《賈逵傳》載，賈逵數漢章帝言《古文尚書》，與經傳《爾雅》詁訓相應。爾雅，接近經典古語。爾，近。雅，正。

《詩》經二十八卷，[1]魯、齊、韓三家。[2]

［1］【今注】詩：古代詩歌總集，又稱《詩經》。所收自西周初年至春秋中期，據説最早有三千篇，經孔子整理爲三〇五篇。其内容按音樂特點分爲風、雅、頌三類，表現手法有賦、比、興三種。漢代經、傳别行。經文二十八卷，其中十五國風十五卷，小雅

七十四篇爲七卷，大雅三十一篇爲三卷，周頌三十一篇爲三卷，魯、商頌各爲一卷，共二十八卷。案，姜亮夫引《論語》，認爲《詩經》在當時不僅是文學作品，而是兼有博物、外交、政治、民風等多方面的作用（《史學論文集·補説詩書事》）。《左傳》有《轡之柔矣》《茅鴟》等逸詩。上博簡《詩論》也有一些未見於今本。據《中國古佚書輯本目録解題》云，宋王應麟輯逸詩，清盧文弨增補《詩考》，又經臧庸、汪遠孫、丁傑、李富孫、馮登府等人校補。又有丁晏、楊晨、范家相等人增輯補注。安徽阜陽雙古堆《詩經》殘簡即是楚國流傳下來的一種逸詩，抄寫於西漢早期（參見楊世文《近百年儒學文獻研究史上》，第458頁）。

［2］【顔注】應劭曰：申公作《魯詩》，后蒼作《齊詩》，韓嬰作《韓詩》。【今注】魯：魯詩。始於魯人申公。申公又稱申培公，與楚元王劉交同受《詩》於浮丘伯，後爲楚元王太子劉戊的老師。劉戊即位後，視申公爲奴。故申公歸家教學，弟子受業者千餘人，漢大臣王臧、趙綰亦從其受學。武帝曾召見，問治亂之事。年八十餘，任太中大夫。弟子爲博士者十餘人。傳見本書卷八八。《隋志》云《魯詩》亡於西晉。有王應麟《詩考》輯本，盧文弨增校《詩考》，經臧庸等人補校。丁晏補注《詩考》頗詳。另有王謨等人搜集漢儒《魯詩》説，以陳喬樅最爲完備。海昏侯墓出土的《詩經》或爲《魯詩》（《江西南昌西漢海昏侯劉賀墓出土簡牘》，《文物》2018年第11期）。　齊：齊詩。始於轅固。轅固，齊人，治《詩》，景帝時爲博士，與黄生辯論湯武伐桀紂。爲清河太傅，因病而免。武帝即位，徵其爲賢良，年已九十餘。傳見本書卷八八。案，本書卷八八《儒林傳》載："言《詩》，於魯則申培公，於齊則轅固生，燕則韓太傅。"轅固生作《詩傳》，號《齊詩》，傳夏侯始昌，始昌授后蒼，則后蒼乃再傳弟子。應劭注曰"后蒼作《齊詩》"，誤。《隋志》云，《齊詩》亡於魏。據《中國古佚書輯本目録解題》云，有王應麟《詩考》輯本，丁晏補注《詩考》，又

有采輯漢儒《齊詩説》，以陳喬樅本最爲齊備。　韓：韓詩。始於韓嬰。韓嬰，燕人。文帝時爲博士，景帝時爲常山太傅。推詩人之意，作内外傳數萬言。又傳《易》與人，並有《易》傳。但燕趙間好《詩》，故其《易》傳並不流行。傳見本書卷八八。《隋志》著録《韓詩》二十二卷，薛氏章句。《舊唐志》著録二十卷，《新唐志》著録二十二卷。此書當亡於宋以後。有王應麟《詩考》輯本，盧文弨、丁晏、阮元等皆有補輯。另有臧庸、宋綿初、陳喬樅、顧震福、陶方琦、楊晨、馮登府等人輯本。湖北荆州夏家臺墓地出土戰國楚簡《詩經・邶風》（參見《湖北荆州：楚簡〈詩經〉》，《大衆考古》2016年第2期）、安徽大學藏戰國竹簡（參見黄德寬《略論新出戰國楚簡〈詩經〉異文及其價值》，《安徽大學學報》2018年第3期）與今本《毛詩》多有不同。案，西漢傳經者有四家，爲魯人申培、齊人轅固、燕人韓嬰、魯人毛亨，其中前三家以漢代隸書寫成，屬今文，《毛詩》以先秦古文寫成。

《魯故》二十五卷。[1]

[1]【顔注】師古曰：故者，通其指義也。它皆類此。今流俗《毛詩》改故訓傳爲詁字，失真耳。【今注】案，本書卷八八《儒林傳》云，申公從浮丘伯受《詩》，獨以《詩經》爲《訓故》以教，無《傳》。對於《詩》中有疑問的則闕而不傳。據《隋志》曰，《魯詩》亡於晉。有馬國翰輯本。晁説之《嵩山文集》卷一三晁氏曰："《詩》有《魯故》《韓故》《齊后氏故》《孫氏故》《毛詩故訓傳》，《書》有《大小夏侯解故》。前人惟故之尚如此。"故，通"詁"。即古言、古義。指以漢代通行的詞語解釋古言。訓，疏通字義。故訓，指解釋疏通文義。

《魯説》二十八卷。[1]

［1］【今注】案，王先謙《漢書補注》以爲此《魯説》爲申培弟子所傳。沈欽韓《漢書疏證》認爲，《魯説》即韋氏學。據本書卷八八《儒林傳》載，申培學《詩》於浮丘伯，爲荀子門人。申培之後，《魯詩》有韋、張、唐、褚之學。韋氏，即韋賢，字長孺，魯國鄒（今山東鄒城市）人。有王仁俊輯本。張氏，即張長安，字幼君，山陽（今河南焦作市）人。唐氏，即唐長賓，東平（今山東東平縣）人。褚氏，即褚少孫，沛（今江蘇沛縣）人，曾補《史記》所缺十篇。《説郛》《漢魏叢書》有申培撰《詩説》一卷。王謨、黄奭有《魯詩傳》輯本。

《齊后氏故》二十卷。[1]

［1］【今注】案，后倉所作。后倉，字近君，東海郯（今山東郯城縣）人。轅固生傳夏侯始昌，始昌傳后倉，后倉爲《齊詩》再傳弟子。通《詩》《禮》，爲博士，官至少府。傳見本書卷八八。有馬國翰輯本。后倉授翼奉、蕭望之、匡衡等人。陳喬樅有《齊詩翼氏學疏證》二卷。

《齊孫氏故》二十七卷。[1]

［1］【今注】案，后倉授翼奉、蕭望之、匡衡。匡衡又授師丹、伏理、滿昌。滿昌爲詹事，伏理爲高密太傅，師丹爲大司空。由是《齊詩》有翼、匡、師、伏之學。但無孫氏學。

《齊后氏傳》三十九卷。[1]

［1］【今注】案，王先謙《漢書補注》謂“蓋后氏弟子從受其

學而爲之傳"。馬國翰輯《齊氏傳》二卷。陳直《漢書新證》引本書卷七五《翼奉傳》云"詩有五際"，孟康注有《詩内傳》，或即《齊后氏傳》之類。馬國翰輯《齊詩傳》一卷。楊樹達《漢書窺管》云，《齊后氏故》及《后氏傳》並后蒼一人所作。

《齊孫氏傳》二十八卷。[1]

[1]【今注】案，應與上文《齊孫氏故》同爲孫氏所撰。孫氏，不知何人。馬國翰輯《齊詩》序云，孫氏也當爲后氏傳人。姚振宗《條理》據吴陸璣《毛詩草木鳥獸蟲魚疏》卷後載四家詩源流，亦未提及孫氏，則孫氏或亡於三國時。

《齊雜記》十八卷。[1]

[1]【今注】案，姚振宗《條理》認爲，此書當爲集合衆家講述《齊詩》的内容合爲一篇，其作者不可考。張舜徽《通釋》則認爲，此書當爲治《齊詩》者隨記所見，記述者並非一人，所記内容也並非一事，故不一定要確定其作者。沈欽韓《漢書疏證》認爲，此書指齊詩章句之類。《郊特牲》疏引《正義》引匡衡曰："支庶不敢薦其禮，下土諸侯不得專祖於王。"伏黯傳於伏理，遂成爲家學，又改定章句，以授其子伏恭，伏恭删伏黯所撰章句，定爲二十萬言。匡衡授琅邪伏理，伏理以詩授漢成帝，别自名學，即黯之父。明皇甫汸《解頤新語》引《齊詩章句》"騶虞爲天子掌鳥獸官"。

《韓故》三十六卷。[1]

［1］【今注】案，本書卷八八《儒林傳》不載韓嬰有《韓故》，此書或是以章句訓詁形式解説《詩》。王先謙《漢書補注》以爲，此書爲韓嬰所撰以訓故方式注《詩》，以區别於内外《傳》。《隋志》著録《韓詩》二十二卷，漢常山太傅韓嬰撰，薛氏章句。又稱“《韓詩》雖存，無傳之者”。《舊唐志》著録《韓詩》二十卷，卜商序、韓嬰撰。《新唐志》著録《韓詩》卜商序、韓嬰注二十二卷。《中國古佚書輯本目録解題》按，《隋志》以下著録韓嬰《詩》説，已不再區分故、傳、説，則馬國翰輯《韓詩故》二卷也並非其本來面貌。張舜徽《通釋》謂，三家詩當各有故、傳行於世。韓嬰，燕人。漢文帝時爲博士，景帝時至常山太傅。韓嬰作《詩》内外《傳》數萬言，與齊詩、魯詩頗不同。淮南賁生受詩於韓嬰。燕趙間説《詩》者由韓嬰。又載韓嬰傳《易》，但燕趙間好《詩》，故其《易》傳者少，衹有韓氏自家傳授。

《韓内傳》四卷。［1］

［1］【今注】案，即《韓詩内傳》。本書卷八八《儒林傳》載，韓嬰推演詩人之意，而作内外《傳》數萬言，其語頗與齊魯間殊，其觀念一致。《内傳》即是與經義相比附，以雜説使經文字句通俗易懂。《隋志》、兩《唐志》無著録，已亡佚。有王謨、馬國翰、黄奭輯本。楊樹達《漢書窺管》認爲，各輯本中以訓詁的内容爲《内傳》，但這些内容實屬於《韓故》。《内傳》爲雜説體裁，並非訓詁。

《韓外傳》六卷。［1］

［1］【今注】案，即《韓詩外傳》。《四庫全書總目提要》云，此書雜引古書古語，並證以詩詞，與經義不相比附，不以解經爲

主，故稱爲外傳。兩《唐志》、《隋志》、《宋志》著録《韓詩外傳》十卷。朱一新《漢書管見》引《崇文總目》云，韓嬰之書至唐朝仍存在，今存《韓詩外傳》十篇。王先謙《漢書補注》引《隋志》云，《齊詩》亡於三國魏時，《魯詩》亡於西晉，《韓詩》雖存，但無傳授者。至南宋後，《韓詩》亦亡，祇有《外傳》獨存。楊樹達《漢書窺管》認爲，《内傳》實際上存於今本《韓詩外傳》中，今本十卷，當包括《内傳》四卷、《外傳》六卷。但今本已與原書内容有所不同。近人所輯《韓詩》，其中訓詁的内容當屬於《韓詩故》。《中國古佚書輯本目録解題》云，宋王應麟《詩考》輯《韓詩》，後世盧文弨、丁晏、阮元、王謨、馬國翰、黄奭、沈清瑞等多據此增訂。蔣曰豫《韓詩輯》所輯内容較爲豐富。陳喬樅撰《韓詩遺説考》五卷、《叙録》一卷、《韓詩外傳附録》一卷、《韓詩内外傳補逸》一卷。

《韓説》四十一卷。[1]

[1]【今注】案，此書當爲諸家解説《韓詩》的著作。據本書卷八八《儒林傳》，韓嬰傳趙子；趙子授蔡誼；蔡誼授食子公、王吉；食子公授栗豐，王吉授長孫順。於是《韓詩》有王、食、長孫之學。《後漢書》卷七九下《儒林傳下》載，薛漢世習《韓詩》，父子均以《章句》著名，弟子杜撫定《韓詩章句》。周壽昌《漢書注校補》認爲，《韓説》即薛漢所撰。但本書《王吉傳》載“《説》曰”，楊樹達《漢書窺管》認爲，即《韓説》。清馬國翰輯《韓詩説》一卷。

《毛詩》二十九卷。[1]

[1]【今注】案，此書當爲毛萇所傳。《後漢書》卷七九《儒

林傳》:“趙人毛萇傳《詩》,是爲《毛詩》。”鄭衆、賈逵傳《毛詩》,馬融作《傳》,鄭玄作《箋》。《隋志》著録《毛詩》二十卷,漢河間太守毛萇傳,鄭氏箋。王應麟《考證》引《六藝論》,河間獻王好學,其博士毛公善説詩,稱爲“毛詩”。又引陸德明《經典釋文·序録》,河間人(一説爲魯人)大毛公爲《詩故訓傳》。《初學記》則載,荀卿授魯國毛亨,作《詁訓傳》以授趙國毛萇。《詩譜》曰:“魯人大毛公爲詁訓,傳于其家,河間獻王得而獻之,以小毛公爲博士。”當時人以毛亨爲大毛公,毛萇爲小毛公。顧實《講疏》指出,《毛詩》經文二十八卷,其《序》别爲一卷,共二十九卷。《序》分大小序。大序指概括全詩主旨,小序指概括某一詩大義。關於《詩序》的作者,學者多認爲非一時一人所作(參見張秀英《〈詩序〉作者與時代研究綜述》,《重慶郵電大學學報》2007年第5期)。

《毛詩故訓傳》三十卷。[1]

[1]【今注】案,此書爲毛亨所傳。本書卷八八《儒林傳》載,毛公,趙人。爲河間獻王博士,授貫長卿;貫長卿授解延年;解延年授徐敖;徐敖授陳俠。《四庫全書總目提要》引鄭玄《詩譜》曰:“魯人大毛公爲訓詁,傳于其家,河間獻王得而獻之,以小毛公爲博士。”陸璣《毛詩草木鳥獸蟲魚疏》亦云:“孔子删《詩》授卜商,商爲之序,以授魯人曾申,申授魏人李克,克授魯人孟仲子,仲子授根牟子,根牟子授趙人荀卿,荀卿授魯國毛亨,毛亨作《訓詁傳》以授趙國毛萇。時人謂亨爲大毛公,萇爲小毛公。”則作傳者乃毛亨。馬瑞辰《毛詩傳箋通釋·毛詩詁訓傳名義考》指出,毛公傳詩多古文,其釋詩的方法則兼有詁、訓、傳三種,故稱其書爲《故訓傳》。楊樹達《漢書窺管》指出,《齊詩》有《後氏故》,又有《後氏傳》;《韓詩》有《韓故》,又有韓内外

《傳》，毛詩則以故、傳合爲《故訓傳》。王先謙《漢書補注》云，古書經、傳皆分别通行，毛亨作詩傳，取經文二十八卷，並將邶鄘衛分爲二卷，故爲三十卷。周壽昌《漢書校補》則認爲，所謂二十九卷，以十五國風爲十五卷，小雅七十四篇爲七卷，大雅三十一篇爲三卷，三頌爲三卷，合二十八卷，而序别爲一卷，故有二十九卷。毛公作《故訓傳》時，以周頌三十一篇爲三卷，而將序分冠各篇篇首，故爲三十卷。

凡《詩》六家，[1]四百一十六卷。[2]

[1]【今注】六家：周壽昌《漢書注校補》云，指魯、齊、韓、后氏、孫氏、毛氏。但后氏、孫氏仍説《齊詩》，則實際祇有四家。姚振宗《條理》認爲，詩類共三家經十六條，當爲十六家，轉寫脱“十”字。張舜徽《通釋》認爲，六家指《詩》經文二十八卷，《魯故》《魯説》，《齊后氏故》《傳》《雜記》，《齊孫氏故》《傳》，《韓故》《内傳》《外傳》《韓説》，《毛詩》《詁訓傳》，共計六家。

[2]【今注】四百一十六卷：《詩》二十八卷，齊、魯、韓三家各二十八卷，共八十四卷，加其餘各書共四百一十五卷。

《書》曰：“詩言志，歌詠言。”[1]故哀樂之心感，而歌詠之聲發。[2]誦其言謂之詩，詠其聲謂之歌。故古有采詩之官，[3]王者所以觀風俗，知得失，自考正也。[4]孔子純取周詩，[5]上采殷，[6]下取魯，[7]凡三百五篇，[8]遭秦而全者，[9]以其諷誦，[10]不獨在竹帛故也。漢興，魯申公爲《詩》訓故，而齊轅固、燕韓生皆爲之傳。[11]或取春秋，采雜説，咸非其本義。[12]與不得已，魯最爲近之。[13]三家皆列於學官。又有毛公之學，自謂子夏所傳，[14]而河閒獻王好之，[15]未得立。[16]

［1］【顔注】師古曰：《虞書·舜典》之辭也。在心爲志，發言爲詩。詠者，永也。永，長也，歌所以長言之。

［2］【今注】案，此二句指哀傷與歡樂内心能感受到，並能通過歌聲抒發出來。哀樂，悲傷與歡樂。

［3］【今注】采詩之官：遒人之官。《禮記·王制》有“太師陳詩”，《左傳》等古籍中有“遒人徇路”。遒人，即聚人。指以木鐸聚人授時頒政（參見尹榮方《“采詩”“陳詩”與上古“敬授民時”禮制》，《中原文化研究》2019年第1期）。也有學者指出，先秦時有行人采詩（參見付林鵬《行人制度與先秦“采詩説”新論》，《中國詩歌研究》第10輯，中華書局2014年版）。《輶軒使者絶代語釋别國方言》劉歆與揚子書云：“詔問三代周秦軒車使者、遒人使者，以歲八月巡路，宋代語、僮謡、歌戲。”《公羊》宣公十五年《傳》注：“男女有所怨恨，相從而歌，飢者歌其食，勞者歌其事。男年六十，女年五十無子者，官衣食之。使之民間求詩，鄉移於邑，邑移於國，國以聞於天子。故王者不出牖户，盡知天下所苦，不下堂而知四方。”

［4］【今注】考正：省察糾正。馬瑞辰《毛詩傳箋通釋》卷一三云，自遒人之官不設，則下情不上通，則無由觀風俗、知得失，而詩教遂亡。

［5］【今注】孔子純取周詩：《詩》也有周以前的篇目。王應麟《考證》引《史記》卷四七《孔子世家》認爲，《詩》三千篇，孔子去其重，所采詩上自契、后稷，中間述殷、周，至於幽、厲，並非純取周詩。孔子删爲三百零五篇，以求合韶、武、雅、頌之音。純，同專。

［6］【今注】上采殷：《商頌》五篇爲殷詩。

[7]【今注】下取魯：《魯頌》四篇爲魯詩。

[8]【今注】凡三百五篇：《詩》有三百一十一篇，其中《南陔》《白華》《華黍》《由庚》《崇丘》《由儀》六篇亡其辭，故稱三百五篇。學者多以孔子刪詩之説始於司馬遷。張舜徽《通釋》認爲，這是漢代學者爲了突出經籍的地位，提出了六經皆由孔子手定的説法。現代學者據清華簡認爲，“孔子刪詩”是可信的。“詩三百”的刪定在孔子中年時期，其“自衛反魯”後的主要工作是“樂正”（參見徐正英《清華簡〈周公之琴舞〉與孔子刪〈詩〉相關問題》，《文學遺産》2014年第5期；劉麗文《清華簡〈周公之琴舞〉與孔子刪〈詩〉説》和馬銀琴《再議孔子刪〈詩〉》；謝炳軍《再議“孔子刪〈詩〉”説與清華簡〈周公之琴舞〉：與徐正英、劉麗文、馬銀琴商榷》，《學術界》2015年第6期）。有學者認爲，司馬遷所述孔子“刪詩”説很可能出自《魯詩》（參見趙茂林《孔子“刪詩”説的來源與産生背景》，《孔子研究》2018年第5期）。

[9]【今注】遭秦而全者：據《史記》卷六《秦始皇本紀》載，非博士官所職，天下敢有藏《詩》、《書》、百家語者，悉詣守、尉雜燒之，則《詩》在被燒之列。《史記·六國年表》則云，秦既得意，燒天下《詩》《書》。《詩》《書》再次被發現，因多藏普通人家中。本書卷三六《楚元王傳》則進一步説明，至武帝建元年間，鄒、魯、梁、趙均有詩、禮、春秋先師。但當此以一人之力並不能獨傳某一經，衹可能傳其中的雅、頌等部分内容，然後合併成全部的經文。

[10]【今注】以其諷誦：漢代《詩》文本的傳播，有私藏和得自諷誦兩種方式。而《詩》賴諷誦得以保全（趙茂林：《漢代四家〈詩〉文本來源考辨》，《合肥工業大學學報》2013年第1期）。

[11]【今注】案，何焯《義門讀書記》卷二認爲，《齊詩》衹有后氏、孫氏，並没有轅固。但本書卷八八《儒林傳》載，轅固傳夏侯始昌，始昌傳后蒼，則后氏故傳皆來源於轅固。

［12］【今注】案，陸德明《經典釋文序録》引《藝文志》云："齊、韓詩或取春秋，采雜説，咸非其本義。魯最爲近之。"則此句指《四庫全書總目提要》所説齊、韓詩雜引古事古語，證以詩詞，與經義不相比附。"或取春秋"，指一般的先秦史籍，並非指六經之一《春秋》。

［13］【顏注】師古曰：與不得已者，言皆不得也。三家皆不得其真，而魯最近之。【今注】案，指不得已而取後儒之説，與其用《齊》《韓》，不如用《魯》最爲接近。本書《楚元王傳》載，楚元王與申公求學於浮丘伯。文帝時，申公以《詩》立爲博士，號《魯詩》。元王及諸子皆好《魯詩》，故偏重《魯詩》。

［14］【今注】子夏：卜商，衛（今河南北部與河北南部一帶）人。孔子弟子，魏文侯師。事見《史記》卷六七《仲尼弟子列傳》。關於子夏傳《詩》於毛公，陸德明《經典釋文序録》引徐整説，子夏授高行子，高行子授薛倉子，薛倉子授帛妙子，帛妙子授河間人大毛公，大毛公撰故訓傳於其家，以授趙人小毛公。又云，子夏傳曾申，曾申傳魏人李克，李克傳魯人孟仲子，孟仲子傳根牟子，根牟子傳趙人孫卿子（荀卿），孫卿子傳魯人大毛公。平帝時，《毛詩》立於學官。

［15］【今注】河間獻王：劉德。漢景帝子。景帝前元二年（前155）立。傳見本書卷五三。

［16］【今注】案，本書卷五三《景十三王傳》載，平帝時，劉德其學舉六藝，立《毛氏詩》《左氏春秋》博士。但《經典釋文序録》云小毛公爲河間獻王博士，以不在漢廷，故不列於學官。所謂"未得立"，楊樹達《漢書窺管》認爲，此處文本爲《七略》原文，記事至哀帝時，故不及平帝時立博士事。

《禮》，《古經》五十六卷，[1]《經》七十篇。[2]后氏、戴氏。[3]

［1］【今注】案，吴承仕《經典釋文序録疏證》指出，古文《禮》有三个來源，出自魯淹中、孔壁、河間獻王。另有河内民女拆老屋得《禮》二篇。本書卷三六《楚元王傳》載，魯恭王壞孔子宅，得古儀禮於壞壁中，其中有《逸禮》三十九篇。鄭玄《六藝論》更進一步指明，得孔氏壁中、河間獻王古文《禮》五十六篇，其中十七篇與高堂生所傳今文《儀禮》同，但文字多有差異，後没有師説，藏在漢朝秘府之中。王應麟《考證》列舉其篇名，有《學禮》《天子巡狩禮》《朝貢禮》《朝事儀》《烝嘗禮》《中溜禮》《王居明堂禮》《古大明堂禮·昭穆篇》《本命篇》《聘禮志》，又有《奔喪》《投壺》《遷廟》《衅廟》《曲禮》《少儀》《内則》《弟子職》等篇見於大小戴《禮記》及《管子》（關於《逸禮》流傳情況，參見舒大剛《逸禮考略》，《西華師範大學學報》1992年第5期）。劉師培認爲，此書或亡佚於東晉。《中國古佚書輯本目録解題》認爲，逸禮輯本有宋王應麟，元吴澄，及清朱彝尊、閻若璩、王朝，以丁晏、劉師培所輯最爲齊備。

［2］【今注】案，即《儀禮》，又名《士禮》，載古代士大夫進退揖讓、婚喪燕飲等禮節，共十七篇。則“七十”當作“十七”。《四庫全書總目提要》指出，漢代所傳《儀禮》有三種，即戴德本、戴聖本、劉向《别録》本。劉向本即鄭氏所注。1959年，甘肅武威磨咀子漢墓發現《儀禮》簡469枚，可分爲甲、乙、丙三種寫本。甲本是《儀禮·士相見禮》等七篇，乙本是《喪服傳》一篇，丙本是《喪服經》。陳夢家認爲，漢簡《儀禮》是慶普所傳本，沈文倬認爲是“古文或本”（分别見《武威漢簡》，文物出版社1964年版；《宗周禮樂文明考論》，杭州大學出版社1999年版）。近來有學者認爲，此《儀禮》出於新莽始建國二年（10）至地皇四年（23）（陳松梅、張顯成：《武威漢簡〈儀禮〉形成時代綜論》，《簡帛》2018年第2期；王鍔：《武威漢簡本〈儀禮〉與“十三經”本〈儀禮〉比較研究》，《社科縱横》1994年第3期；張焕君、刁小龍：《武威漢簡〈儀禮〉研究四十年綜述》，《中國史研究

動態》2005年第5期)。

[3]【今注】案，本書卷八八《儒林傳》載，魯高堂生傳《士禮》十七篇，而魯徐生善爲頌。徐生傳至孫徐延、徐襄。其後徐氏均善於頌《禮》。又有瑕丘蕭奮以《禮》至淮陽太守。蕭奮授孟卿，孟卿授后倉、魯閭丘卿。后倉授聞人通漢、戴德、戴聖、慶普。后氏，指后蒼。説《禮》至數萬言，號曰《后氏曲臺記》。戴氏，指梁戴德，字延君，稱大戴，爲信都太傅。其從兄之子戴聖，字次君，號小戴，以博士論石渠，至九江太守。由是《禮》有大戴、小戴之學。大戴授徐良，小戴授橋仁、楊榮，由是大戴有徐氏，小戴有橋、楊氏之學。傳均見本書卷八八。

《記》百三十一篇。[1]七十子後學者所記也。[2]

[1]【今注】案，此書即後世《禮記》及大小戴《記》内容來源。顧實《講疏》認爲，此爲古文《禮》記。王應麟《考證》引《隋志》，漢初，河間獻王又得仲尼弟子及後學者所記一百三十一篇獻之，當時也没有傳授。至劉向考校經籍，檢得一百三十篇，因編次記録。章太炎《七略别録佚文徵》認爲，所缺一篇或爲《喪服四制》。錢大昕《廿二史考異·漢書二》引鄭玄《六藝論》云，戴德傳《記》八十五篇，戴聖傳《記》四十九篇。但小戴《記》中《曲禮》《檀弓》《雜記》三篇分爲上下，實際衹有四十六篇，則此一百三十一篇與大、小載《記》篇數相合。但《隋志》又説，後得《明堂陰陽記》三十三篇、《孔子三朝記》七篇、《王史氏記》二十一篇、《樂記》二十三篇，五種共二百十四篇。戴德删去重複，合爲八十五篇，即《大戴記》。而戴聖又删大戴之書，成四十六篇，即《小戴記》，則大小戴所傳並非漢初的百三十一篇。即此《記》既包括大小戴《記》的内容，又並非衹是大小戴《記》的合編，多有散佚。郭店楚簡《緇衣》存47枚簡，1156字，分23章。内容

與今本《禮記·緇衣》大體相合，應屬於同一祖本的不同傳本。上博簡《緇衣》與郭店簡大同小异，但缺今本第一、十六、十作等三章（駢宇騫：《出土簡帛書籍分類述略（諸子略、詩賦略）》，《中國典籍與文化》2005年第4期）。

［2］【今注】案，此書爲孔子後學弟子解説或闡發《禮》的著作。記，解説、闡發。後人輯有十四篇，即《三正記》《別名記》（又《辨名記》）、《親屬記》《明堂記》《曾子記》《禮運記》《五帝記》《王度記》《王霸記》《瑞命記》《辨名記》（即《別名記》）、《孔子三朝記》《月令記》《大學志》（李翠葉：《〈漢書·藝文志〉"百三十一篇記"佚文補注》，《蘭臺世界》2015年第4期）。有朱彝尊、王朝榘、丁晏、王仁俊輯本。

《明堂陰陽》三十三篇。[1]古明堂之遺事。

［1］【今注】案，此書爲漢初人所輯有關古明堂的文獻。孫詒讓《周禮正義·冬官考工記》謂，古文稱"明堂陰陽"者，所以法天道，順時政，並非指宗廟。據《禮記正義》中《月令》《明堂位》，《大戴禮記》中《盛德》《明堂》《易本命》，均屬《明堂陰陽》之類。《隋書》卷四九《牛弘傳》載，當時有古文明堂禮、王居明堂禮、明堂圖、明堂大圖、明堂陰陽、太山通義、魏文侯孝經傳等，均説古明堂之事。有學者指出，銀雀山漢簡《迎四時》，或屬於此類文獻（參見陳侃理《從陰陽書到明堂禮——讀銀雀山漢簡〈迎四時〉》，《中華文史論叢》2010年第1期）。明堂，古代天子宣明政教的地方。凡朝會、祭祀、慶賞、選士均在此舉行。

《王史氏》二十一篇。[1]七十子後學者。

［1］【顔注】師古曰：劉向《別録》云六國時人也。【今注】

案，《隋志》載，漢初河間獻王又得仲尼弟子及後學者所記一百三十一篇獻之。劉向考校經籍，檢得一百三十篇。又得數種，其中有《王史氏記》二十一篇。王史，複姓，鄭樵《通志氏族志》引應劭《風俗通》云，周先王太史號王史氏。

《曲臺后倉》九篇。[1]

[1]【顔注】如淳曰：行禮射於曲臺，后倉爲記，故名曰《曲臺記》。《漢官》曰大射于曲臺。晉灼曰：天子射宫也。西京無太學，於此行禮也。【今注】案，據本書卷八八《儒林傳》，后倉説禮數萬言，號曰《曲臺后倉記》，授大、小戴。服虔注："在曲臺校書著記，因以爲名。"曲臺，殿名。在未央宫。又案，《隋志》載《明堂陰陽記》三十三篇、《王史氏記》二十一篇，楊樹達《漢書窺管》認爲，本志中《明堂陰陽》《王史氏》《曲臺后倉》書名後當省略一"記"字。

《中庸説》二篇。[1]

[1]【顔注】師古曰：今《禮記》有《中庸》一篇，亦非本禮經，蓋此之流。【今注】案，顧實《講疏》認爲，此書並非今本《禮記》中的《中庸》，應是當時儒者解説《中庸》的書。

《明堂陰陽説》五篇。[1]

[1]【今注】案，此書爲解説《明堂陰陽》的内容，作者不詳。姚振宗《條理》認爲，此書或是劉向輯録諸家論《明堂陰陽》的各種説法，並非一家之言，故不著作者。

《周官經》六篇。[1]王莽時劉歆置博士。[2]

[1]【顔注】師古曰：即今之《周官禮》也，亡其冬官，以《考工記》充之。【今注】案，亦稱《周禮》。《隋志》載，漢代有李氏得《周官》，上於河間獻王，但闕《冬官》一篇。獻王取《考工記》補之，合成六篇。至王莽時，劉歆始置博士，以行於世。沈欽韓《漢書疏證》引賈公彦序認爲，此書因秦始皇用商君之法，其政治嚴酷，故厭惡之。至漢武帝時仍秘而不傳。至漢成帝時，劉歆校理秘書，纔著録於《七略》，但已經少《冬官》，以《考工記》補之。關於此書的作者，古文學家以爲周公所作，今文學家認爲是劉歆所僞造。張舜徽《通釋》認爲，此書或是六國時人采當時各國官制等彙編而成。周，指周代，或意爲“周備”。有學者認爲，此書的成書時間在春秋末戰國初期（參見沈長雲、李晶《春秋官制與〈周禮〉比較研究：〈周禮〉成書年代再探討》，《歷史研究》2004年第6期）。也有學者認爲是漢初（參見彭林《〈周禮〉主體思想與成書年代研究（增訂版）》，中國人民大學出版社2009年版，第180頁）。《隋志》云，河南緱氏人杜子春從劉歆學，因此劉歆以此書教授杜子春。此後馬融作《周官傳》以授鄭玄，鄭玄作《周官注》。《中國古佚書輯本目録解題》載，清王朝輯《周官·考工記》遺文。馬國翰輯《周禮杜氏注》二卷。又鄭興、鄭衆、賈逵、干寶等人作《周官注》，有馬國翰、王仁俊、黄奭、王謨、孫詒讓等輯本。北周沈重等數人作《周官禮義疏》，有馬國翰輯本。六篇，天官冢宰第一，地官司徒第二，春官宗伯第三，夏官司馬第四，秋官司寇第五，冬官司空第六，但冬官早佚，漢代取《考工記》補之，即今本《周禮注疏》冬官考工記第六。有學者據《南齊書》卷二一《文惠太子傳》載，楚王冢中有科斗書竹簡《考工記》（尹海江：《〈漢書藝文志〉輯論》，西南交通大學出版社2013年版，第223頁）。

［2］【今注】王莽：傳見本書卷九九。案，本書《王莽傳》載，平帝元始四年（4），王莽徵天下通一藝教授十一人以上，其中包括《周官》，皆令記説廷中，以正乖繆，統壹各種異説。王莽以《周官》制訂官制、行政區划等。　博士：官名。秦置，漢因之，隸屬九卿之一奉常（太常）。設僕射一人領之。掌古今史事、禮制顧問及典守書籍。秩比六百石。武帝時置五經博士，充學官，掌經學傳授、考核人材、奉命出使等事。案，本書《王莽傳》未載立《周官》博士。吴承仕《經典釋文序録疏證》云，王莽時，劉歆爲國師，始建立《周官經》，以爲《周禮》。

《周官傳》四篇。[1]

［1］【今注】案，孫詒讓《周禮正義》卷一認爲，此書可能是劉歆所作（參見丁鼎《劉歆的〈周禮〉學及其在兩漢之際的傳承譜系》，《湖南大學學報》2016年第5期）。姚振宗《條理》認爲，此書或爲河間獻王及其博士所作。獻王獻《周官經》，又獻《傳》四篇。河南緱氏人杜子春受業於劉歆，教授鄭衆、賈逵。此後馬融作《周官傳》，以授鄭玄，鄭玄作《周官注》。清王謨、馬國翰、黄奭各輯馬融《周官傳》一卷，内容大多相同。

《軍禮司馬法》百五十五篇。[1]

［1］【今注】案，《史記》卷六四《司馬穰苴列傳》載，齊威王使大夫追論"司馬兵法"，附穰苴於其中，號稱《司馬穰苴兵法》。本書卷八〇《宣元六王傳》有騶先生，善爲《司馬兵法》。《隋志》載，梁有《司馬法》三卷，又云，河間獻王得《司馬穰苴兵法》一百五十五篇。沈欽韓《漢書疏證》認爲，此書出於戰國。相傳爲周公所作，後太公、孫子、王子成、司馬穰苴皆有兵法著

作，齊威王合衆家所著，共有一百五十五篇。今《司馬穰苴兵法》存五篇。《七略》將此書列在兵權謀家，班固將其置於此，又在書名上加“軍禮”二字。《唐志》《宋志》均作三卷。《四庫全書總目提要》著録《司馬法》一卷。有清張澍、錢熙祚、丁晏、王仁俊、江宗沂輯本。

《古封禪群祀》二十二篇。[1]

[1]【今注】案，姚振宗《條理》認爲，其所載多爲古代祀典，而祀典以封禪爲大，故稱《古封禪群祀》。封禪，在泰山上築壇祭天稱爲“封”，在泰山之南梁父山辟場祭地稱爲“禪”。陳國慶《彙編》引劉向《五經通義》云：“易姓而王，致太平，必封泰山，禪梁父，荷天命以爲王，使理群生，告太平於天，報群神之功。”據此，則古代有封禪群祀之禮。

《封禪議對》十九篇。[1]武帝時也。

[1]【今注】案，沈欽韓《漢書疏證》認爲，此書即《隋書》卷四九《牛弘傳》所載《太山通義》。本書卷五八《兒寬傳》載，武帝時，“及議欲放古巡狩封禪之事，諸儒對者五十餘人，未能有所定”。此書當爲會議内容的記録。

《漢封禪群祀》三十六篇。[1]

[1]【今注】案，此書爲漢武帝時封禪禮典彙編。《史記》卷一二《孝武本紀》載，令諸儒習射牛，草封禪儀。司馬貞《索隱》云，見應劭《漢官儀》。《後漢書·祭祀上·封禪》注多引《封禪

儀》，可參看。《後漢書》卷三五《張純傳》載，東漢光武帝建武中元元年（56），張純奏《孝武太山明堂制度》，又上元封舊儀及刻石文。注："武帝元封元年封禪儀，令侍中皮弁搢紳，射牛行事。封廣丈二，高九尺，有玉牒書，書祕，其事皆禁。禪肅然，天子親拜，衣上黄。江淮閒一茅三脊爲神籍，五色土雜封。縱遠方奇獸飛禽之屬也。"光武帝時，有馬第伯撰《封禪儀記》。

《議奏》三十八篇。[1]石渠。

［1］【今注】案，漢宣帝甘露三年（前51），召集諸儒在石渠閣辯論經義異同，帝爲稱制臨決之。此書爲有關禮的内容。王應麟《考證》認爲，論於石渠的有戴聖、韋玄成、聞人通漢。戴聖撰《石渠禮論》四卷。《通典》引《石渠禮議》，載諸人論禮的相關史實。此書當即《石渠禮議》，並非《石渠禮論》。錢大昭《漢書辨疑》認爲，《書》《春秋》《論語》議奏石渠下皆有"論"字，此處疑脱漏一"論"字。姚振宗《條理》認爲，此篇凡分七段：自《禮古經》及《經》皆古今文經本，爲第一段；《記》及《明堂陰陽》《王史氏》屬禮古記，爲第二段；《曲臺后倉》《中庸説》《明堂陰陽説》皆漢人説禮之記，爲第三段；《周官》經、傳是一家之學，爲第四段；《軍禮司馬法》本是《周官》大司馬之職，班固以其爲五禮之一，故附於《周官》經、傳之後，爲第五段；《古封禪群祀》《封禪議對》《漢封禪群祀》均是關於秦漢及前代祀典，爲第六段；《議奏》則屬於群儒論禮的内容，爲第七段。

凡禮十三家，[1]五百五十五篇。[2]入《司馬法》一家，百五十五篇。

［1］【今注】案，上文所列共十四家。陳國慶《彙編》認爲，

因《司馬法》一家爲新入，並未計算在内，故仍爲十三家。張舜徽《通釋》疑“十三家”當爲“十五家”。

［2］【今注】五百五十五篇：以上諸家篇目合計實際共五百五十四篇。

《易》曰：“有夫婦父子君臣上下，禮義有所錯。”[1]而帝王質文世有損益，[2]至周，[3]曲爲之防，事爲之制。[4]故曰：“禮經三百，威儀三千。”[5]及周之衰，[6]諸侯將踰法度，惡其害己，皆滅去其籍，[7]自孔子時而不具，至秦大壞。漢興，魯高堂生傳《士禮》十七篇。[8]訖孝宣世，后倉最明。戴德、戴聖、慶普皆其弟子，[9]三家立於學官。《禮古經》者，出於魯淹中[10]及孔氏，[11]學七十篇文相似，[12]多三十九篇。[13]及《明堂陰陽》《王史氏記》所見，多天子諸侯卿大夫之制，雖不能備，猶瘉倉等推《士禮》而致於天子之説。[14]

［1］【顔注】師古曰：序卦之辭也。錯，置也，音千故反。【今注】易曰：《易·序卦》之文。原作“有夫婦然後有父子，有父子然後有君臣，有君臣然後有上下，有上下然後禮義有所錯”。錯，交錯。施之勉《漢書集釋》引來知德説，指夫婦生育，形成父子。有父子則有尊卑。後有君臣，則有貴賤上下的區别。然後形成各種禮義。禮義尚往來，故稱爲“錯”。

［2］【今注】帝王質文世有損益：指古聖先王之禮，或質實，或華麗，因革損益，興廢變遷。姚明煇《漢書藝文志注解》（本卷下文簡稱《注解》）引《禮記·表記》載孔子説：“虞夏之質，殷周之文，至矣。虞夏之文不勝其質，殷周之質不勝其文。”《論語·

爲政》："殷因於夏禮，所損益可知也。周因於殷禮，所損益可知也。"皇侃《論語義疏》認爲，古代君王施行教化，以質爲教，後繼之君則以文爲教。即文、質兩種方式有興有廢，循環無窮，故稱損益。

［3］【今注】周：朝代名。都鎬（今陝西西安市西灃水東岸）。公元前771年，平王遷都洛邑（今河南洛陽市）。《論語·八佾》云："子曰：'周監於二代，郁郁乎文哉，吾從周。'"

［4］【顔注】師古曰：委曲防閑，每事爲制也。【今注】案，"曲爲之防"二句，指對事情的各方面都有完善的制度和事先安排。曲，同"事"。

［5］【顔注】韋昭曰：周禮三百六十官也。三百，舉成數也。臣瓚曰：禮經三百，謂冠、婚、吉、凶。周禮三百，是官名也。師古曰：禮經三百，韋説是也。威儀三千乃謂冠、婚、吉、凶，蓋儀禮是也。【今注】案，"禮經三百"二句，形容周朝禮經的文本和内容很多。三百、三千，均表示數量多，並非實指。"禮經"指記載禮儀的文本，"威儀"則是表現禮儀的不同容貌、禮辭、動作等。《孔子家語·弟子行》作"禮經三百，可勉能也；威儀三千，則難也"。《禮記·禮器》引作"經禮三百，曲禮三千"。劉歆引用孔子此言，衹是爲了表明他所支持的《周官》古文經是淵源有自的古經（參見唐宸《"禮經三百，威儀三千"發覆》，《孔子研究》2017年第4期）。

［6］【今注】周之衰：指春秋以後，具體是公元前770年之後。

［7］【今注】案，"諸侯將踰法度"三句，指諸侯想要放縱自己的行爲，他們厭惡周朝的禮儀制度妨害自己，故滅去其典籍，導致禮崩樂壞。籍，典籍。顧實《講疏》指出，此句來源於《孟子·萬章上》，原文作"諸侯惡其害己也，而皆去其籍"。

［8］【今注】案，"自孔子時而不具"四句，《史記》卷一二一《儒林列傳》作"《禮》固自孔子時而其經不具，及至秦焚書，書

散亡益多，於今獨有《士禮》，高堂生能言之”。“至秦大壞”，指秦時焚滅典籍。高堂生，本書卷八八《儒林傳》載其傳《士禮》十七篇。《史記·儒林列傳》司馬貞《索隱》引謝承説，秦氏季代有魯人高堂生，字伯。生，即先生。

[9]【今注】慶普：字孝公。沛（今江蘇沛縣）人。爲東平太傅。從后倉授《禮》。本書卷八八載，孟卿授后倉、魯閭丘卿，後倉授聞人通漢、戴德、戴聖、慶普。於是《禮》有大戴、小戴、慶氏之學。《經典釋文序録》載，漢初立高堂生禮博士，後又立大小戴、慶氏三家，王莽又立《周禮》。

[10]【顔注】蘇林曰：里名也。【今注】淹中：魯國里名。也作“奄里”。在今山東曲阜市。

[11]【今注】孔氏：指孔安國所得壁中書。

[12]【今注】案，《儀禮》賈公彦疏作“古文十七篇，與高堂生所傳者同”。則“學七十”，當作“與十七”。王先謙《漢書補注》則認爲，“學”字當在上句，“七十篇”當作“十七篇”。

[13]【今注】案，前文禮經五十六卷，減十七篇，正是三十九篇。

[14]【顔注】師古曰：瘉與愈同。愈，勝也。【今注】案，姚明煇《注解》認爲，后倉等祇傳士禮，因此要提及天子、諸侯、卿大夫之禮，可以自士禮而推論。現在得《古禮》三十九篇及《明堂陰陽》等，所載天子、諸侯、卿大夫等禮制，雖不是十分完備，但也比后倉等人推論更加準確。

《樂記》二十三篇。[1]

[1]【今注】案，此書爲講禮樂之義。《隋志》載，河間獻王獻《樂記》二十三篇。王應麟《考證》認爲，此書二十三篇中十一篇合成一篇，爲今本《禮記》第十九篇《樂記》，即《樂本》

《樂論》《樂施》《樂言》《樂禮》《樂情》《樂化》《樂象》《賓牟賈》《師乙》《魏文侯》。劉向《别録》取其中十一篇，又載餘十二篇，袛存篇名，即《樂奏》《樂器》《樂作》《意始》《樂穆》《説律》《季札》《樂道》《樂義》《昭本》《招頌》《竇公》，總爲二十三篇。孔穎達疏稱，十一篇入《禮記》在劉向之前。《史記·樂書》張守節《正義》，《樂記》爲公孫尼子次撰，因爲樂記通天地，貫人情，辯政治，故詳細解釋。有丁晏輯《佚記》、王朝輯《樂遺篇》、馬國翰輯《樂記》。

《王禹記》二十四篇。[1]

[1]【今注】案，本書《禮樂志》載，河間獻王有雅材，以爲治道非禮樂不成，因獻所集雅樂。至成帝時，謁者常山王禹世受河間樂，能説其義，其弟子宋曅等上書言之，下大夫博士平當等考試。沈欽韓《漢書疏證》引《太平御覽》卷一七《時序部二》引《樂記》，當爲佚文。王禹，常山（今河北石家莊市北部）人。

《雅歌詩》四篇。[1]

[1]【今注】案，本書《禮樂志》載河間獻王獻所集雅樂，或即此書。本書卷九三《佞幸傳》載，李延年善歌，爲新變聲。陳直《漢書新證》據《太平御覽》卷五一三引應劭《風俗通》云："張仲春武帝時人也，善雅歌，與李延年並名。"姚振宗《條理》引《别録》《七略》，有善雅歌者魯人虞公。《晉書·樂志上》載，杜夔傳舊雅樂四曲，即《鹿鳴》《騶虞》《伐檀》《文王》，皆古聲辭。

《雅琴趙氏》七篇。[1]名定，勃海人，[2]宣帝時丞相魏相所奏。[3]

[1]【今注】案，沈欽韓《漢書疏證》據《長門賦》注引《七略》，雅琴指君子守正而自我約束。雅，同“正”。琴，同“禁”。《越絶書》卷八《越絶外傳記地傳》有“奉先工雅琴，治禮往奏”。本書卷六四下《王褒傳》載，丞相魏相奏，知音善鼓雅琴者，渤海趙定、梁國龔德，皆召見待詔。《太平御覽》卷五七九引劉向《别録》，宣帝使鼓琴，侍閑燕，爲散操，多有爲之涕泣者。《隋書·音樂志》作“《趙氏雅琴》七篇”。

[2]【今注】勃海：郡名。治浮陽縣（今河北滄州市舊州鎮）。

[3]【今注】魏相：傳見本書卷七四。

《雅琴師氏》八篇。[1]名中，[2]東海人，[3]傳言師曠後。[4]

[1]【今注】案，師氏所傳雅琴曲，今亡。《隋書·音樂志》作“《師氏雅琴》八篇”。

[2]【今注】中：師中，相傳爲師曠後裔。周壽昌《漢書注校補》據《北堂書鈔》卷一〇九引《别録》云，師氏雅琴者，名忠，東海下邳（今江蘇睢寧縣古邳鎮）人，自稱師曠之後。邳地風俗多善琴。

[3]【今注】東海：郡名。治郯縣（今山東郯城縣北）。

[4]【今注】師曠：字子野。春秋時晉國樂師。生而目盲，善辨音律、彈琴。齊攻晉，從鳥聲知齊軍已退。衛靈公至晉，命其樂師爲晉平公彈琴，師曠認爲是亡國之音。平公鑄大鐘，衆樂工皆認爲音律準確，獨師曠持異議。相傳撰《禽經》。（參見楊太辛、沈松勤《關於師曠及其故事》，《杭州大學學報》1980年第4期）

《雅琴龍氏》九十九篇。[1]名德，梁人。[2]

[1]【今注】案，《隋書·音樂志》上載“《龍氏雅琴》百六篇”。

[2]【顏注】師古曰：劉向《别録》云亦魏相所奏也。與趙定俱召見待詔，後拜爲侍郎。【今注】德：龍德。與趙定俱召見待詔，後拜爲侍郎。本書卷六四下《王襃傳》作梁國龔德所傳雅琴曲。龍氏，或當作“龔氏”。

凡《樂》六家，百六十五篇。[1]出淮南、劉向等《琴頌》七篇。[2]

[1]【今注】案，姚振宗《條理》云，此篇凡分三段，《樂記》《王禹記》爲第一段，《雅歌詩》爲第二段，《雅琴》趙氏、師氏、龍氏爲第三段。

[2]【今注】案，周壽昌《漢書注校補》云，因劉向等《瑟頌》七篇衹關於琴，不涉及樂，故出之。

《易》曰：“先王作樂崇德，殷薦之上帝，以享祖考。”[1]故自黄帝下至三代，[2]樂各有名。[3]孔子曰：“安上治民，莫善於禮；移風易俗，莫善於樂。”[4]二者相與並行。周衰俱壞，樂尤微眇，[5]以音律爲節，又爲鄭衛所亂，故無遺法。[6]漢興，制氏以雅樂聲律，[7]世在樂官，[8]頗能紀其鏗鏘鼓舞，[9]而不能言其義。六國之君，[10]魏文侯最爲好古，[11]孝文時得其樂人竇公獻其書，[12]乃《周官·太宗伯》之《大司樂》章也。[13]武帝時，河間獻王好儒，與毛生等共采《周官》

及諸子言樂事者，[14]以作《樂記》，獻八佾之舞，[15]與制氏不相遠。其内史丞王定傳之，[16]以授常山王禹。禹，成帝時爲謁者，數言其義，[17]獻二十四卷《記》。劉向校書，得《樂記》二十三篇，與禹不同，其道寖以益微。[18]

[1]【顔注】師古曰：豫卦象辭也。殷，盛也。【今注】案，本書《禮樂志》亦引此句，師古注，王者作樂，以推崇表彰其德，並用盛大儀式奉獻給上帝，以祖先一同受祭。殷，盛大。薦，奉獻。上帝，天。享，貢獻。祖考，祖先。今本《周易》作“先王以作樂崇德，殷薦之上帝，以配祖考”。

[2]【今注】黄帝：上古帝王。少典之子，姓公孫，號軒轅氏、有熊氏。與蚩尤戰於涿鹿。因有土德之瑞，故號黄帝。後世很多發明和制作均以黄帝爲始。　三代：夏、商、周。

[3]【今注】樂各有名：王應麟《考證》引《通典》卷一四一《樂一》，伏羲樂名《扶來》，亦曰《立本》。神農樂名《扶持》，亦曰《下謀》。黄帝作《咸池》，少皋作《大淵》，顓頊作《六莖》，帝嚳作《五英》，堯作《大章》，舜作《大韶》，禹作《大夏》，湯作《大獲》，周武王作《大武》，周公作《勺》，又作《房中之樂》。《大司樂》載周所存六代之樂：黄帝《雲門》《大卷》，堯《大咸》，舜《大磬》，禹《大夏》，湯《大濩》，武王《大武》。

[4]【顔注】師古曰：《孝經》載孔子之言。【今注】案，此句見於《孝經·廣要道章》。《白虎通·禮樂》云，樂以象天，禮以法地，人無不含天地之氣，都有五常之性，故樂所以蕩滌邪惡，禮所以防淫佚，節其侈靡。

[5]【顔注】師古曰：眇，細也。言其道精微，節在音律，不可具於書。眇亦讀曰妙。【今注】案，樂至周末而亡。顧實《講疏》認爲，古代以干戚羽旄入樂，至戰國紛争，戰亂不斷，則很難

告成功於神明，故而衰微。微眇，細微。

［6］【今注】案，指鄭衛之音興起，則雅樂因而失傳。《史記·十二諸侯年表》裴駰《集解》引鄭玄注，周道衰微，鄭衛之音作，正樂廢而失節。鄭，指鄭國之音，使人心志放蕩；衛，指衛國之音，節奏短促急速。鄭衛之音爲淫樂，均是亂世之音。遺法，雅樂之遺法。

［7］【今注】制氏：魯人，善樂事。

［8］【今注】樂官：掌樂之官。又作“太樂官”。漢九卿之一太常（奉常）屬官。掌祭祀及大饗時之樂舞。

［9］【顔注】師古曰：鏗（大德本、殿本同，蔡琪本作“中”），音初耕反（耕，蔡琪本、殿本同，大德本作“衡”）。【今注】案，“漢興”至此數句，本書《禮樂志》作“漢興，樂家有制氏，以雅樂聲律世世在大樂官，但能紀其鏗鎗鼓舞，而不能言其義”。《禮記·樂記》孔穎達疏作“制氏以雅樂聲律，世爲樂官，頗能記其鏗鎗鼓舞而已，不能言其義理”。紀，同“記”。記住。鏗鏘，金石之聲。鼓舞，動作神態。

［10］【今注】六國：戰國時齊、楚、燕、韓、趙、魏。

［11］【今注】魏文侯：名斯。晉大夫畢萬之後。作《孝經傳》，尊儒好古。《史記》卷四四《魏世家》作“文侯都”。本書《禮樂志》云，至於六國，魏文侯最爲好古，問樂於子夏。

［12］【顔注】師古曰：桓譚《新論》云竇公年百八十歲，兩目皆瞽（瞽，蔡琪本同，大德本、殿本作“盲”），文帝奇之，問曰：“何因至此？”對曰：“臣年十三失明，父母哀其不及衆技，教鼓琴，臣導引，無所服餌。”【今注】孝文：漢文帝劉恒，公元前179年至前158年在位。紀見本書卷四。　竇公：魏文侯時樂人。桓譚《新論》稱竇公見漢文帝時年百八十歲。但《漢書考證》齊召南指出，竇公其人當實際存在，但魏文侯卒於周安王十五年（前387），距文帝元年（前179）已有二百零八年。且竇公見漢文

帝並非在文帝元年，據此則竇公當有二百三十二歲。並非如桓譚《新論》所説百八十歲。

［13］【今注】案，此句指竇公所獻樂章爲《周禮·春官·宗伯》中的《大司樂》。

［14］【今注】毛生：即毛萇。河間獻王博士，號"小毛公"。

［15］【今注】八佾（yì）：古代天子專用的舞樂。八佾，即八人爲列，共八八六十四人。佾，舞列。本書卷五三《景十三王傳》載，武帝時，獻王來朝，獻雅樂。

［16］【今注】内史丞：官名。内史屬吏。内史爲戰國秦及漢初掌治京師之官。漢景帝二年（前155）分置左、右。漢武帝太初元年（前104），右内史更名京兆尹，左内史更名左馮翊，與右扶風合稱"三輔"。

［17］【顔注】師古曰：數，音所角反。

［18］【顔注】師古曰：寖，漸也。【今注】案，本書《禮樂志》載，至成帝時，謁者常山王禹世受河間樂，能説其義，其弟子宋曄等上書言之，下大夫博士平當等考試。平當等人以爲，河間獻王興雅樂，當時大儒公孫弘、董仲舒等人都其音雅正，立於太樂。此樂春秋以來長期不再提倡，士大夫衹聞其聲但不曉其意。此樂雖有助於教化，却已屬於衰微之學，應當以宋曄等主持恢復之，但公卿均認爲"久遠難分明，當議復寢"。

《春秋》，《古經》十二篇，[1]《經》十一卷。[2]《公羊》《穀梁》二家。[3]

［1］【今注】案，錢大昕《廿二史考異·漢書二》云，指《左氏經》，多古字古言。皮錫瑞《經學通論·春秋·論漢志春秋古經即左氏經左氏經長於二傳亦有當分別觀之者》云，漢儒傳春秋，以《左氏》爲古文，《公羊》《穀梁》爲今文，則稱《古經》知其爲

《左氏》。《左氏經》《傳》各單本通行，故又有《左氏傳》。此古文經本所藏之書，文帝除挾書之律，後行於世，故稱古文。左氏先書於竹帛，稱爲古學。十二篇，春秋十二公，每一公爲一篇。包括隱公、桓公、莊公、閔公、僖公、文公、宣公、成公、襄公、昭公、定公、哀公。《春秋古經》十二篇，《左氏傳》三十卷，本各自成書，自杜預作《春秋經傳集解》，將傳分別置於經之下。

［2］【今注】案，指《公羊》《穀梁》二家之經，經文基本相同。因合閔公、莊公爲一卷，故衹有十一卷。

［3］【今注】公羊：公羊高。戰國時齊國人。子夏弟子。治《春秋》。漢景帝時，玄孫公羊壽與齊人胡毋子書之於竹帛。　穀梁：穀梁赤。字子始。戰國時魯國人。子夏弟子。治《春秋》。作《春秋傳》。

《左氏傳》三十卷。[1]左丘明，魯太史。[2]

［1］【今注】左氏：傳説孔子修《春秋經》，左丘明爲之傳，因詳於記事，故有三十卷。但《左氏傳》所紀事至悼公四年（前464），較《春秋》本經多十七年事。《史記·十二諸侯年表》載，孔子看到周室的衰敗，論史記舊聞，因魯史而修《春秋》，記事始於隱公元年（前722），終於哀公十四年（前481）之獲麟，其文辭簡約，有微言大義，涵蓋王道人事。因其書有譏刺的作用，所以孔子的弟子通過口授的方式傳授此書。魯君子左丘明懼後人不理解其意，形成異端邪説，故“具論其語”，成《左氏春秋》。本書卷三六《楚元王傳》載，劉歆認爲，左丘明好惡標準與聖人相同，又親見孔子，而公羊、穀梁在孔子弟子七十子後。前一个出於親見，後兩个出自傳聞，故其詳略不同。關於《左氏傳》的作者，《四庫全書總目提要》總結稱，自劉向、劉歆、桓譚、班固皆認爲《春秋傳》出自左丘明。左丘明受《春秋經》於孔子。魏晉以來的儒者

對此並無異議。至唐趙匡始謂左氏非左丘明。此後宋元學者也有很多人認同此觀點。四庫館臣仍將此書定爲左丘明作，因左丘明欲"躬爲國史"（學界關於此書的争議，參見梁濤《20世紀以來〈左傳〉〈國語〉成書、作者及性質的討論》，《邯鄲學院學報》2005年第4期）。《左氏傳》與《春秋古經》之配合，始於晉杜預。杜預《春秋經傳集解序》曰："分《經》之年與《傳》之年相附，比其義類，各隨而解之。"陳國慶《彙編》指出，《左氏傳》在漢代的來源有三説：其一，劉歆《移太常博士書》稱，《左氏傳》在漢時藏於秘府，爲劉歆所發現。其二，許慎《説文解字叙》謂漢初北平侯張蒼獻《左傳》。其三，王充《論衡・案書》又稱魯恭王發現《左傳》於孔子宅。本書卷八八《儒林傳》載《左氏傳》在漢代的傳授，漢初張蒼、賈誼、張敞、劉公子皆修《春秋左氏傳》。賈誼爲《左氏傳》訓故，授趙人貫公；貫公之子長卿授清河張禹，後蕭望之向宣帝推薦張禹；又授尹更始；尹更始傳其子尹咸及翟方進、胡常；胡常授賈護；賈護授陳欽，以《左氏》授王莽。劉歆從尹咸及翟方進受《左氏傳》。

［2］【今注】魯：春秋時期諸侯國。都曲阜（今山東曲阜市）。太史：官名。掌文書典籍，編撰史書，兼管天文曆法、祭祀事務。

《公羊傳》十一卷。[1] 公羊子，齊人。[2]

［1］【今注】案，公羊説經，記事較爲簡略，重點在闡釋《春秋》微言、大義，爲今文經。十一卷，皆依《經》分篇，而不附於《經》。王應麟《考證》引劉敞説，《公羊傳》與其他二《傳》不同的有三點：一曰據百二十國寳書而作，二曰張三世，三曰新周故宋。唐徐彦疏引《戴宏序》云：子夏傳公羊高，高傳子平，平傳子地，地傳子敢，敢傳子壽，至漢景帝時，壽乃共弟子齊人胡毋生

都著於竹帛。漢武帝時爲五經博士之一。董仲舒作《春秋繁露》推演其文，發揮其“大一統”“張三世”“更化”“改制”的思想，又提出“獨尊儒術”。胡毋生授褚大、嬴公、段仲、吕步舒，嬴公授孟卿、眭孟。眭孟授嚴彭祖、顔安樂。嚴彭祖授王中，王中授孫文、東門雲。顔安樂授泠豐、任公。嬴公、眭孟授貢禹，孟卿授疏廣。疏廣授管路。貢禹授堂溪惠，堂溪惠授冥都。冥都與管路又事顔安樂。管路授孫寶。泠豐授馬宫、左咸。王仁俊輯《公羊眭孟説》一卷。《隋志》有《春秋公羊傳》十二卷，嚴彭祖撰。《唐志》云《春秋公羊傳》五卷，公羊高傳，嚴彭祖述。馬國翰、王仁俊有輯本。馬國翰輯《春秋公羊顔氏記》一卷。王仁俊輯《公羊貢氏義》一卷。

［2］【顔注】師古曰：名高。【今注】案，漢景帝時，公羊壽與弟子胡毋生都書於竹帛。《四庫全書總目提要》也指出傳中有“子公羊子曰”的説法，則此書並不出於公羊高，而是由公羊壽所撰。　齊：春秋戰國諸侯國名。都臨淄（今山東淄博市北臨淄故城）。

《穀梁傳》十一卷。[1]穀梁子，魯人。[2]

［1］【今注】案，子夏傳穀梁，後世口口相傳，至西漢時書於竹帛。因著竹帛者題其親師，故稱《穀梁傳》。以問答形式解經，爲今文經。關於《穀梁傳》的傳授，陸德明《經典釋文序録》稱，魯申公傳《穀梁春秋》及《詩》於瑕丘江公。但當時武帝尊《公羊》，不用《穀梁》。後傳魯榮廣、浩星公。榮廣授蔡千秋、梁周慶、丁姓。宣帝好《穀梁傳》，徵江公之孫爲博士。詔劉向受《穀梁》。江博士死後，徵周慶、丁姓。宣帝召五經儒者及蕭望之等人議《公羊》《穀梁》同異。蕭望之等多從《穀梁》，由是大盛，周慶、丁姓皆爲博士。丁姓授楚申章昌。尹更始傳其子尹咸及翟方

進、房鳳。江博士授胡常，常授梁蕭秉。蕭秉字君房，王莽時爲講學大夫。由是《穀梁春秋》有尹、胡、申章、房氏之學。

[2]【顔注】師古曰：名喜。【今注】案，《四庫全書總目提要》引楊士勳《春秋穀梁傳疏序》稱，穀梁子名俶，字元始，魯人，一名赤，受經於子夏，爲經作傳，故曰《穀梁傳》。

《鄒氏傳》十一卷。[1]《夾氏傳》十一卷。有録無書。[2]

[1]【今注】案，本書卷七二《王吉傳》載，王吉能爲騶氏《春秋》，即此書。

[2]【顔注】師古曰：夾音頰。【今注】案，《隋志》云：王莽之亂，鄒氏無師，夾氏亡，則此書在劉向、劉歆時尚存，至班固時亡佚。故本《志》稱，《公羊》《穀梁》立於學官，鄒氏無師，夾氏未有書。《春秋穀梁傳注疏・序》云，仲尼卒而微言絶，秦政起而書記亡，其春秋之書，異端競起，遂有鄒氏、夾氏、左氏、公羊、穀梁五家之傳。鄒氏、夾氏口説無文，師既不傳，道亦尋廢。《後漢書》卷三六《范升傳》載，春秋之家，又有騶、夾。如令左氏、費氏得置博士，則高氏、騶、夾三家並復求立，則至東漢此書尚在民間。《宋史・藝文志》有《春秋夾氏》三十卷，當爲後人擬作。王紹蘭輯《騶氏春秋説》一卷。

《左氏微》二篇。[1]

[1]【顔注】師古曰：微謂釋其微指。【今注】案，姚振宗《條理》認爲，此書爲六國時傳《左氏》的著者鈔撮成編。沈欽韓《漢書疏證》云，微者，春秋之支别。

《鐸氏微》三篇。[1]楚太傅鐸椒也。[2]

[1]【今注】案，王應麟《考證》引劉向《别録》曰："左丘明授曾申，申授吴起，起授其子期，期授楚人鐸椒，鐸椒作《抄撮》八卷授虞卿。"《史記·十二諸侯年表》載："鐸椒爲楚威王傅，爲王不能盡觀春秋，采取成敗，卒四十章，爲《鐸氏微》。"司馬貞《索隱》稱，此書名《鐸氏微》，因《春秋》有微婉之詞。

[2]【今注】楚：春秋戰國諸侯國。春秋時都郢（今湖北荆州市荆州區西北紀南城）。戰國時爲七雄之一。後徙都壽春（今安徽壽縣）。公元前223年爲秦所滅。　太傅：官名。春秋時晉設此官，掌輔佐國君，執掌軍政。

《張氏微》十篇。[1]

[1]【今注】案，左丘明作《春秋傳》授曾申，至荀卿授張蒼。王應麟《考證》引劉向《别録》云："虞卿作《抄撮》九卷，授荀卿，荀卿授張蒼。"沈欽韓《漢書疏證》認爲，此書即張蒼所作。張蒼，傳見本書卷四二。

《虞氏微傳》二篇。[1]趙相虞卿。[2]

[1]【今注】案，王應麟《考證》引劉向《别録》云："左丘明授曾申，申授吴起，起授其子期，期授楚人鐸椒，鐸椒作《抄撮》八卷授虞卿。"《史記·十二諸侯年表》云，趙孝成王時，其相虞卿上采《春秋》，下觀近勢，亦著八篇，爲《虞氏春秋》。《史記》卷七六《平原君虞卿列傳》載，虞卿著書，上采《春秋》，下觀近世，曰節義、稱號、揣摩、政謀，凡八篇，以刺譏國家得失，

世傳之曰《虞氏春秋》。張守節《正義》曰，《藝文志》云十五篇。張舜徽《通釋》認爲，“微”是古代注書的一種體例，即因經文隱晦，故闡發其義旨。所謂“鈔撮”，指鈔録經傳的文字而撮其要旨，與“微”並不同。“傳”字因涉下文“公羊外傳”“穀梁外傳”而誤衍。

［2］【今注】趙：春秋戰國諸侯國。都晉陽（今山西太原市西南）。公元前386年遷都邯鄲（今河北邯鄲市）。　虞卿：游説之士。趙孝成王時拜爲上卿，故號虞卿。長平之戰前，反對割地給秦，建議趙王聯合楚、魏，使秦媾和。後與魏齊逃亡去趙。著《虞氏春秋》。

《公羊外傳》五十篇。[1]

［1］【今注】案，錢大昕《三史拾遺》云，漢時，公、穀二家都有外傳，其書不傳，大約類似於《韓詩外傳》。沈欽韓《漢書疏證》認爲，此書或同於董仲舒的《玉杯》《繁露》《清明》《竹林》之類。已亡佚。

《穀梁外傳》二十篇。[1]

［1］【今注】案，姚振宗《條理》認爲，《穀梁傳》爲口説流傳，至漢初始著於竹帛，宣帝時《穀梁》始盛行，其《外傳》當出於漢人所撰。已亡佚。

《公羊章句》三十八篇。[1]

［1］【今注】案，據本書卷八八《儒林傳》，眭孟弟子有百餘

人，其中嚴彭祖、顔安樂能够“質問疑誼，各持所見”。後丞相公孫弘本爲《公羊》學，比輯其議，卒用董生。或者此書出自嚴彭祖、顔安樂或董仲舒等人，因出於衆手，故不著名氏。已亡佚。本書《儒林傳》又載，尹更始爲諫大夫、長樂户將，又受《左氏傳》，取其變理合者以爲章句。《後漢書》卷三二《樊儵傳》載，樊儵删定《公羊嚴氏春秋章句》，世號“樊侯學”。《後漢書》卷三六《張霸傳》載，張霸以樊儵所删《嚴氏春秋》猶多繁辭，乃減定爲二十萬言，更名張氏學，則嚴氏章句至東漢仍有數十萬言，不當爲三十八篇。《隋志》仍有嚴彭祖撰《春秋公羊傳》十二卷。

《穀梁章句》三十三篇。[1]

[1]【今注】案，本書卷八八《儒林傳》載，《穀梁》之學傳自申公，其後傳授的有江公、榮廣、皓星公、蔡千秋、周慶、丁姓等人，宣帝繼位後，又有尹更始、劉向、江公孫、胡常、申章昌、房鳳等人。沈欽韓《漢書疏證》引范寧序云：“釋者近十家。”此書或出於這些人之手。劉向校書定爲《穀梁章句》三十三篇，因出自衆手，故不著姓名。本書《儒林傳》又載，尹更始爲章句，但其中有《左氏》，並不單指《穀梁》。陸德明《經典釋文序録》載“尹更始《穀梁章句》十五卷”。《隋志》著録梁有《春秋穀梁傳》十五卷，漢諫議大夫尹更始撰，亡。兩《唐志》則著録尹更始注《春秋穀梁傳》十五卷。《宋志》無著録，已亡佚。

《公羊雜記》八十三篇。[1]

[1]【今注】案，本書卷五八《公孫弘傳》載其“年四十餘，乃學《春秋》雜説”。卷八八《儒林傳》云，胡毋生治《公羊春秋》，年老，回齊地教學，齊地學《春秋》的學者皆以胡毋生爲

師，公孫弘也頗受教於他。張舜徽《通釋》認爲，所謂“《春秋雜説》”，指其所學内容博雜，並不主一家。此書有八十三篇，當爲經師匯集多人所説内容而成，故不著作者名。

《公羊顔氏記》十一篇。[1]

[1]【今注】案，沈欽韓《漢書疏證》稱，熹平石經公羊碑有顔氏説，或即此書。《隋志》、兩《唐志》無著録，已亡佚。馬國翰輯《春秋公羊顔氏記》一卷。顔安樂，字公孫，魯薛（今山東滕州市東南）人。顔氏與嚴彭祖都爲眭孟弟子，治《公羊春秋》。王應麟《考證》引《六藝論》云，嚴彭祖爲嚴氏學，顔安樂爲顔氏學，皆立博士。

《公羊董仲舒治獄》十六篇。[1]

[1]【今注】案，《後漢書》卷四八《應劭傳》云：“故膠西相董仲舒老病致仕，朝廷每有政議，數遣廷尉張湯親至陋巷，問其得失。於是作《春秋決獄》二百三十二事，動以經對，言之詳矣。”經義折獄實爲儒家經典與律令的關系（參見朱騰《再論兩漢經義折獄——以儒家經典與律令的關係爲中心》，《清華法學》2011年第5期；黄源盛《漢唐法制與儒家傳統》，元照出版社2009年版）。《七録》作“《春秋斷獄》”。《隋志》著録《董仲舒春秋決事》十卷，兩《唐志》有《春秋決獄》十卷，《宋志》作《董仲舒春秋決事》十卷。《崇文總目》卷二著録《春秋決事比》十卷，稱董仲舒作《春秋決疑》二百三十二事，今頗殘逸，止有七十八事。清龔自珍《春秋決事比》十一卷。有王謨、洪頤煊、黄奭、馬國翰等人輯本。董仲舒，廣川（今河北景縣）人。治《公羊春秋》。孝景帝時爲博士，後任江都、膠西相。傳見本書卷五六。

《議奏》三十九篇。石渠論。[1]

[1]【今注】案，本書卷八八《儒林傳》載，宣帝甘露中，召諸儒及太子太傅蕭望之等論五經異同於石渠閣，大議殿中，平《公羊》《穀梁》同異，議三十餘事，多從《穀梁》，由是《穀梁》之學大盛。本書卷三六《楚元王傳》載，宣帝初立《穀梁春秋》，徵更生受《穀梁》，講論五經於石渠。本書當爲此次辯論中關於春秋的内容。

《國語》二十一篇。[1]左丘明著。[2]

[1]【今注】案，劉知幾《史通·内篇》曰，左丘明既撰《春秋内傳》，又稽其逸文，纂其别説，分周、魯、齊、晉、鄭、楚、吴、越八國，起自周穆王，終於魯悼公，爲《春秋外傳國語》，共二十一篇。王應麟《考證》引宋庠説，自魏、晉以後，此書標題皆爲《春秋外傳國語》，則《左傳》爲内，《國語》爲外。本書《律曆志》引作“春秋外傳”。《左傳》以爲編年體，《國語》爲國别體。晉武帝太康二年（281），汲郡魏襄王墓出土《國語》三篇，記楚、晉事。此書有鄭衆、賈逵、王肅、虞翻、韋昭、孔晁、唐固等注。《隋志》有《春秋外傳國語》二十卷（賈逵注）、《春秋外傳國語》二十一卷（虞翻注）、《春秋外傳章句》一卷（王肅撰。梁二十二卷）、《春秋外傳國語》二十二卷（韋昭注）、《春秋外傳國語》二十卷（孔晁注）、《春秋外傳國語》二十一卷（唐固注）。各卷分合而卷數不同，内容相對完整。《唐志》著録左丘明、王肅、虞翻、韋昭、唐固等注本，《宋志》則僅著録韋昭注本。今本爲韋昭注本，二十一卷，其中《周語》三卷、《魯語》二卷、《齊語》一卷、《晉語》九卷，《鄭語》《吴語》各一卷，《楚語》《越語》各二卷。慈利戰國簡《國語》，記吴、越兩國史事。與《國語》

《戰國策》《越絶書》的某些記載相同，但也有不見於今本的（駢宇騫：《出土簡帛書籍分類述略（六藝略）》，《中國典籍與文化》2005年第2期）。馬王堆帛書《春秋事語》，不分國别，内容涉及晉、燕、齊、魯、宋、衛、吴、越八國事，其中燕國和晉國的戰爭不見於傳世文獻，其他事歷史事件多見於《春秋》三傳、國語等，文本内容不同。記事簡略，但多以記“言”爲主，屬“語”類著作，李學勤認爲，屬早期《左傳》學的著作。

［2］【今注】案，本書卷六二《司馬遷傳》贊云，孔子因魯史記而作《春秋》，而左丘明論輯其本事以爲之傳，又纂異同爲《國語》。

《新國語》五十四篇。[1]劉向分《國語》。

［1］【今注】案，顧實《講疏》曰，“本舊有《國語》而分之，故曰《新國語》，即重行編定之書也”，認爲此書當爲《國語》的重編本。姚振宗《條理》認爲此書爲《國語》的類編本。後《國語》流行，而此書亡佚。也有學者認爲，劉向校書時積纍了大量春秋戰國時的故事類史書，將這些春秋時史料結集成《新國語》五十四篇，而將戰國時史料結集成《戰國策》。類似於出土文獻中的“事語”類史書（吴戈：《〈國語〉〈新國語〉與“故事類史書”》，《南京師範大學文學院學報》2016年第1期）。

《世本》十五篇。[1]古史官記黄帝以來訖春秋時諸侯大夫。

［1］【今注】案，此書爲歷代古史官所記帝系，諸侯、卿大夫世系等内容，而由劉向等集輯成篇。天子稱帝系，諸侯卿大夫謂之世本。《史記集解序》《索隱》引劉向説，《世本》爲古史官明於古

事者之所記。録黄帝以來帝王諸侯及卿大夫系謚名號，凡十五篇。本書卷六二《司馬遷傳》贊云，《世本》録黄帝以來至春秋時帝王公侯卿大夫祖世所出。《史通·古今正史》載，楚漢之際，有好事者録自古帝王公卿大夫之世，終乎秦末，號曰《世本》，十五篇。有學者根據清華簡《楚居》的記載，認爲《世本》史料來源爲戰國時，其内容已經被《史記》采用（參見原昊《〈世本〉的史料來源、時代歸屬及流傳過程新探》，載《歷史文獻研究》2019 年第 1 期）。《世本》的作者，有古史官説、左丘明説、劉向説、宋衷説等，此書應爲劉向整理，宋衷作注（原昊：《〈世本〉作者析論》，《古籍整理研究學刊》2013 年第 6 期）。《隋志》著録《世本》四卷，劉向撰；《世本》四卷，宋衷撰。兩《唐志》著録宋衷《世本》四卷。《世本八種出版説明》指出，《太平御覽》經《世本》之處頗多，古《世本》或亡於南宋，而劉向、宋衷兩家注本，其亡佚在南宋以後。今有王謨、孫馮翼、陳其榮、秦嘉謨、張澍、雷學淇、茆泮林、王仁俊、王梓材等輯本，王梓材另撰《世本集覽》四十八卷。

《戰國策》三十三篇。[1]記春秋後。[2]

[1]【今注】案，此書爲劉向輯録，記載戰國初年至秦統一前的歷史。分東周、西周、秦、齊、楚、趙、魏、韓、燕、宋、衛、中山十二國策。劉向《校書録序》云，漢代秘府所藏關於此書的名稱，或曰國策、或曰國事、或曰短長、或曰事語、或曰長書、或曰修書。劉向以爲戰國時游士輔所用之國，爲之策謀，宜爲《戰國策》。《别録》云，其事繼春秋以後，訖楚漢之起，二百四十五年間之事，皆定以殺青，書可繕寫。劉向以相補除複重，得三十三篇。《隋志》著録《戰國策》三十二卷，劉向録；《戰國策》二十一卷，高誘撰注。兩《唐志》著録《戰國策》三十二卷，劉向撰；

《戰國策》三十二卷，高誘注。《宋志》有高誘注《戰國策》三十三卷。《文獻通考》引《崇文總目》云，今篇卷亡缺第二至十、三十一至三十三。又有東漢高誘注本二十卷，今缺第一、第五、第十一至二十，止存八卷。至宋朝曾鞏校書，此書又成完本，即今本《戰國策》三十三篇。高誘注衹存十篇，其餘亡佚。陳國慶《彙編》引《四庫簡明目録》云，舊本題漢高誘注，但今本實爲宋姚宏據高誘注殘本而增補，其中二卷至四卷、六卷至十卷爲高誘原注，其餘皆姚宏所補注。1973 年在長沙馬王堆三號漢墓出土一批帛書，整理後定名爲《戰國縱横家書》，共二十七篇，其中十一篇與今本《戰國策》《史記》所載大致相同，是原始資料集，不是成書（參見馬雍《帛書〈别本戰國策〉各篇的年代和歷史背景》，《文物》1975 年第 4 期；楊寬《馬王堆帛書〈戰國策〉的史料價值》，《文物》1975 年第 2 期；沈月《出土帛書〈戰國縱横家書〉史料性質考論》，《湖南社會科學》2020 年第 2 期）。

［2］【今注】案，此書記事上起戰國初年智伯滅范氏（前 490），下至公元前 221 年高漸離以築擊秦始皇，均在春秋以後。

《奏事》二十篇。[1]秦時大臣奏事，及刻石名山文也。

［1］【今注】案，王應麟《考證》云，七國未變古式，言事於王皆稱“上書”，秦初定制，改“書”曰“奏”。姚明煇《注解》云，《史記》卷六《秦始皇本紀》載《奏事》四篇，即《丞相衛綰等議上尊號》《廷尉李斯議不置諸侯》《丞相李斯議燒書》《群臣議尊始皇廟》。《史記·秦始皇本紀》所載秦始皇時刻石有嶧山、泰山、琅玡臺、之罘、之罘東觀、碣石門、會稽七處。秦二世東行郡縣，盡刻始皇所立刻石，石旁著大臣從者名，以章秦始皇的功德。

《楚漢春秋》九篇。[1]陸賈所記。[2]

［1］【今注】案，此書記項羽與漢高楚漢之際及惠帝、文帝時事迹。《後漢書》卷四〇上《班彪列傳上》云，漢興定天下，太中大夫陸賈記録時功，作《楚漢春秋》九篇。《隋志》著録《楚漢春秋》九卷，《舊唐志》著録二十卷，《新唐志》著録九卷。姚振宗《條理》認爲，此書唐顔師古、李善，宋《太平御覽》也引用，則此書至宋初未亡佚。沈欽韓《漢書疏證》據《文獻通考·經籍考》無著録，認爲此書亡於南宋。有洪頤煊、茆泮林、黄奭等人輯本。

［2］【今注】陸賈：楚人。以《詩》《書》諫高祖，出使南越，官拜太中大夫。助陳平等誅諸吕。著《新語》十二篇。傳見本書卷四三。

《太史公》百三十篇。[1]十篇有録無書。[2]

［1］【今注】案，中國第一部紀傳體通史，記載自傳説中的黄帝至漢武帝太初年間近三千年的歷史。《史記》卷一三〇《太史公自序》，記事自五帝至秦漢，具體爲武帝太初年間（《史記索隱序》作“下訖天漢”），但記事至武帝末年（關於太初以後記事的情况，張大可等認爲，這些内容屬於“補竄”，包括四个方面：一爲褚少孫補史，二爲好事者補缺，三爲讀史者無意增竄，四爲司馬遷所附載的大事。詳參《史記文獻與編纂學研究》，商務印書館2005年版，第124—136頁）。分十二本紀、十表、八書、三十世家、七十列傳。共一百三十篇，五十二萬六千五百字，爲《太史公書》。司馬遷希望此書“成一家之言，厥協六經異傳，整齊百家雜語，藏之名山，副在京師”。東漢末以後始稱《史記》（參見《史記文獻與編纂學研究》，第44—54頁）。沈欽韓《漢書疏證》認爲，其中與褚少孫有關的爲《十二諸侯年表序》《建元侯者表》，續補的爲《外戚世家》《三王世家》《田叔列傳》《滑稽列傳》《日者列傳》《龜策列傳》及《景帝紀》《武帝紀》《漢興以來將相名臣年表》

(迄成帝鴻嘉年間)。其後續《史記》的有馮商、劉歆、揚雄、陽城衞、褚少孫、史孝山等人。《隋志》著録《史記》一百三十卷目録一卷，漢中書令司馬遷撰；《史記》八十卷，宋裴駰注；《史記音義》十二卷，宋徐廣撰；《史記音》三卷，梁鄒誕生撰。舊《唐志》又有許子儒、劉伯莊注本。新《唐志》著録注《史記》的有十餘家，其中司馬貞《史記索隱》三十卷、張守節《史記正義》三十卷，與裴駰《史記集解》合稱《史記三家注》。清杜文瀾輯《史記寧成傳異文》，王仁俊輯《史記佚文》一卷，王鳴盛、王仁俊又輯《律曆逸文》。太史公，即司馬遷。生於漢景帝中元五年(前145)。字子長。漢左馮翊夏陽（今陝西韓城市）人。武帝元朔二年（前127)，問學於董仲舒。元朔五年，問學於孔安國。元封元年（前110)，繼其父司馬談爲太史令。此後多次隨漢武帝出巡。天漢三年（前98)，因李陵之禍遭受腐刑。征和三年（前90)，完成《太史公書》。卒於漢昭帝始元元年（前86）（關於司馬遷生平的相關論證，參見《史記文獻與編纂學研究》，商務印書館2005年版，第21—37頁)。本《志》《詩賦略》著録《司馬遷賦》八篇。傳見本書卷六二。

［2］【今注】案，據《太史公自序》，《史記》應當已經寫定，所亡十篇應爲後人所遺失。此書在西漢傳布不廣。《史記·太史公自序》裴駰《集解》引《漢書音義》曰："十篇缺，有録無書。"東漢衞宏、魏王肅認爲，因《景帝本紀》《武帝本紀》提及景帝及武帝過失，被漢武帝削去。但這種説法被後世學者認爲不足爲據。(本書卷六二《司馬遷傳》顔注引魏張晏曰："遷没之後，亡《景紀》《武紀》《禮書》《樂書》《兵書》《漢興以來將相年表》《日者列傳》《三王世家》《龜策列傳》《傅靳列傳》。元成之間褚先生補缺，作《武帝紀》《三王世家》《龜策》《日者列傳》，言辭鄙陋，非遷本意也。"）據張晏所論，《史記》中有《律書》而無《兵書》，今本《史記》中《律書》當改爲《兵書》，《曆書》當改爲《律曆書》。另外，除《孝武本紀》全取《封禪書》，其餘九篇均有

目有書。後人對“十篇缺”有五種説法：十篇全亡、十篇草創未成、十篇缺而復出而亡《武帝本紀》、僅亡七篇、十篇未亡。張晏所説十篇無書，實際是《武帝本紀》《兵書》亡佚，《禮書》《樂書》《漢興以來將相年表》殘存，其餘五篇仍存（參見《史記文獻與編纂學研究》，商務印書館 2005 年版，第 108—115 頁）。王先謙《漢書補注》認爲，以張晏所列亡篇之目校之，一《景紀》（篇在）、二《武紀》（亡）、三《漢興以來將相年表》（書在，闕《序》）、四《禮書》（自“禮由人起”以下草具未成）、五《樂書》（自“凡音之成”而下草具未成）、六《律書》（自“《書》曰七正二十八舍”以下草具未成）、七《三王世家》（所載惟奏請及策書，或如《五宗世家》略叙自出亦未可知）、八《傅靳蒯成傳》（篇在，非褚先生補）、九《日者傳》（自“予志而著之”以上皆史公本書）、十《龜策傳》（自“褚先生曰”以下乃所補），則班固所説的有録無書，特指秘府中藏書而言。

馮商所續《太史公》七篇。[1]

[1]【顔注】韋昭曰：馮商受詔續《太史公》十餘篇，在班彪《别録》。商字子高。師古曰：《七略》云，商，陽陵人，治《易》，事五鹿充宗，後事劉向，能屬文，後與孟柳俱待詔，頗序列傳，未卒，病死。【今注】案，《太史公》所載史事止於漢武帝太初年間，馮商受詔續太初以後的史事。其書單行。本書卷五九《張湯傳》贊引如淳説，據班固《目録》，馮商爲長安人。成帝時，以能屬書待詔金馬門，受詔續《太史公書》十餘篇。楊樹達《漢書窺管》認爲，馮商所續有十一篇，在班彪《别録》，但班彪省去四篇，故餘七篇。本《志》《詩賦略》著録《待詔馮商賦》九篇。據唐劉知幾《史通·古今正史》所載，續《史記》的有劉向、劉歆、馮商、衛衡、揚雄、史岑、梁審、肆仁、晉馮、段肅、金丹、

馮衍、韋融、蕭奮、劉恂等人。沈欽韓《漢書疏證》認爲，《史記》中《景帝紀》《武帝紀》《漢興以來將相名臣表》《禮書》《樂書》《律書》《韋賢傳》等，或爲馮商所續。

《太古以來年紀》二篇。[1]

［1］【今注】案，此書應爲按紀年記載上古燧人至伏羲相關傳説。顧實《講疏》引鄭玄《六藝論》，自燧人至伏羲一百八十七代。又引《春秋命曆序》，分開辟至獲麟爲十紀。此書或與此類似。《隋志》有《漢世帝王世譜》三卷。

《漢著記》百九十卷。[1]

［1］【顏注】師古曰：若今之起居注。【今注】案，本書卷八五《谷永傳》載"八世著記，久不塞除"，李奇注，指漢高祖以來至漢元帝，著記災異未塞除。本書《五行志下之下》載："凡漢著紀十二世，二百一十二年，日食五十三，朔十四，晦三十六，先晦一日三。"《後漢書》卷一〇上《皇后紀上》載劉毅上書，"以太后多德政，欲令早有注記"，稱"漢之舊典，世有注記"。《後漢書》卷二四《馬嚴傳》則有馬嚴與杜撫、班固等雜定建武注記。則著記、著紀、注記爲同一種書。陳國慶《彙編》引金毓黻《中國史學史》認爲，此類書多載五行、曆數、天人相應等事，屬太史公職掌，應當不是起居注。朱希祖認爲即如顏師古所説，爲後世起居注之類（參見《漢十二世著紀考》，載《中國史學通論》，商務印書館2017年版，第69—81頁）。尹海江指出，1973年河北定縣（今定州市）八角廊村出土西漢文獻有《六安王朝五鳳二年正月起居記》，1993年江蘇連雲港市東海縣尹灣村出土西漢文獻有《元延二年起居記》（《〈漢書藝文志〉輯論》，第297頁）。

《漢大年紀》五篇。[1]

[1]【今注】案，此書即漢初諸帝編年體大事記。王應麟《考證》云，本書卷一下《高紀下》、卷四《文紀》、卷六《武紀》臣瓚注所引《漢帝年紀》，即此書。

凡《春秋》二十三家，[1]九百四十八篇。[2]省《太史公》四篇。[3]

[1]【今注】案，姚振宗《條理》認爲，所謂二十三家，以《春秋古經》合《左氏傳》爲一家，《公羊》《穀梁》經合《内外傳》《章句》《雜記》爲二家，餘二十條，每條爲一家。據所載有二十九條，首一條古今文經當爲二條，則有三十條，每條爲一家。又《公》《穀》二家《經》當爲二家，實有三十一家。顧實《講疏》謂，計《古經》至《虞氏微》共十一家，《公羊》《顔氏》至《漢大年紀》共十二家，合計二十三家。《太史公》及《續》合爲一家，而公、穀《外傳》《章句》《雜記》則分攝於《公》《穀》中，不再計數。朱一新《漢書管見》認爲，漢代史學未興，皆附屬於經學。經學即當時的史學。故將《太史公書》等列入《春秋》類。逯耀東認爲，漢代經史没有分立，史學依附於經學。而且漢代認爲《春秋》本身就是史，是史學的最高原則和根源。司馬遷《史記》是對《春秋》体例和義理的繼承。故《太史公書》列於“春秋類”之下（關於《隋志》史部的形成，參見逯耀東《魏晉史學的思想與社會基礎》，中華書局 2006 年版，第 24—50 頁）。

[2]【今注】案，按所列篇數，其《公》《穀》二家經各十一卷，共爲二十二卷，合計九百一卷。少四十七篇。

[3]【今注】案，馮商續《太史公》十一篇，其中四篇或在劉向生前附入《史記》中，但因劉向病死，未能完工，因此這十一篇

又被劉歆補入《七略》，從而出現了四篇重出的情況。故班固省之（參見張昊蘇《〈史記〉早期流傳補論》，《文獻》2018 年第 2 期）。易平認爲，此重出的四篇爲“藏之名山”的《史記》正本（參見《〈漢志〉班注“省〈太史公〉四篇”考釋》，《江西圖書館學刊》1988 年第 4 期）。

古之王者世有史官，君舉必書，[1]所以慎言行，昭法式也。[2]左史記言，右史記事，[3]事爲《春秋》，言爲《尚書》，帝王靡不同之。周室既微，載籍殘缺，[4]仲尼思存前聖之業，乃稱曰：“夏禮吾能言之，杞不足徵也；殷禮吾能言之，宋不足徵也。文獻不足故也，足則吾能徵之矣。”[5]以魯周公之國，禮文備物，史官有法，[6]故與左丘明觀其史記，據行事，仍人道，[7]因興以立功，敗以成罰，[8]假日月以定歷數，[9]藉朝聘以正禮樂。[10]有所褒諱貶損，不可書見，口授弟子，弟子退而異言。[11]丘明恐弟子各安其意，以失其真，故論本事而作傳，明夫子不以空言說經也。[12]《春秋》所貶損大人當世君臣，[13]有威權勢力，其事實皆形於傳，是以隱其書而不宣，所以免時難也。[14]及末世口說流行，[15]故有《公羊》《穀梁》《鄒》《夾》之傳。四家之中，《公羊》《穀梁》立於學官，[16]鄒氏無師，夾氏未有書。

[1]【今注】君舉必書：君王的舉動均由史官書於簡策。舉，言行。書，書於簡策。《左傳》莊公二十三年載：“君舉必書，書而不法，後嗣何觀？”

［2］【今注】法式：王念孫《讀書雜志·漢書第七》言，“式”當作“戒”，指言行正確的可以爲後世效法，而有過錯的可以使後世引以爲戒，故曰“慎言行昭法戒”。

［3］【今注】案，《禮記·玉藻》云“動則左史書之，言則右史書之”與此不同。清黄以周《禮書通故》認爲，《北堂書鈔》卷五五引《禮記》作“動則右史書之，言則左史書之”，則此處當爲“左”“右”二字互訛。張舜徽《通釋》指出，古代左史記言，兼記事；而右史記事，兼記言。設置左史、右史，是爲了使兩者相互補充。下文即説明《春秋》偏重記事，《尚書》偏重記言。

［4］【今注】載籍：書籍、典籍。

［5］【顔注】師古曰：《論語》載孔子之言也。徵，成也。獻，賢也。孔子自謂能言夏、殷之禮，而杞、宋之君文章賢材不足以成之，故我不得成此禮也。【今注】案，此句見《論語·八佾》。杞爲夏之後，宋爲殷之後。夏、商二代的禮制，孔子能言之，但這兩个國家不足爲證，因爲文獻和熟悉夏商禮制的賢者都不足。文獻若足，則孔子能得到證明。杞，商朝封國名。姒姓。《史記》卷二《夏本紀》載，湯封夏之後，在今河南杞縣。後絶。宋，西周封國名。子姓。武王滅商後，封商紂王庶兄微子啓。都商丘（今河南商丘市南）。徵，證明。文，典籍。獻，通“賢”。指多聞而通曉掌故的賢者。馬端臨《文獻通考·自序》云：“凡叙事則本之經史，而參之以歷代會要，以及百家傳記之書，信而有證者從之，乖異傳疑者不録，所謂‘文’也。凡論事則先取當時臣僚之奏疏，次及近代諸儒之評論，以至名流之燕談、稗官之紀録，凡一話一言可以訂典故之得失，證史傳之是非者，則采而録之，所謂‘獻’也。”

［6］【今注】案，“以魯周公之國”三句，指魯國擁有周王朝的禮樂和史官制度。周武王滅商後，封其弟周公旦於少昊之虚曲阜，《史記》卷三三《魯周公世家》載，魯有天子禮樂。姚明煇《注解》認爲，魯國之民有聖人之教化。故孔子説：“齊一變，至於

魯，魯一變，至於道。”《左傳》昭公二年載，韓宣子來聘，觀書於太史氏，見《易》《象》與《魯春秋》，稱嘆：“周禮盡在魯矣，吾乃今知周公之德與周之所以王也。”

［7］【顏注】師古曰：仍亦因也。【今注】案，“觀其史記”三句，指觀周朝史官的記事，根據前賢的經歷，遵照人事的原則。

［8］【今注】案，“興以立功”二句，指因爲興盛而記其功勞，按照敗亡而定其懲罰。“敗以成罰”，殿本同，蔡琪本作“就敗成罰”，大德本作“就敗以成罰”。

［9］【今注】假日月以定歷數：按照日月運行的規律來制定曆法。歷數，日月運行的軌迹，也指朝代更替的規律。

［10］【今注】藉朝聘以正禮樂：通過朝見天子來匡正禮樂制度。朝聘，周朝諸侯定期朝見天子。每年一小聘，三年一大聘，五年一朝。小聘派大夫，大聘派卿，朝則國君自己前往。或指諸侯之間交往的禮節。

［11］【顏注】師古曰：謂人執所見，各不同也。【今注】案，“有所褒諱貶損”四句，指史書對前代的褒獎、避諱、貶低等做法，如不見諸文字，衹凭口傳於弟子，則弟子在事後就會有不同的解説。異言，因不能書與策，而口授於弟子，故各執所見。

［12］【今注】案，“丘明恐弟子各安其意”四句，指左丘明擔心弟子各按自己的見解，從而失去本意，因此按照史實原委行解釋，闡明孔子並非通過空言來講述經典。《史記·十二諸侯年表》云：“七十子之徒口受其傳指，爲有所刺譏褒諱挹損之文辭不可以書見也。魯君子左丘明懼弟子人人異端，各安其意，失其真，故因孔子史記具論其語，成《左氏春秋》。”《七略》曰：“仲尼以魯史官有法，與左邱明觀其史記，有所褒毁貶損，不可書見，口授弟子。弟子退而異言，邱明恐弟子各安其意以失其真，故論其本事而作傳。”空言，指褒貶是非。

［13］【今注】大人：身在高位有權勢的君臣貴族。

［14］【今注】案，此句指《春秋》所貶損的掌權君臣貴族等有很大的威勢和權力，關於他們的事實雖都被史官記録在史傳，但《春秋》用隱諱的筆法而不是直接表達，是爲了避免遭到迫害。《史記》卷四七《孔子世家》云：“《春秋》之義行，則天下亂臣賊子懼焉。”案，此段叙述孔子作《春秋》及左丘明撰《左傳》的原因。左丘明爲古文家，因此反對今文學以空言説經。《史記》卷一三〇《太史公自序》亦載司馬遷的類似觀點：上大夫壺遂曰：“昔孔子何爲而作《春秋》哉？”太史公曰：“余聞董生曰：‘周道衰廢，孔子爲魯司寇，諸侯害之，大夫壅之。孔子知言之不用，道之不行也，是非二百四十二年之中，以爲天下儀表，貶天子，退諸侯，討大夫，以達王事而已矣。’子曰：‘我欲載之空言，不如見之於行事之深切著明也。’夫《春秋》，上明三王之道，下辨人事之紀，别嫌疑，明是非，定猶豫，善善惡惡，賢賢賤不肖，存亡國，繼絶世，補敝起廢，王道之大者也。”

［15］【今注】末世：周幽王、厲王時期，即西周末年。本書卷八八《儒林傳》稱：“周道既衰，壞于幽、厲。”對於周之末世與孔子定五經的關係，應劭《白虎通》卷八云：“孔子所以定五經者何？以爲孔子居周之末世，王道凌遲，禮義廢壞，强陵弱，衆暴寡，天子不敢誅，方伯不敢伐，閔道德之不行，故周流應聘冀行其聖德，自衛反魯，自知不用，故追定五經，以行其道。”　口説流行：秦末漢初，很多經靠口頭相傳，往往解説至數萬言，並未著於竹帛。《隋志》認爲，因遭秦滅學，所以至漢初各家學衹有口説尚存。

［16］【今注】案，二書立爲學官，《公羊傳》在漢景帝時，《穀梁傳》在漢宣帝時。

《論語》古二十一篇。[1]出孔子壁中，兩《子張》。[2]

［1］【今注】案，此書記録孔子應答弟子和當時人的言語，以及孔子弟子之間的討論，由再傳弟子共同纂輯而成。《隋志》稱孔子弟子“與夫子應答，及私相講肄，言合於道，或書之於紳，或事之無厭。仲尼既没，遂緝而論之，謂之論語”。漢景帝末年，魯恭王壞孔子宅，得古文《論語》二十一篇，河間獻王獻九篇，共三十篇。經魯人、齊人删並重複，形成《魯論》二十篇、《齊論》二十二篇。《齊論》有“問王”“知道”，多於《魯論》二篇。《古論》無“問王”“知道”二篇，分《堯曰》下章“子張問”以爲一篇，所以《古論》有兩子張，“子張曰士見危致命”爲一篇，“子張問孔子從政”爲一篇，共二十一篇。篇次以《鄉黨》爲第二篇，《雍也》爲第三篇，與《齊論》《魯論》不同。皇侃《論語義疏·論語序》稱，二十篇而内，辭句有一些倒錯。其中《微子》無“巧言”章，《子罕》無“主忠信”章，《憲問》無“君子恥其言”章，《述而》無“於是日哭則不歌不食於喪側”章，《鄉黨》無“色斯舉矣，山梁雌雉，時哉。子路供之，三臭而立作”文，等等。何晏《論語集解序》云，《古論》祇有孔安國爲之訓解，但此書不傳於世。至東漢順帝時，南郡太守馬融撰《古文論語訓説》。隋、唐《志》皆不載，佚已久。馬國翰輯有《古論語》六卷。《中國古佚書輯本目録解題》認爲，馬國翰輯多不可信。目前，漢簡本《論語》主要有定州漢墓竹簡《論語》、羅布淖爾漢簡《論語》、居延漢簡《論語》、懸泉漢簡《論語》、平壤貞柏洞364號竹簡《論語》等。1973年河北定州漢簡《論語》，有學者認爲是在《古論語》之前的漢初抄本（陳東：《關於定州漢墓竹簡〈論語〉的幾個問題》，《孔子研究》2003年第2期；鄭春汛：《從〈定州漢墓竹簡論語〉的性質看漢初〈論語〉面貌》，《重慶社會科學》2007年第5期），也有學者認爲是在《張侯論》之前，與《古論》《齊論》《魯論》有關係的抄本（王素：《河北定州出土西漢簡本〈論語〉性質新探》，《簡帛研究》1998年第3輯；李慶：《關於定州漢墓竹簡〈論語〉的幾個問題——〈論語〉的文獻學探討》，載《中國典籍與文

化論叢》第 8 輯，北京大學出版社 2005 年版)；或認爲屬於《魯論》(單承彬：《定州漢墓竹簡本〈論語〉性質考辨》，《孔子研究》2002 年第 2 期；趙晶：《淺析定州漢簡本〈論語〉的文獻價值》，《浙江社會科學》2005 年第 3 期)。關於定州漢簡《論語》的研究，可參見楊世文《近百年儒學文獻研究史下》(福建人民出版社 2015 年版，第 864—876 頁)。平壤貞柏洞 364 號墓出土的竹簡《論語》，被認爲是早於定州漢簡《論語》的西漢早期抄本（參見李成市、尹龍九、金慶浩《平壤貞柏洞 364 號墓出土竹簡〈論語〉》，載《出土文獻研究》第 10 輯，中華書局 2011 年版；單承彬《平壤出土西漢〈論語〉竹簡校勘記》，《文獻》2014 年第 4 期)。

［2］【顔注】如淳曰：分《堯曰》篇後子張問“何如可以從政”已下爲篇，名曰《從政》。

《齊》二十二篇。[1]多《問王》《知道》。[2]

［1］【今注】案，齊人所傳謂之《齊論》。屬今文。《隋志》載，齊則昌邑中尉王吉、少府宗畸、御史大夫貢禹、尚書令五鹿充宗、膠東庸生皆傳《齊論》。周壽昌《漢書注校補》稱，本書《王吉傳》《貢禹傳》《董仲舒傳》及《春秋繁露》多引《齊論語》。馬國翰輯有《齊論語》一卷，王紹蘭輯《齊論語問王知道逸文補》一卷。問王，王應麟《考證》據《説文》引《逸論語》曰：“玉粲之瑟兮，其□□猛也。如玉之瑩。”又曰：“璵璠，魯之寶玉也。”孔子曰：“美哉璵璠。遠而望之，奐若也。近而跡之，瑟若也。一則理勝，二則孚勝。”當爲“問玉”。因王、玉篆文相似而誤。有學者認爲，肩水金關簡《論語》即爲《齊論》（王楚甯、張予正、張楚蒙：《肩水金關漢簡〈齊論語〉研究》，《文化遺産與公衆考古》2017 年第 4 輯；另有《肩水金關漢簡〈齊論語〉的整理》，《中國文物報》2017 年 8 月 11 日；馬智全：《肩水金關漢簡〈論

語〉及相關儒家簡牘探論》，載《金塔居延遺址與絲綢之路歷史文化研究》，第165—171頁）。江西海昏侯墓出土《論語》，也被認爲是《齊論》（楊軍、王楚甯、徐長青：《西漢海昏侯劉賀墓出土〈論語·知道〉簡初探》，《文物》2016年第12期）。

［2］【顔注】如淳曰：問王、知道（蔡琪本、大德本、殿本“問王”前有“多”字），皆篇名也。【今注】案，海昏侯墓中出土《齊論·知道》（江西省文物考古研究所等：《南昌市西漢海昏侯墓》，《考古》2016年第7期），據學者考證，此簡本《論語》有篇題、無篇序，更爲規範。應當存在内、外篇。海昏侯本保留了一些古字（王剛：《南昌海昏侯墓〈論語〉文本及相關問題初探》，載彭林編《中國經學》第25輯，廣西師範大學出版社2019年版）。

《魯》二十篇，[1]《傳》十九篇。[2]

［1］【今注】案，魯人所傳謂之《魯論》。屬今文。《隋志》魯則常山都尉龔奮、長信少府夏侯勝、韋丞相節侯父子、魯扶卿、前將軍蕭望之、安昌侯張禹，並名其學。《魯論》編目次序與今本《論語》相同。張禹本授《魯論》，晚講《齊論》，後遂合而考之，删其煩惑。除去《齊論》“問王”“知道”二篇，從《魯論》二十篇爲定，號《張侯論》，受到當時人的重視。鄭玄就《魯論》篇章考《齊》《古》，並爲之注，以《齊論》《古論》校正《魯論》五十處。有學者認爲，鄭注不僅篇章、次第屬於《魯論》，内容、文字也是《魯論》，衹據《古論》校訂了部分文字、章句，而非對《魯論》“重作改編”。其應當更接近《魯論》（邱居里：《〈論語〉“魯讀”再探討》，載《歷史文獻研究》第27輯，華東師範大學出版社2008年版）。今存殘本四卷。有衆多唐寫本，其中最爲完整的是1969年吐魯番阿斯塔那363號墓出土的唐中宗景龍四年（710）卜天壽寫本。

［2］【顏注】師古曰：解釋《論語》意者。【今注】案，解釋《魯論語》的著作，作者不詳。

《齊説》二十九篇。[1]

［1］【今注】案，此書當爲王吉所説《論語》。本書卷八一《張禹傳》載，魯扶卿及夏侯勝、王陽、蕭望之、韋玄成皆説《論語》，篇第或有不同。卷七二《王吉傳》則稱，王吉兼通《五經》，能爲騶氏《春秋》，以《詩》《論語》教授，好梁丘賀説《易》，教授其子王駿。本《志》下文稱傳《齊論》者，唯王陽名家。王吉，琅邪皋虞（今山東即墨東市東北）人。字子陽，故亦稱王陽。傳見本書卷七二。

《魯夏侯説》二十一篇。[1]

［1］【今注】案，此書當爲夏侯勝解説《論語》的著作。本書卷七五《夏侯勝傳》載，其勝“受詔撰《尚書》《論語説》”。夏侯勝，字長公。東平（治無鹽縣，今山東東平縣東）人。從夏侯始昌學《尚書》及《洪範五行傳》，説災異。善説《儀禮·喪服》。昭帝時，徵爲博士、光禄大夫。後爲長信少府，遷太子太傅。

《魯安昌侯説》二十一篇。[1]

［1］【顏注】師古曰：張禹也。【今注】案，此書當張禹解説《論語》的著作。本書卷八一《張禹傳》載，張禹從琅邪王吉、膠東庸生問《論語》。成帝年間，爲《論語章句》獻之。其章句所據《論語》文本，當爲《張侯論》。《論語注疏解經》稱，安昌侯張禹

受《魯論》於夏侯建，又從庸生、王吉受《齊論》，擇善而從，號曰《張侯論》，最後出而通行於漢代。張禹以《論語》授漢成帝，東漢包咸、周氏並爲章句，列於學官。鄭玄注利用《魯論》張、包、周注並參考《齊論語》《古論語》。魏吏部尚書何晏彙集孔安國、包咸、周氏、馬融、鄭玄、陳群、王肅、周生烈等人的説法，結合自己的見解，撰成《論語集解》，並流傳至今。張禹，字子文，河内軹（今河南濟源市東南）人。曾爲成帝師，以上難數對己問經，爲《論語章句》獻之。成帝河平四年（前25），代王商爲丞相，封安昌侯。傳見本書卷八一。

《魯王駿説》二十篇。[1]

[1]【顔注】師古曰：王吉子。【今注】案，此書爲王駿解説《魯論》的著作。王駿之父王吉傳《齊論》，以《詩》《論語》教授王駿。但王吉傳《齊論》，王駿傳《魯論》，與其父不同。王駿，姚振宗《條理》引《世系》稱，字偉山，任御史大夫。其事迹見本書卷七二《王吉傳》。

《燕傳説》三卷。[1]

[1]【今注】案，此書如同《齊論》《魯論》，爲燕地人所傳《論語》之説。但不存其經，衹存其解説之詞。王充《論衡·正説》云："漢興失亡。至武帝發取孔子壁中古文，得二十一篇，齊、魯二，河間九篇，三十篇。"黄暉集釋引翟灝《四書考異》認爲，此句指古文二十一篇，齊、魯、河間九篇，共三十篇。河間論語，應當即此《燕傳説》三卷。《燕傳》如同《燕論語》。河間爲趙地，接近燕地，或許是河間獻王得自燕境，所以稱爲《燕傳》。

《議奏》十八篇。[1]石渠論。

[1]【今注】案，本書卷七三《韋玄成傳》載，韋玄成與蕭望之及五經諸儒雜論同異於石渠閣。其中姚振宗《條理》認爲，論語家參與石渠閣會議的，衹有淮陽中尉韋玄成、太子太傅蕭望之二人，均治《魯論》。黄門郎梁丘臨奏使問諸儒。則漢代諸儒參加石渠閣會議的，論語家有三人。此書應爲石渠閣會議上關於《論語》的内容。韋、蕭皆傳《魯論》，而持《齊論》者也應參與其中。

《孔子家語》二十七卷。[1]

[1]【顔注】師古曰：非今所有《家語》。【今注】案，此書内容與《論語》同源，皆爲孔門弟子各記之與孔子的問答，一部分輯成《論語》，其餘的則集爲《孔子家語》。長期以來此書被斥是王肅所僞託（關於《孔子家語》辨僞，可參見清孫志祖《家語疏證》；禹菲《王肅〈孔子家語〉注本作僞新證》，《哲學研究》2018年第10期），以攻駁鄭玄之學。據孔安國《孔子家語後序》，孔子弟子取其正實而切事的編成《論語》，其餘則集録爲《孔子家語》。荀子入秦，將《孔子家語》等書百餘篇送予秦昭王。秦始皇時，孔子家語屬諸子，故不在被焚之列。秦朝滅亡之後，其書被漢朝所得，藏於宫中。周勃等平諸吕後，此書流傳民間。景帝末年求遺書，得到此書。武帝元封時，孔安國得其副本（也有學者認爲，此序確爲孔安國所撰，參見陳以鳳《〈孔子家語〉“孔安國序”考辨》，《古籍整理研究學刊》2018年第5期）。但此序出自王肅之手，並取婚姻、喪紀、郊禘、廟祧等與鄭玄之學不同的，增入《孔子家語》，以與鄭玄之學辨難。此書早佚，魏晉時人所見已非二十七卷本。故《隋志》、兩《唐志》等所載《孔子家語》，與本書並非同一種。上博簡楚竹書《民之父母》，相關内容見於傳世文獻

《禮記·孔子閑居》和《孔家家語·論禮》。1973年河北定縣（今定州市）出土的漢簡有《儒家者言》，其體例、内容與今本近似。1977年安徽阜陽雙古堆也出土了與《家語》有關的簡牘。學界認爲，今本《家語》應當並非僞書，也並非王肅所撰，而是與孔子及其弟了的史事和思想有密切關係（參見劉巍《〈孔子家語〉公案探源》，社會科學文獻出版社2014年版；楊朝明《孔子家語注説》，河南大學出版社2008年版）。有學者根據出土的《儒家者言》提出今本《孔子家語》"層纍"成書説，此書並非僞書，而是經過後人整理與重組（寧鎮疆：《〈家語〉的"層纍"形成考論——阜陽雙古堆一號木牘所見章題與今本〈家語〉之比較》，《齊魯學刊》2007年第3期）。但《儒家者言》等出土文獻與《説苑》《大戴禮記》《禮記》等關係更近，能證明這些書的價值，而與《孔子家語》關係稍遠（參見寧鎮疆《八角廊漢簡〈儒家者言〉與〈孔子家語〉相關章次疏證》，《古籍整理研究學刊》2004年第5期）；楊朝明則認爲，《孔子家語》與《説苑》兩者互見的材料，是文獻形成過程中的整理工作，並非"層纍"而成。今本《孔子家語》襲用《説苑》《大戴禮記》《禮記》《荀子》《左傳》《史記》等傳世古書，郭店楚簡、上博楚簡、八角廊漢簡也有一些篇章與《孔子家語》相合，也見於《説苑》等古書。今本《孔子家語》並非先秦古書，而是出於後人編纂，孔安國序也是後人託名之作。本卷著録的《孔子家語》二十七卷與孔安國集録本並不能有可靠的聯繫（參見鄔可晶《〈孔子家語〉成書考》，中西書局2015年版，第395—408頁）。

《孔子三朝》七篇。[1]

[1]【顔注】師古曰：今《大戴禮》有其一篇，蓋孔子對魯哀公語也。三朝見公，故曰三朝。【今注】案，此書載孔子三見魯

哀公之事。三朝，指外朝、治朝、燕朝（參見阮廷卓《孔子三朝記解詁纂疏》，臺灣嘉新水泥公司文化基金會1964年排印本）。《三國志》卷三八《蜀書八·秦宓傳》裴松之注引劉向《七略》曰："孔子三見哀公，作《三朝記》七篇，今在《大戴禮》。"臣松之案："《中經部》有《孔子三朝》八卷，一卷目録，餘者所謂七篇。"七篇即《千乘》《四代》《虞戴德》《誥志》《小辨》《用兵》《少間》。但有學者認爲，今本七篇裏没有哀公問政於孔子的記載，也没有記載問政的次數。王應麟《困學紀聞》指出諸書引用《三朝記》的例子，但這些内容與七篇文句並不完全一致。《三朝記》應當是荀子以前的作品，是曾子和思孟學派的儒家所作（［日］末永高康：《〈孔子三朝記〉初探》，《南京師範大學文學院學報》2011年第1期）。馬國翰輯有《孔子三朝記》。關於此書的注本有洪頤煊《孔子三朝記解詁》、李陰苓《孔子三朝記集解自叙》（《國風半月刊》1935年第7、8期）。

《孔子徒人圖法》二卷。[1]

［1］【今注】案，此書當爲孔子弟子傳記之類，應有圖若干。《隋志》載《孝經内事》一卷，注稱有《孝經内事星宿講堂七十二弟子圖》一卷，又《口授圖》一卷，當與此書類似。關於孔子弟子的數量，《史記》卷四七《孔子世家》又載孔子弟子蓋三千人，身通六藝的有七十二人。《史記》卷六七《仲尼弟子列傳》載，孔子曰"受業身通者七十有七人"。司馬貞《索隱》稱《孔子家語》亦有七十七人，唯《文翁孔廟圖》作七十二人。則孔子弟子圖應有一定的圖畫方式，此書應根據古書繪成，在漢代以前已經有較爲固定的模式。《史記·仲尼弟子列傳》"太史公曰"云："學者多稱七十子之徒，譽者或過其實，毀者或損其真，鈞之未覩厥容貌，則論言弟子籍，出孔氏古文近是。"即關於孔子弟子事迹容貌的記載，

應以出於古文的《論言弟子籍》爲標準。關於“論言弟子籍”，王叔岷《史記斠證》引王國維説，認爲此書爲司馬遷撰《史記》時所據古書，爲先秦六國遺書，非當時寫本（《觀堂集林》七《史記所謂古文説》）；金德建認爲，弟子籍當即《論語》的同書異名（《司馬遷所見書考》，上海人民出版社 1963 年版，第 205—208 頁）。

凡《論語》十二家，[1]二百二十九篇。[2]

［1］【今注】案，姚振宗《條理》云，所載凡十二條，每條爲一家，共十二家。《魯論語》與《魯傳》誤合爲一條，應當分兩家，則實際共十三家。

［2］【今注】案，上文所列篇數，共二百三十篇。

《論語》者，孔子應答弟子時人及弟子相與言而接聞于夫子之語也。當時弟子各有所記。夫子既卒，門人相與輯而論篹，故謂之《論語》。[1]漢興，有齊、魯之説。[2]傳《齊論》者，昌邑中尉王吉、少府宋畸、[3]御史大夫貢禹、尚書令五鹿充宗、膠東庸生，[4]唯王陽名家。[5]傳《魯論語》者，[6]常山都尉龔奮、長信少府夏侯勝、丞相韋賢、魯扶卿、前將軍蕭望之、安昌侯張禹，[7]皆名家。張氏最後而行於世。[8]

［1］【顔注】師古曰：輯與集同。篹與撰同。【今注】案，關於《論語》的編者，有的學者考證認爲是孔子弟子仲弓、子游、子夏所撰（鄭玄説），也有的學者認爲是曾參、有若、閔子騫的弟子所撰（朱熹説）。關於《論語》的書名，“論”同“倫”，指編次，

"語"即孔子對其弟子及門人的言論。皇侃《論語義疏·自序》認爲，一是"論"字讀音或同"倫"，一是同"論"字本義，一是"倫""論"二字没有差異。對於第一種説法，列舉了四種觀點：一是"倫"意爲條理、次序，即此書按照文意思想的邏輯關係進行編次；二是"倫"即"理"，指此書中蘊含萬事萬物的道理；三是"倫"字同"綸"，指此書經綸今古；四是"倫"字同"輪"，指此書義旨周備，圓轉無窮，如同車輪。第二種説法，指此書出自孔子弟子門徒，内容必先經過衆人討論，達成共識，然後記載。第三種説法，是因南北語音的差異，南人呼"倫事"爲"論事"，北士呼"論事"爲"倫事"，字音雖不同，但其含義一致（關於《論語》書名，夏德靠總結前人諸説，認爲"論"通"侖"，與簡册聚集編連有關，《〈論語〉研究》，中華書局2015年版，第13—39頁）。此書形成時即名《論語》，但先秦及漢代早期文獻中少見《論語》稱謂，與當時人的稱引習慣有關。漢代後期之後《論語》書名已經確定（參見栗振風《〈論語〉多種稱謂與書名問題》，《孔子研究》2017年第3期；夏德靠《〈論語〉研究》，中華書局2015年版，第126—145頁）。《論語》當在孔子卒後即開始編輯，但後來儒分爲八，故各家分别傳《論語》。今本《論語》應當爲曾子、子思、孟子一派記録編纂並流傳下來（參見楊世文《近百年儒學文獻研究史》，第848頁）。清華簡《語叢三》中有部分文本與《論語》類似。

［2］【今注】案，劉向《别録》云，魯人所學謂之《魯論》，齊人所學謂之《齊論》，孔壁所得謂之《古論》。

［3］【顔注】師古曰：畸，音居宜反。【今注】昌邑：王國名。漢武帝天漢四年（前97）封劉髆爲昌邑哀王。治昌邑縣（今山東巨野縣東南）。　中尉：官名。漢初諸侯王國自置，景帝以後由中央代置，秩二千石。掌治安軍事，與傅、相共同輔王。　王吉：傳見本書卷七二。　少府：官名。漢九卿之一。掌皇帝財政、生活起居、手工業，管理山澤陂池市肆租税收入等。秩中二千石。

宋畸：字翁壹。宣帝本始四年（前70）由左馮翊任少府。本書《百官公卿表下》作“宋疇”。

［4］【今注】御史大夫：官名。掌執法彈劾、糾察百官以及圖籍秘書。秩中二千石。　貢禹：字少翁，琅琊郡（治東武縣，今山東諸城市）人。元帝初元五年（前44），由長信少府任御史大夫。傳見本書卷七二。　尚書令：官名。秦及漢初爲尚書署長官，掌文書，爲少府屬官。秩六百石。武帝以後職權稍重，掌傳達詔命章奏。秩千石。　膠東：郡國名。漢初屬齊國，文帝十六年（前164）改置膠東國。景帝三年（前154）除爲郡。景帝四年，分置東萊郡，改膠東郡爲膠東國。治即墨縣（今山東平度市東南）。　庸生：《後漢書》卷七九上《儒林傳上》載，朝授膠東庸譚，爲尚書古文學。

［5］【顔注】師古曰：王吉字子陽，故謂之王陽。

［6］【今注】傳魯論語：王念孫《讀書雜志·漢書第七》認爲，此句當作“傳魯論”。本《志》中“齊論”亦無“語”字。

［7］【今注】常山：郡國名。原作“恒山郡”，漢文帝元年改爲“常山郡”。治真定縣（今河北石家莊市長安區東古城村東垣故城遺址）。景帝五年爲國。武帝元鼎三年（前114）改爲郡。四年，移治元氏縣（今河北元氏縣西北）。　都尉：武官名。掌郡中軍事的高級官吏。秩比二千石。　龔奮：事迹不詳。　長信少府：官名。原作“長信詹事”。掌皇太后長信宫中事務，秩二千石。漢景帝中元六年（前144），更名“長信少府”。案，據本書卷七五《夏侯勝傳》，夏侯勝撰《論語説》時，已遷太子太傅。　韋賢：字長孺，魯國鄒（今山東鄒城市東南）人。篤志於學，兼通《禮》《尚書》，以《詩》教授，號稱鄒魯大儒。以《詩》授漢昭帝。宣帝本始三年（前71），任丞相，封扶陽侯。傳見本書卷七三。　魯扶卿：事迹不詳。王充《論衡·正説》云，孔安國以教魯人扶卿，官至荆州刺史，始曰《論語》。　前將軍：官名。與後、左、右將軍均爲上卿，位在衛將軍之下。不常置。有事則掌禁兵，戍衛京師，

或率軍征伐。 蕭望之：字長倩，東海蘭陵（今山東蘭陵縣西南）人。從后倉治《齊詩》，又從夏侯勝問《論語》《禮·喪服》。官至太傅、御史大夫，後因罪自殺。傳見本書卷七八。

［8］【今注】張氏最後而行於世：本書卷八一《張禹傳》載，張禹撰《論語章句》，又從王陽、庸生受學，“最後出而尊貴”。“學者多從張氏，餘家寢微”。皇侃《論語集解序》載，張禹從夏侯建學《論語》，兼講齊學，擇善而從，號曰《張侯論》，“爲世所貴”。漢靈帝熹平四年（175），刻於石經，立於太學（參見胡鳴《〈張侯論〉源流考辨》，《哈爾濱師範大學社會科學學報》2014 年第 2 期）。

《孝經古孔氏》一篇。[1]二十二章。[2]

［1］【今注】案，當爲孔安國所傳《古文孝經》。《孔子家語》孔安國序載“《孝經傳》二篇”。漢景帝末，魯共王壞孔子宅，得古文《尚書》及《禮記》《論語》《孝經》。《古文孝經》多長孫《閨門》一章，其餘經文與當時所傳的基本相同；又多出《父母生績》《孝優劣》《應感》三章，共二十二章，孔安國爲之傳。至劉向典校經籍，以顔本對比古文，定爲十八章。劉向《别録》云，《孝經古孔氏》爲古文字。《庶人》章分爲二（庶人、孝平），《曾子敢問》（今“聖治”章）章分爲三（聖治、父母生績、孝優劣），又多一章，共二十二章。王應麟《考證》據司馬公説，《古文孝經》不得列於學官，祇有孔安國與馬融作傳。隋文帝開皇中，秘書學士王孝逸得此書於南朝陳，劉炫爲作《稽疑》一篇。唐玄宗開元中，御注《孝經》盛行，《古文孝經》及鄭注遂廢。《汗簡目録》云：“李士訓《記异》曰：‘大曆初，子帶經鉏瓜于灞水之上，得石函，中有絹素《古文孝經》一部二十二章，一千八百七十二言。’”宋司馬光於秘閣發現《古文孝經》，或來源於此本，並據

以作《指解》(舒大剛:《從唐宋文獻看大曆出土〈古文孝經〉之價值》,載《宋代文化研究》第25輯,綫裝書局2019年版)。《隋志》著録《古文孝經》一卷,孔安國傳,梁末亡逸,今疑非古本。《唐志》著録《古文孝經》一卷,孔子説,曾參受,孔安國傳。《宋志》著録《古文孝經》一卷,凡二十二章。《古文孝經孔氏傳》在五代時亡佚。隋唐以來,學者多疑隋代復出的劉炫本和《孔傳》並非原來的《孝經古孔氏》。清人盛大士認爲是王肅作僞,康有爲則認爲是劉歆所作。今人胡平生論證劉炫作僞説並不成立,劉炫當是對漢魏以來的所謂孔安國本進行了修訂、發揮,這一孔安國本應該成書於漢末魏初(參見陳鴻森《孝經孔傳與王肅注考證》,載趙生群主編《古文獻研究集刊》第6輯,鳳凰出版社2012年版;劉增光:《劉炫〈孝經述議〉與魏晉南北朝〈孝經〉學——兼論〈古文孝經孔傳〉的成書時間》,《復旦學報》2015年第3期)。乾隆年間,鮑廷博自日本得《古文孝經孔氏傳》,刻於《知不足齋叢書》中。據學者考證,日本所藏《古文孝經孔氏傳》應當是以劉炫《孝經直解》參校諸本,兼引其他書,加音注而成,並非孔安國本(相關論述參見顧永新《日本傳本〈古文孝經〉回傳中國考》,《北京大學學報》2004年第2期;胡平生《日本〈古文孝經〉孔傳的真僞問題》,《文史》第23輯)。1983年,日本膽澤城遺址出土漆紙文書《古文孝經》(李學勤:《日本膽澤城遺址出土〈古文孝經〉論介》,《孔子研究》1988年第4期;[日]藪敏裕:《奥州膽澤城址出土漆紙文書〈古文孝經孔氏傳〉的傳播》,《第三届世界儒學大會學術論文集》2010年)。日本刻本有安國自《序》云:"後魯共王使人壞夫子講堂,於壁中石函得《古文孝經》二十二章。載在竹牒,其長尺有二寸,字科斗形。魯三老孔子惠抱詣京師,獻之天子。天子使金馬門待詔學士與博士群儒,從隸字寫之;還子惠一通,以一通賜所幸侍中霍光。"

[2]【顔注】師古曰:劉向云古文字也。《庶人章》分爲二也,《曾子敢問章》爲三,又多一章,凡二十二章。

《孝經》一篇。[1]十八章。長孫氏、江氏、后氏、翼氏四家。[2]

[1]【今注】案，《孝經》當成書於戰國早期，由曾子門人編録，具體而言，當是曾子弟子樂正子春所編録（徐正英、常佩雨：《〈孝經〉的成書時代、作者及版本考論——以出土文獻“郭店簡”“上博簡”“定縣漢簡”等爲參照》，《國學研究》2014年第1期）。據《隋志》載，孝爲“天之經，地之義，人之行”。孔子叙六經，又作《孝經》。後遭秦朝焚書，爲河間人顏芝所藏。漢初，顏芝之子顏貞獻之，共十八章，漢代長孫氏、博士江翁、少府后蒼、諫議大夫翼奉、安昌侯張禹皆傳其學。有鄭衆、馬融等注本。又有鄭氏注，相傳爲鄭玄注（參見顧永新《〈孝經鄭注〉回傳中國考》，《文獻》2004年第3期；史應勇《傳世〈孝經〉鄭注的再考察》，《唐都學刊》2006年第3期；舒大剛《〈孝經鄭注〉真僞諸説平議》，《儒藏論壇》第6輯，四川文藝出版社2012年版；［日］林秀一、陸明波、刁小龍《敦煌遺書〈孝經〉鄭注復原研究》，《中國典籍與文化論叢》第15輯，鳳凰出版社2013年版；［日］林秀一、陸明波、刁小龍《〈孝經〉鄭注輯佚及刊行的歷史——以日本爲中心收藏刊名》，《中國典籍與文化論叢》第15輯）。魏晉南北朝有王肅、韋昭解《孝經》，有皇侃《孝經義疏》。唐玄宗李隆基御注《孝經》，鄭氏注即廢。定縣（今河北定州市）40號漢墓竹簡《儒家者言》第24章應當是現存最早帶有經説的《孝經》抄本（蘇成愛：《〈儒家者言〉“未解章”初揭——現存最早經傳合璧的〈孝經〉抄本》，《文獻》2020年第1期）。

[2]【今注】后氏：后蒼。 翼氏：翼奉。

《長孫氏説》二篇。[1]

[1]【今注】案，長孫氏説今文《孝經》，《隋志》云："長孫有《閨門》一章（孔安國《古文孝經》載二十二字）。"長孫氏，事迹不詳。本書卷八八《儒林傳》載，淄川長孫順傳《韓詩》，此長孫氏當爲其後人。《隋志》、兩《唐志》無著録，已亡佚。清馬國翰輯《孝經長孫氏説》一卷。

《江氏説》一篇。[1]

[1]【今注】案，本書卷八八《儒林傳》載，江公著《孝經説》，當即此書。江公，姚振宗《條理》稱，此江公爲宣帝時博士瑕丘（今山東兖州市東北）江公之孫，世傳《魯詩》《穀梁春秋》，或稱江翁。《隋志》、兩《唐志》無著録，已亡佚。

《翼氏説》一篇。[1]

[1]【今注】案，此爲翼奉説《孝經》。翼奉，字少君，東海下邳（今江蘇睢寧縣古邳鎮）人。治《齊詩》，師從后蒼。官至諫大夫。傳見本書卷七五。《隋志》、兩《唐志》無著録，已亡佚。

《后氏説》一篇。[1]

[1]【今注】案，后蒼説《孝經》之作。《隋志》、兩《唐志》無著録，已亡佚。清馬國翰輯《孝經后氏説》一卷。其序稱，本書卷八一《匡衡傳》引《孝經》，匡衡爲后蒼弟子，則所稱引内容當爲后氏遺説。

《雜傳》四篇。[1]

[1]【今注】案，王應麟《考證》云，蔡邕《明堂論》引魏文侯《孝經傳》，蓋爲《雜傳》之一。此書當爲綜合各家所傳。《隋志》、兩《唐志》無著録，已亡佚。王謨、馬國翰輯《孝經傳》一卷。

《安昌侯説》一篇。[1]

[1]【今注】案，張禹説《孝經》之作，《隋志》、兩《唐志》無著録，已亡佚。清馬國翰輯《孝經安昌侯説》一卷。張舜徽《通釋》認爲，《雜傳》綜合各家，應在《安昌侯説》之後。后蒼爲翼奉師，則《后氏説》應當在《翼氏説》之前，因傳寫以致顛倒。

《五經雜議》十八篇。[1]石渠論。

[1]【今注】案，宣帝甘露三年（前51），漢廷召開石渠閣會議，韋玄成與太子太傅蕭望之及五經諸儒雜論同異於石渠閣，條奏其對。漢宣帝親稱制臨決。立梁丘《易》、大小夏侯《尚書》、穀梁《春秋》博士（徐興無：《石渠閣會議與漢代經學的變局》，《古典文獻研究》第6輯，鳳凰出版社2003年版）。王先謙《漢書補注》云，此書爲五經總論。《爾雅》、《小爾雅》、諸經通訓、古今字、經字異同皆附於其中。《四庫全書總目提要》稱，宣帝時，始有石渠《五經雜義》十八篇，《漢志》無類可隸，遂雜置之孝經類中。《玉海》云，《書議奏》四十二篇、《禮議奏》三十八篇、《春秋議奏》三十九篇、《論語議奏》十八篇、《五經雜議》十八篇，凡五十五篇。其中《易》《詩》《孝經》無《議奏》，當存於《五經雜議》中。《隋志》、兩《唐志》無著録，已亡佚。

《爾雅》三卷二十篇。[1]

[1]【顏注】張晏曰：爾，近也。雅，正也。【今注】案，《四庫全書總目提要》稱此書大抵采諸書訓詁名物之同異，以廣見聞，實單獨成書，不附於經義。今傳十九篇。今本三卷十九篇，本《志》所著録的三卷二十篇，應當是連同序一併稱之。姚明煇《注解》引趙岐《孟子題辭》認爲，漢置博士，《爾雅》與《論語》《孝經》在漢文帝時最先被立。爾雅的作者，相傳《釋詁》一篇爲周公所作，以教周成王。鄭玄《駁五經異議》曰，《爾雅》爲孔子門人所作，以釋六藝之旨。陸德明《經典釋文叙録》稱，《釋詁》一篇爲周公所作，《釋言》經過孔子、子夏、叔孫通、梁文等人的增補修訂。漢代有犍爲文學、劉歆、樊光、李巡、孫炎等《爾雅》注，梁時多亡。晉有郭璞《爾雅注》，宋邢昺爲其作疏，今存。《四庫全書總目提要》入小學類。朱一新《無邪堂問答》認爲，《漢志》著録的小學家皆是字書，《爾雅》是關於六經的訓詁書，並不相同。《五經雜議》總釋經義，《爾雅》也是理解六經的關鍵，故《漢志》將其歸入《五經雜議》之後。而班固認爲《孝經》論至德要道，爲諸經總會，則附於六藝之後。清邵晉涵《爾雅正義》、郝懿行《爾雅義疏》、王闓運《爾雅集解》、朱祖延《爾雅詁林》、周祖謨《爾雅校箋》、徐朝華《爾雅今注》等均是較爲完備的注本。

《小雅》一篇，[1]《古今字》一卷。[2]

[1]【今注】案，此書後人多認爲是王肅采此篇入《孔叢子》，以證明其書可信。錢大昕《三史拾遺》認爲，《文選》李善注引《小爾雅》皆作《小雅》，則此書本名《小雅》，後人僞造《孔叢子》，以此篇竄入，因此有《小爾雅》書名。王先謙《漢書補注》

據本書《儒林傳》《論衡》認爲，漢代人以當時的今文讀古文書，並以漢代隸書抄寫，以便當時人研讀。這促成了以訓詁爲目的的《小雅》類書籍的出現。《四庫全書總目提要》著録《小爾雅》一卷，不著撰者。今所傳本爲孔鮒撰《孔叢子》第十一篇抄出，共十三章，即《廣詁》《廣言》《廣訓》《廣義》《廣名》《廣服》《廣器》《廣物》《廣鳥》《廣獸》共十章，又《度》《量》《衡》三章。此書出於漢末，至晉代始流行，並非《漢志》所稱之《小雅》。《隋志》著録《小爾雅》一卷，李軌略解；兩《唐志》著録李軌解《小爾雅》一卷；《宋志》著録孔鮒《小爾雅》一卷，已亡佚。相關考證著作有清王煦《小爾雅疏》、胡承珙《小爾雅義證》、宋翔鳳《小爾雅訓纂》、朱駿聲《小爾雅約注》、葛其仁《小爾雅疏證》、楊琳《小爾雅今注》、黄懷信《小爾雅匯校集釋》等。案，小雅，蔡琪本、殿本同，大德本作“小爾雅”。

［2］【今注】案，王應麟《考證》認爲，《周禮·春官》：“外史掌達書名於四方。”注：“古曰名，今曰字。”《説文解字叙》稱，古時倉頡作書，依象形稱爲文，後加入形聲，稱爲字。書於竹帛，稱爲書。則此書應當爲篆隸類字書。本書《儒林傳》載，孔安國以今文字讀《古文尚書》，王充《論衡·正説》以隸書寫《古文論語》以傳誦。

《弟子職》一篇。[1]

［1］【顔注】應劭曰：管仲所作，在管子書。【今注】案，爲今《管子》第五十九篇《雜篇十》，漢時爲單行本。莊述祖《弟子職集解序》稱，《弟子職》是古代家塾教育弟子之法，記録弟子對待老師的儀節、受教育的次序。本《志》附於《石渠論》《爾雅》之後，因此書屬於《曲禮》《少儀》的支流，未被列入禮類，故附於六藝末尾。

《説》三篇。[1]

[1]【今注】案，王先謙《漢書補注》稱，此書應爲《弟子職》説。亡佚。

凡《孝經》十一家，[1]五十九篇。[2]

[1]【今注】案，陳國慶《彙編》認爲，《小爾雅》一篇，《古今字》一篇，《説》三篇，本不分行，正十一家。今另起一行，故共計十三家。

[2]【今注】案，合計篇數，實爲三十九篇。姚振宗《條理》或者以《爾雅》三卷二十篇合爲二十三篇，這樣正合五十九篇。但“二十三篇”爲注文，不當算作篇數，則實際爲三十九篇。顧實《講疏》則認爲，《爾雅》《小爾雅》《古今字》合爲一家，《弟子職》《説》合爲一家，共十一家，五十六篇。

《孝經》者，孔子爲曾子陳孝道也。[1]夫孝，天之經，地之義，民之行也。舉大者言，故曰《孝經》。[2]漢興，長孫氏、博士江翁、少府后倉、諫大夫翼奉、安昌侯張禹傳之，[3]各自名家。經文皆同，唯孔氏壁中古文爲異。“父母生之，續莫大焉”，“故親生之膝下”，諸家説不安處，古文字讀皆異。[4]

[1]【今注】案，《史記》卷六七《仲尼弟子列傳》云，孔子以爲能通孝道，故授曾子。作《孝經》。此書當爲曾子及其門人弟子所作。曾參，字子輿，魯國南武城（今山東平邑縣南）人。比孔子小四十六歲。號宗聖。

［2］【今注】案，此句見今本《孝經》卷三《三才章第七》。古人以孝爲六經的宗旨、本原。姚明煇《注解》引唐玄宗注，孝爲百行之首。在西周宗法制下。以血緣爲紐帶的父子、君臣關係，需要通過“孝”來强化。

［3］【今注】諫大夫：官名。漢九卿之一郎中令（光禄勳）屬官。掌顧問應對，參預謀議。漢武帝元狩五年（前118）始置，秩比八百石。無定員。

［4］【顔注】臣瓚曰：《孝經》云“續莫大焉”，而諸家之説各不安處之也。師古曰：桓譚《新論》云《古孝經》千八百七十二字，今異者四百餘字。【今注】案，“父母生之，續莫大焉”，“故親生之膝下”，均見《孝經·聖治章第九》，日本所藏《古文孝經孔氏傳》兩句分别作“績莫大焉”“故親生毓之”。胡平生《孝經譯注》認爲，續，指繼先傳後。這是説父母生下兒子，使兒子得以繼承父母，如此連續不絶，這是人倫關係中最爲重要的。古文本“續莫大焉”作“績莫大焉”。績，功績。意思是説父母生子，功績没有再大於此的了。孔傳：“父母之生子，撫之，育之，顧之，復之，攻苦之，功莫大焉者也。”親，親愛父母之心。膝下，膝蓋之下，喻年幼之時。這是説子女對父母的親愛之心在幼年時期即自然天成。古文本此句作“是故親生毓之”，“毓”通“育”。《今文孝經》共一千七百九十九字，《古文孝經》共一千八百十二字。

《史籀》十五篇。[1]周宣王太史作《大篆》十五篇，建武時亡六篇矣。[2]

［1］【顔注】師古曰：“籀”音“胄”。【今注】案，此書爲古字書。秦焚書時，此書與《周易》留存。劉向校書時著録此書，至王莽時亡佚。東漢光武帝建武年間得其中九篇。漢章帝時，王育撰解説。許慎纂《説文解字》保存了部分内容。《後漢書》卷五《安

帝紀》載，安帝好學史書。李賢注稱，史書即周宣王太史籀所作之書，共五十五篇。可以教童幼。也稱作《史篇》，即《史籀篇》之略稱。王國維《史籀篇疏證·叙録》認爲，“籀”“讀”二字，同聲同義。古代讀書皆爲史的事情，則籀書爲史的專職。此書首句當作“大史籀書”，故以“史籀”二字命名，並非作此書的人爲“史籀”。《隋志》、兩《唐志》皆不載，亡已久。清馬國翰輯《史籀篇》一卷、黄奭輯《史篇》一卷。

［2］【今注】建武：東漢光武帝年號（25—56）。王應麟《考證》稱，《説文解字叙》作“宣王太史籀著《大篆》十五篇，與古文或異”。

《八體六技》。[1]

［1］【顔注】韋昭曰：八體，一曰大篆，二曰小篆，三曰刻符，四曰蟲書，五曰摹印，六曰署（署，蔡琪本、殿本同，大德本作“署書”），七曰殳書，八曰隸書。【今注】案，王應麟《考證》引《説文解字叙》曰，秦書有八體，大篆、小篆、刻符、蟲書、摹印、署書、殳書、隸書。刻符，符信文字。蟲書，即鳥蟲書。摹印，即印章文字。署書，即用於封檢簽名或題於匾額上的大字，漢代蕭何用以題“蒼龍”“白虎”二闕。殳書，刻在兵器上的文字。漢興有草書。六技，指下文所言六體，即王莽所改六書，古文、奇字、篆書、佐書、繆篆、鳥蟲書。古文，統稱小篆以前的先秦古文字。奇字，指古文中的異形字。篆書，秦人的文字。佐書，即隸書。隸書是相對於篆書來説的輔佐字體，故稱爲“佐（左）書”。繆篆，即摹印文字。錢大昕《三史拾遺》引李賡芸説，稱“六技”爲“八篇”之訛，下文云小學四十五篇，如此處作“八篇”，正合四十五篇之數。《隋志》、兩《唐志》無著録，已亡佚。

《蒼頡》一篇。[1]上七章，秦丞相李斯作；[2]《爰歷》六章，車府令趙高作；[3]《博學》七章，太史胡母敬作。[4]

[1]【今注】案，張舜徽《通釋》指出，此書當爲四字一句，爲當時兒童識字課本，與專門研究文字形音義的字書不同。通過研究發現，此書分爲兩个版本系統：一是秦本系統，即此處的李斯、趙高、胡母敬本，未經閭里書師改造，分章、字數不詳；一是漢初閭里書師本，合併《蒼頡》《爰歷》《博學》，六十字爲一章，共五十五章，3300字。揚雄八十九章（每章六十字，八十九章，5340字）、三蒼本（包括李斯本、揚雄《訓纂篇》、賈魴《滂喜篇》，一百二十三章，7380字）、班固一百零二章、賈魴一百二十三章，都是在閭里書師五十五章本基礎上續纂而來，故仍屬於閭里書師本（梁静：《出土文獻與〈蒼頡篇〉》，《簡帛》2015年第1期；周飛：《出土〈蒼頡篇〉版本探討》，《出土文獻》第8輯，中西書局2016年版）。在敦煌漢簡、居延舊簡、居延新簡，中華人民共和國成立後所獲敦煌漢簡、尼雅漢簡、阜陽漢簡、水泉子漢簡以及北大漢簡中，均發現《蒼頡篇》殘簡。陳直《漢書新證》引《顔氏家訓·書證篇》認爲，《蒼頡篇》爲李斯所造，而云"漢兼天下，海内并厠，豨黥韓覆，畔討滅殘"，此句當爲後人所添入。居延漢簡有此書殘簡數十字。《蒼頡篇》首四句應爲"蒼頡作書，以教後嗣，幼子承詔，謹慎敬戒"。1977年安徽阜陽雙古堆1號漢墓竹簡《蒼頡篇》，共存124枚殘簡，内容包括《蒼頡》《爰曆》《博學》三篇。現存541字。36簡文四字爲句，有韻可尋。文中避秦王政諱，應當依據秦本而成，保存了秦代的原貌（周飛：《出土〈蒼頡篇〉版本探討》，《出土文獻》第8輯）。2009年，北大簡《蒼頡篇》存1201個字，更接近於秦本原貌（朱鳳翰：《〈北大漢簡蒼頡篇〉概述》，《文物》2011年第6期）。2008年，甘肅永昌水泉子村漢墓出土130多枚木簡，《蒼頡篇》存1000餘字。内容與居延、敦煌、阜

陽漢簡相似，所不同的是在四字之後加三字，變成七言句（張存良：《水泉子漢簡七言本〈蒼頡篇〉蠡測》，載《出土文獻研究》第9輯，中華書局2010年版）。《隋志》著録“《三蒼》三卷”注曰，梁有《蒼頡》二卷，東漢司空杜林注，已亡佚。兩《唐志》著録杜林《蒼頡訓詁》二卷、郭璞《三蒼》三卷、張揖《三蒼訓詁》二卷。後有任大椿、孫星衍、陶方琦、梁章鉅、陳其榮、王國維諸家輯本，以王國維《重輯蒼頡篇》最爲著名。但由於古書引文多爲隻言片語，並且多混雜了訓詁之作，因而傳世文獻留下的資料非常有限（梁静：《出土文獻與〈蒼頡篇〉》，《簡帛》2015年第1期；梁静：《出土〈蒼頡篇〉研究》，科學出版社2015年版；林素清：《蒼頡篇研究》，《漢學研究》1987年第1期；王重民：《蒼頡篇輯本述評》，《輔仁學志》1933年第1期）。

［2］【今注】李斯：楚上蔡（河南上蔡縣西南）人。荀卿的弟子。入秦爲秦相吕不韋舍人。後被任爲客卿，升廷尉。秦統一後，任丞相。主張廢分封，焚詩書，禁私學，統一文字。秦始皇死後，與趙高立胡亥爲秦二世。後被趙高所誣，以腰斬處死。

［3］【今注】車府令：秦官名。掌皇帝乘輿及出行。《史記》卷八七《李斯列傳》作“中車府令”。　趙高：戰國末年趙國人。趙亡後入秦，爲宦者。通獄法，曾教胡亥。秦始皇以爲中車府令兼行符璽令事。秦始皇死後，趙高與胡亥僞造詔書，立胡亥爲皇帝，自己任郎中令。李斯死後，其任中丞相；又殺秦二世，立子嬰爲秦王。後被子嬰所殺。

［4］【今注】太史：秦奉常屬官太史令的簡稱。掌文書典籍、史書曆法、天文祭祀等。　胡母敬：任太史令。其他事迹不詳。案，王應麟《考證》引《説文解字叙》曰，七國文字字形各異。秦朝兼併天下，丞相李斯奏統一文字，李斯作《倉頡篇》，中車府令趙高作《爰歷篇》，太史令胡母敬作《博學篇》，均以史籀大篆進行簡化，稱小篆。此本即李斯本與五十五章的“閭里書師本”之間未經“閭里書師”斷六十字爲一章的《蒼頡篇》。《隋志》、兩

《唐志》無著録，已亡佚。

《凡將》一篇。[1]司馬相如作。[2]

[1]【今注】案，此書爲字書，所收文字七字一句，没有重複字。《隋志》著録《勸學》一卷，注云“梁有司馬相如《凡將篇》”。兩《唐志》著録《凡將篇》一卷，《宋志》無著録。張澍《蜀典》卷一〇上《司馬相如氣候值時書》。王愔《文字志》云：“司馬相如采日蟲之禽，屈仰其體，升降其勢，以象四時之氣，爲氣候值時書。”又案，《書史》云：“相如作《凡將篇》，抄辨六律，測尋二氣，采日蟲之禽，屈伸其體，升降其勢，象四時之氣，爲之興降，曰氣候值時書。”

[2]【今注】司馬相如：字長卿，蜀郡成都（今四川成都市）人。景帝時爲武騎常侍。武帝時拜文園令。善作賦。武帝讀所作《子虛賦》，召爲郎。後爲中郎將，奉使通西南夷。本《志》著録司馬相如賦二十九篇。本傳又載《遺平陵侯書》《與五公子相難》《草木書篇》。傳見本書卷五七。有任大椿、顧震福、張澍、黄奭、馬國翰、王紹蘭、龍璋輯本。

《急就》一篇。[1]元帝時黄門令史游作。[2]

[1]【今注】案，漢元帝時黄門令史游所編的識字課本。顔師古《急就章叙》稱，司馬相如作《凡將篇》，史游景慕，仿照並擴充此書。晁公武稱此書共三十二章，雜記姓名、諸物、五官等字，以教童蒙。七字一句，共一千三百九十四字。所謂急就，指文字難知，需知道文字時可從此書中查到。此書書寫者較多，有漢張芝，魏鍾繇，吴皇象，晉衛夫人、王羲之、索靖，北魏崔浩，唐陸柬之等。注者有東漢曹芳、周豆、盧氏，北齊顔之推，唐顔師古等。

《隋志》著録《急就章》一卷，漢黄門令史游撰。兩《唐志》著録《急就章》一卷，史游撰，曹壽解。《宋志》著録史游《急就章》一卷。今存顔師古注本，有《四部叢刊》景涉園藏明抄本，共三十二章，一千零十六字，未分章，有重複字。王應麟有《急就篇補注》。孫星衍有《急就章考異》一卷。敦煌出土漢簡，但衹有百餘字。王國維撰《急就篇合校》。顔師古本比皇象本多六十三字，而少《齊國》《山陽》二章。皇象本三十四章，末《齊國》《山陽》二章爲後漢人所加。本《志》又載，元帝時《急就篇》、成帝時《元尚篇》，皆蒼頡中正字。則兩者文字當有聯繫（周飛、時遂營：《〈蒼頡篇〉與〈急就篇〉關係初探》，《出土文獻》第12輯，中西書局2018年版）。

［2］【今注】元帝：劉奭，公元前48年至前33年在位。紀見本書卷九。　黄門令：官名。漢少府屬官。由宦者充任。掌省中諸宦者。秩六百石。　史游：事迹不詳。

《元尚》一篇。[1]成帝時將作大匠李長作。[2]

［1］【今注】案，此書皆取《倉頡》五十五章，三千三百字之内而各篹其辭，皆《蒼頡》中正字。因篇首有“元尚”二字，故名。《隋志》、兩《唐志》無著録，已亡佚。

［2］【今注】將作大匠：官名。原作“將作少府”，漢景帝中元六年（前144）改名。掌修建宫室、宗廟、陵寢及其他土木工程，並種植桐梓等樹木於道側。秩二千石。　李長：事迹不詳。

《訓纂》一篇。[1]揚雄作。[2]

［1］【今注】案，王應麟《考證》引本書卷八七下《揚雄傳下》贊：“史篇莫善於《蒼頡》，作《訓纂》。”王先謙《漢書補注》

據此認爲，此書是“順續《蒼頡》之作”。《説文解字叙》稱，漢宣帝時，召能讀《倉頡》的，有張敞、杜業、爰禮、秦近等人。漢平帝時，徵爰禮等百餘人説文字於未央宫中，以爰禮爲小學元士。黄門侍郎揚雄采以作《訓纂篇》。《隋志》著録《三蒼》三卷，郭璞注，包括秦相李斯作《蒼頡篇》、漢揚雄作《訓纂篇》、東漢郎中賈魴作《滂喜篇》。清馬國翰輯《訓纂》一卷。

［2］【今注】揚雄：字子雲，蜀郡成都（今四川成都市）人。少而好學，不爲章句，通訓詁而已。成帝時，爲待詔。後爲郎，給事黄門。王莽時，校書天禄閣上。撰《反離騷》《甘泉賦》《河東賦》《長楊賦》《校獵賦》等。續《倉頡篇》作《訓纂篇》。本《志》有揚雄賦十二篇。傳見本書卷八七下。

《别字》十三篇。[1]

［1］【今注】案，錢大昕《三史拾遺》稱，此書即揚雄所撰《方言》十三卷，本名《輶軒使者絶代語釋别國方言》，或稱《别字》，或稱《方言》。《後漢書》卷四二《光武十王傳》載，東平王劉蒼死後，漢章帝下詔封其所作文字，其中有《别字》。《後漢書》卷七九上《儒林傳上》載，讖書非聖人所作，其中多近鄙别字。别字如同俗字。《四庫全書總目提要》稱，自東漢末應劭《風俗通義》始稱揚雄作《方言》。但許慎《説文解字》引揚雄説，其文字均不見於《方言》，而所引内容與《方言》相同的，又不標明出自《方言》。應劭《序》稱《方言》九千字，但今本有一萬一千九百餘字。或是揚雄撰此書而未成，故《七略》不載，《漢志》也不著録。後由侯芭等人收集殘稿，私下傳授。其後以《漢志》所載《别字》十三篇作爲《方言》。《隋志》著録《方言》十三卷，揚雄撰，郭璞注。兩《唐志》著録《别國方言》十三卷，揚雄撰。注本有戴震《方言疏證》、錢繹《方言箋疏》，近人吴曉鈴《方言校

篹》。

《蒼頡傳》一篇。[1]

[1]【今注】案，此書爲解説《蒼頡》的著作。姚振宗《條理》稱，宣帝以後能解説《蒼頡篇》的有齊人、張敞、杜鄴、爰禮、秦近、張吉、張竦、杜林等人。此書或成於衆，故不署撰者。《隋志》、兩《唐志》無著録，已亡佚。

揚雄《蒼頡訓纂》一篇。[1]

[1]【今注】案，姚振宗《條理》稱，此書當合《蒼頡》《訓纂》爲一，又替换《蒼頡》中重複的字，加以訓詁，共八十九章。《隋志》、兩《唐志》無著録，已亡佚。清黄奭輯《蒼頡訓纂》一卷。

杜林《蒼頡訓纂》一篇。[1]

[1]【今注】案，此書應當也是取《倉頡》五十五篇，重新編纂，並加以詁訓。王先謙《漢書補注》認爲，此當在揚雄所作外，有所增益，故各自成書。杜林，字伯山，扶風茂陵（今陝西興平市東北）人。少好學，多藏書。初爲郡吏。得漆書《古文尚書》一卷。官至少府、大司空。傳見《後漢書》卷二七。

杜林《蒼頡故》一篇。[1]

[1]【今注】案，此書即杜林爲《蒼頡篇》所作訓故。《隋志》

著録梁有《倉頡》二卷，東漢司空杜林注，亡。《唐志》著録《蒼頡訓詁》二卷，杜林撰。馬國翰輯《蒼頡訓詁》一卷，王紹蘭輯《杜林訓詁逸文》一卷。

凡小學十家，[1]三十五篇。[2]入揚雄、杜林二家二篇。[3]

[1]【今注】案，按分行算共十二條，合十二家，後入之揚雄、杜林各重出一條，删去兩家，則爲十家。

[2]【今注】案，按上文所列篇數，當爲三十七篇。三，蔡琪本同，大德本、殿本作“四”。如若李賡藝言，“六技”爲“八篇”之訛，以篇數核之正合此數。入揚雄、杜林二家二篇。周壽昌《漢書注校補》認爲，上文《八體六技》如作“八體八篇”。

[3]【今注】案，“二篇”，蔡琪本同，大德本作“一篇”，殿本作“三篇”。因上文有揚雄《蒼頡訓纂》一篇、杜林《蒼頡訓纂》一篇、杜林《蒼頡故》一篇，當作“三篇”。

《易》曰：“上古結繩以治，後世聖人易之以書契，百官以治，萬民以察，蓋取諸《夬》。”[1]“《夬》，揚于王庭”，[2]言其宣揚于王者朝廷，其用最大也。古者八歲入小學，故《周官》保氏掌養國子，[3]教之六書，謂象形、象事、象意、象聲、轉注、假借，造字之本也。[4]漢興，蕭何草律，[5]亦著其法，曰：“太史試學童，[6]能諷書九千字以上，乃得爲史。[7]又以六體試之，[8]課最者以爲尚書、御史、史書令史。[9]吏民上書，字或不正，輒舉劾。”[10]六體者，古文、奇字、篆書、隸書、繆篆、蟲書，[11]皆所以通知古今文字，摹印章，書幡信也。古制，書必同文，不知則闕，問諸故老，至於衰世，是非無正，人用其私。[12]故孔子曰："吾猶及史之闕文也，今亡矣夫！"[13]蓋傷其寖不正。[14]《史籀篇》者，周時史官教學童書也，與孔氏壁中古文異體。《蒼頡》七章者，秦丞相李斯所作也；《爰歷》六章者，車府令趙高所作也；《博學》七章者，太史令胡母敬所作也；文字多取《史籀篇》，而篆體復頗異，所謂秦篆者也。是時始建隸書矣，[15]起於官獄多事，苟趨省易，[16]施之於徒隸也。[17]漢興，閭里書師合《蒼頡》《爰歷》《博學》三篇，[18]斷六十字以爲一章，凡五十五章，并爲《蒼頡篇》。[19]武帝時司馬相如作《凡將篇》，無復字。[20]元帝時黄門令史游作《急就篇》，成帝時將作大匠李長《元尚篇》，皆《蒼頡》中正字也。《凡將》則頗有出矣。[21]至元始中，[22]徵天下通小學者以百數，各令記字於庭中。[23]揚雄取其有用者以作《訓纂篇》，順續《蒼頡》，又易《蒼頡》中重復之字，凡八十九章。臣復續揚雄作十三章，凡一百二章，[24]無復字，六藝群書所載略備矣。《蒼頡》多古字，俗師失其讀，宣帝時徵齊人能正讀者，張敞從受之，[25]傳至外孫之子杜林，爲作訓故，并列焉。

[1]【顔注】師古曰：下繫之辭。【今注】案，姚明煇《注解》引鄭康成説，結繩指大事大結其繩，小事小結其繩。以書刻於木片邊緣以記事，刻木謂之書契，各持其一，以相契合。但來知德《周易集注》認爲，結繩，以繩結兩頭，中割斷之，各持其一，以

爲他日之對照查驗。結繩而治，並非指君王結繩而治，而是當百姓結繩記事時，爲君者於此時而進行治理。書，即文字，指通過文字以記事。契，即約定，指通過文字記事來治理考察百官和萬民，以使百官和萬民不敢欺騙。所謂“夬”，指有書契則考核精詳，稽驗明白，如同君子之決斷小人，小人不得欺騙。《易·繫辭》作：“上古結繩而治，後世聖人易之以書契，百官以治，萬民以察，蓋取諸《夬》。”

［2］【顔注】師古曰：夬卦之辭。【今注】揚于王庭：卦辭作“夬。揚于王庭。孚號有厲。告自邑，不利即戎。利有攸往”。孔穎達疏：“夬，以剛決柔，施之于人，則是君子決小人也。王庭是百官所在之處。以君子決小人，故可以顯然發揚決斷之事於王者之庭，示公正而無私隱也。”

［3］【顔注】師古曰：保氏，地官之屬也。保，安也。【今注】案，本書《食貨志上》載，八歲入小學，學六甲、五方、書計之事，始知室家長幼之節。《白虎通·辟雍》云：“以爲八歲毁齒，始有識知，入學學書計。七八十五，陰陽備，故十五成童志明，入大學，學經籍。” 保氏：官名。《周禮》地官之屬，掌勸諫王之過失並教養國子六藝。

［4］【顔注】師古曰：象形，謂畫成其物，隨體詰屈，日、月是也。象事，即指事也，謂視而可識，察而見意，上、下是也。象意，即會意也，謂比類合誼，以見指撝，武、信是也。象聲，即形聲，謂以事爲名，取譬相成，江、河是也。轉注，謂建類一首，同意相受，考、老是也。假借，謂本無其字，依聲託事，令、長是也。文字之義，總歸六書，故曰立字之本焉。【今注】案，師古所注實本於許慎《説文解字叙》。

［5］【顔注】師古曰：草，創造之。【今注】蕭何：傳見本書卷三九。本書《刑法志》載，蕭何作律九章。本書卷一下《高紀下》載，劉邦命蕭何次律令。

［6］【今注】太史：官名。漢九卿之一太常屬官太史令的簡稱。掌天文、曆法、史書。秩六百石。

［7］【今注】史：秦漢時期掌管文書的吏。案，此句指能背誦九千字以上的六藝經文，纔可以作吏（陳淑梅：《“能諷書九千字乃得爲史”解》，《古漢語研究》1998年第3期）。

［8］【今注】六體：楊樹達《漢書窺管》引李賡芸説，許慎《説文解字叙》曰：“學僮十七以上始試，諷籀書九千字，乃得爲吏，又以八體試之。”此“六”乃八字之誤。《説文解字叙》載“八體”，即大篆、小篆、刻符、蟲書、摹印、署書、殳書、隸書。張家山漢簡《二年律令·史律》也作“有以八體試之”。

［9］【顔注】韋昭曰：若今尚書蘭臺令史也。臣瓚曰：史書，今之太史書。【今注】課最：漢代對官吏的考核，最好的稱“課最”。每年一上計，三年一考察治狀（于振波：《漢代官吏的考課時間與方式》，《北京大學學報》1994年第5期）。　尚書：官名。掌文書章奏，爲少府屬官。武帝時，重用尚書，稱中書。武帝又設中書謁者令，由宦者擔任，參與議政，宣示詔命，地位逐漸重要。　御史：官名。御史大夫屬官。由御史丞、御史中丞統領。掌文書典籍、監察百官。　史書令史：官名。掌文書章奏、通曉六體書的吏員。《漢書疏證》云，太史考察善史書的，以補史書令史，而分隸於尚書、御史。周壽昌《漢書校注補》據《後漢書·百官志》謂，尚書屬令史十八人，二百石。又注引《古今注》云，永平三年七月，增尚書令史員，又班固、傅毅皆爲蘭臺令史，則此史書令史應該同於蘭臺令史（參見劉曉滿《秦漢令史考》，《南都學壇》2011年第4期）。案，《説文解字叙》載《尉律》作“最者以爲尚書史”。張家山漢簡《二年律令·史律》作“取最一人以爲其縣令史”。

［10］【今注】案，《説文解字叙》載《尉律》“學僮十七已上始試，諷籀書九千字乃得爲吏；又以八體試之。郡移太史并課，最

者以爲尚書史。書或不正，輒舉劾之”，與此處記載不同。張家山漢簡《二年律令·史律》載：“〔試〕史學童以十五篇，能風書五千字以上，乃得爲史。有以八體試之，郡移其八體課大史，大史誦課，取冣一人以爲其縣令史。”

［11］【顔注】師古曰：古文謂孔子壁中書。奇字則古文而異者也（則，蔡琪本同，大德本、殿本作“即”）。篆書雖小篆，蓋秦始皇使程邈所作也。隸書亦程邈所獻，生於徒隸，從簡易也。繆篆謂其文屈曲纏繞，所以摹印章也。蟲書謂爲蟲鳥之形，所以書幡信也。

［12］【顔注】師古曰：各任私意而爲字。

［13］【顔注】師古曰：《論語》載孔子之言，謂文字有疑，則當闕而不説。孔子曰言（曰，蔡琪本、殿本同，大德本作“自”），我初涉學，尚見闕文，今則皆無，任意改作也。【今注】案，此句見《論語·衛靈公》。原文作：“吾猶及史之闕文也。有馬者借人乘之，今亡已夫！”此句指孔子感傷字書殘缺，文字漸漸不統一，字形混亂。古稱字書爲“史”，代指掌文字的官吏。《論語注疏》正義曰，史是掌書之官。古之良史於書字有疑則闕之，以待能者，不敢穿鑿附會。孔子所説，這如同自己有馬而不能調教，而借人乘之，而馬已丢失。

［14］【顔注】師古曰：寖，漸也。

［15］【今注】案，建，蔡琪本、殿本同，大德本作“造”。

［16］【顔注】師古曰：趨讀曰趣，謂趣向之也。易，音弋豉反。【今注】案，指漢字筆畫由篆書轉爲隸書，以趨於簡易。許慎《説文解字叙》作“秦燒滅經書，滌除舊典，大發吏卒，興戍役，官獄職務繁，初有隸書，以趣約易，而古文由此絶矣”。

［17］【今注】案，段玉裁注《説文叙》引晉衛恒説謂，“秦既用篆，奏事由多，篆字難成，即令隸人佐書，曰隸字”。唐張懷瓘《書斷》卷上謂，隸書爲秦下邽人程邈所造。程邈，字元岑，爲衙

縣獄吏，因得罪秦始皇被繫於雲陽獄中，用十年時間製成隸書三千字上奏。因這種文字爲隸人所造，故名隸書。

［18］【今注】閭里：鄉里。代指民間。閭，漢代里的外門和內門有專稱，外部之門爲"閭"，內部之門爲"閻"。里設里門若干，定時開閉，有專人管理，統一時間出入。　書師：漢代私學的教師（參見晉文《漢代私學淺説》，載《秦漢研究》第1輯，三秦出版社2007年版）。

［19］【顔注】師古曰：并，合也，總合以爲《蒼頡篇》也。

［20］【顔注】師古曰：復，重也，音扶目反。後皆類此。

［21］【今注】案，指《凡將篇》收録了很多不見於《蒼頡篇》的文字。

［22］【今注】元始：漢平帝年號（1—5）。

［23］【今注】案，本書《平紀》載，元始五年，徵天下通知逸經、古記、天文、曆算、鍾律、小學、史篇、方術、本草及以五經、論語、孝經、爾雅教授者，詣京師。

［24］【顔注】韋昭曰：臣，班固自謂也。作十三章，後人不別，疑在蒼頡下章三十四章中（下章，蔡琪本同，大德本、殿本作"下篇"）。【今注】案，指《蒼頡》先爲五十五章，揚雄續易爲八十九章，班固又續十三章，共一百二章。二，蔡琪本同，大德本、殿本作"三"。

［25］【今注】張敞：字子高。其祖父本居河東平陽（今山西臨汾市南），後隨漢宣帝徙居杜陵（今陝西西安市東南）。官至山陽太守、京兆尹。治《春秋》，善於經術。傳見本書卷七六。

凡六藝一百三家，三千一百二十三篇。[1]入三家，一百五十九篇；[2]出篇重十一篇。[3]

［1］【今注】案，上文所載六藝家數、篇數並不誤，但陳國慶

《彙編》云，共一百十七家，三千零八十二篇，多十四家，少四十一篇。姚振宗《條理》認爲，當爲一百三十一家，一家無篇數，共三千零七十四篇，圖一。缺二十八家，多出四十八篇。姚明煇《注解》則稱有三千零八十五篇，圖書一百五十九篇。

[2]【今注】案，姚振宗《條理》云，入三家指尚書、禮、小學。入一百五十九篇，指尚書家入劉向《稽疑》一篇，禮家入《軍禮司馬法》百五十五篇，小學家入揚雄、杜林二家三篇。

[3]【今注】案，指《樂》出淮南、劉向等《琴頌》七篇，《春秋》省《太史公》四篇。

六藝之文：《樂》以和神，仁之表也；《詩》以正言，義之用也；《禮》以明體，明者著見，故無訓也；《書》以廣聽，知之術也；《春秋》以斷事，信之符也。[1]五者，蓋五常之道，[2]相須而備，而《易》爲之原。故曰"《易》不可見，則乾坤或幾乎息矣"，[3]言與天地爲終始也。至於五學，[4]世有變改，猶五行之更用事焉。[5]古之學者耕且養，三年而通一藝，[6]存其大體，玩經文而已，[7]是故用日少而畜德多，[8]三十而五經立也。[9]後世經傳既已乖離，[10]博學者又不思多聞闕疑之義，[11]而務碎義逃難，[12]便辭巧說，[13]破壞形體；[14]説五字之文，至於二三萬言。[15]後進彌以馳逐，[16]故幼童而守一藝，白首而後能言；安其所習，毁所不見，[17]終以自蔽。[18]此學者之大患也。序六藝爲九種。[19]

[1]【今注】案，《荀子·勸學》《莊子·天下》《禮記·經解》《淮南鴻烈·泰族訓》《春秋繁露·玉杯》均有總結六藝功用

的相關内容，但《白虎通義·五經》關於六藝與五常的關係，“經，常也，有五常之道，故曰五經。樂仁，書義，禮禮，易智，詩信也”與此不同。《史記》卷一三〇《太史公自序》載：“《易》著天地陰陽四時五行，故長於變；《禮》經紀人倫，故長於行；《書》記先王之事，故長於政；《詩》記山川谿谷禽獸草木牝牡雌雄，故長於風；《樂》樂所以立，故長於和；《春秋》辯是非，故長於治人。”《史記》卷一二六《滑稽列傳》載孔子説：“《禮》以節人，《樂》以發和，《書》以道事，《詩》以達意，《易》以神化，《春秋》以道義。”

［2］【今注】五常：即仁、義、禮、智、信。

［3］【顔注】蘇林曰：不能見《易》意，則乾坤近於滅息也。師古曰：此上繫之辭也。幾，近也，音鉅依反。【今注】案，來知德《周易集注》云，《易》之所以稱爲易，是因爲乾九、坤六的變易，這兩个不成立則《易》的變易不可見，故九六毁而不成列，則無以見其爲易。易不可見，則乾坤九六兩者之用停息。乾坤未嘗毁，亦未嘗息，特以爻畫之九六若不成列，則無以見其變易之理。幾，將近。息，熄滅。

［4］【今注】五學：指五經《詩》《書》《禮》《樂》《春秋》。因每家均立於學官，故稱五學。

［5］【顔注】師古曰：更，互也，音工衡反。【今注】案，《易》以“道陰陽”，陰陽産生五行，也即五常，成爲五經之原。則陰陽與五行的運行，即如同《易》與五經的關係。五行之於五常，仁爲木，義爲金，禮爲火，智爲水，信爲土。

［6］【今注】案，揚雄《法言》云：“古者之學耕且養，三年通一經。”劉歆《七略》當取自《法言》。三，蔡琪本、大德本同，殿本作“二”。

［7］【今注】玩：研習、體味。

［8］【顔注】師古曰：畜讀曰蓄。蓄，聚也。《易·大畜》卦

象辭曰："君子以多識前言往行，以畜其德。"【今注】畜：通蓄，聚也。

[9]【今注】案，顧實《講疏》認爲，因孔子十五志學，三十而立，故漢代學者有三十而五經立的説法。

[10]【今注】乖離：背離。

[11]【顔注】師古曰：《論語》稱孔子曰"多聞闕疑，慎言其餘，則寡尤"。言爲學之道，務在多聞，疑則闕之，慎於言語，則少過也，故《志》引之。

[12]【顔注】師古曰：苟爲僻碎之義，以避佗人之攻難者（佗，蔡琪本、殿本同，大德本作"它"），故爲便辭巧説，以析破文字之形體也。【今注】案，此句指訓詁家注經，祇是瑣碎地注解經文之義，誤解並破壞字義，而又逃避疑難之處。碎義，支離破碎的解説。逃難，避開難點。

[13]【今注】便（pián）辭巧説：指能言善辯，巧爲立説。便辭，花言巧語。如《説文解字叙》所云："馬頭人爲長，人持十爲斗，蟲者屈中也。"

[14]【今注】破壞形體：指儒者改經文文字以應合自己的解説，所論文字至數萬言。即漢代章句學的治學方法。

[15]【顔注】師古曰：言其煩妄也。桓譚《新論》云秦近君能記《堯典》（《講疏》稱，"秦近君"乃"秦延君"之訛；記，蔡琪本、大德本同，殿本作"説"），篇自兩字之説至十餘萬言，但説"曰若稽古"二三萬言（二三萬，蔡琪本同，大德本、殿本作"三萬"）。

[16]【今注】馳逐：向往追隨。

[17]【顔注】師古曰：己所常習則保安之，未常所見者則妄毁誹（常，蔡琪本同，大德本、殿本作"嘗"）。【今注】案，此句指人們往往安於自己習慣的事物，對於未見過的則常常予以詆毁否定。安，安於、保護。毁，詆毁、誹謗。

[18]【今注】自蔽：被自己的做法、成見掩蔽。

[19]【今注】案，《漢志》對於六藝之外其他書的安排，是根據其與六藝的關係。王先謙《漢書補注》云，叙六藝兼及《論語》、《孝經》、小學。叙六藝兼及以下各種書，將《論語》自儒家類置於六藝，爲尊崇孔子；移《孝經》於六藝，尊其書與孔有關。《弟子職》也因《孝經》而入六藝類。《爾雅》《古今字》等爲解釋經文字義，故與五經雜義附於後。

《晏子》八篇。[1]名嬰，謚平仲，相齊景公，[2]孔子稱善與人交，有列傳。[3]

[1]【今注】案，此書應該是後人采輯晏子言行事迹而成，由劉向編定，並非晏子親撰。當成書於戰國時期。劉向《别録》曰，此書八篇，其中六篇皆忠諫其君，文章可觀，義理可法，合於六經之義。又有一複重一篇，文辭頗異。又有一篇頗不合於經術，似非晏子言，疑後世辯士所作。《史記》卷六二《管晏列傳》作“晏子春秋”。司馬貞《索隱》按，嬰所著書名《晏子春秋》。今其書有七篇，故下云“其書世多有”。張守節《正義》引《七略》云《晏子春秋》七篇，在儒家。《隋志》、兩《唐志》著録《晏子春秋》七卷，齊大夫晏嬰撰。《宋志》則著録十二卷。《崇文總目》著録《晏子春秋》十二卷，《晏子》八篇，今亡。《四庫全書總目提要》列入史部。孫星衍則認爲《晏子》非僞書，疑出於齊之《春秋》，成於戰國之後（《晏子春秋平津館刻本序》）。1972 年，山東臨沂銀雀 1 號漢墓出土簡本《晏子春秋》十六章，篇章分合與今本不同。1973 年，河北定縣（今定州市）八角廊出土的西漢竹簡《儒家者言》中也有兩章與晏子有關的内容。1977 年，安徽阜陽雙古堆漢墓出土的篇題木牘中，有“晏子聘於魯”一題。此書在劉向編訂之前，已有不同文本（劉嬌：《從相關出土材料看晏子書的流

傳》，《中國典籍與文化》2008 年第 3 期）。關於此書的研究，有孫星衍、錢熙祚、顧廣圻校本。另有清蘇輿《晏子春秋集校》，民國劉師培《晏子春秋斠補定本》，近人張純一《晏子春秋校注》、吴則虞《晏子春秋集釋》、駢宇騫《銀雀山漢墓竹簡〈晏子春秋〉校釋》、陳瑞庚《晏子春秋考辯》。晏子，名嬰，謚平仲（司馬貞《索隱》稱謚平，字仲），萊之夷維（今山東高密市）人。事齊靈公、莊公、景公，以節儉力行重於齊。起用越石父。任齊相。

［2］【今注】齊景公：名杵臼。齊莊公異母弟。以崔杼爲右相，慶封爲左相。在位期間，朝政混亂，好治宫室，厚賦重刑。公元前 500 年，與魯定公會於夾谷。在位五十八年。

［3］【顔注】師古曰：有列傳者，謂太史公書。【今注】案，晏子傳見《史記》卷六二。

《子思》二十三篇。[1]名伋，孔子孫，爲魯繆公師。[2]

［1］【今注】案，此書包括子思所記孔子言論、子思著作、各種典籍所載子思言行及子思門人著作（郭沂：《郭店竹簡與先秦學術思想》，上海教育出版社 2001 年版，第 419—422 頁）。《隋志》、兩《唐志》、《宋志》著録《子思子》七卷，晁公武《郡齋讀書志》卷一〇著録《子思子》七卷。《四庫全書總目提要》著録宋汪晫編《子思子》一卷，共九篇，已非此書原貌。今僅存《禮記》中《中庸》《表記》《坊記》《緇衣》四篇。有學者認爲，郭店楚簡《緇衣》《五行》《魯穆公》等屬於子思之儒的佚篇（李學勤：《荆門郭店楚簡中的〈子思子〉》，《文物天地》1998 年第 2 期；姜廣輝：《郭店楚簡與〈子思子〉——兼談郭店楚簡的思想史意義》，《哲學研究》1998 年第 7 期）。但也有學者指出，郭店楚簡更接近《禮記》（李澤厚：《初讀郭店竹簡印象記要》，《中國哲學》第 21 輯；陳來：《郭店簡可稱“荆門禮記”》，《人民政協報》1998 年 8 月 3

日）。上博簡《從政》篇乃《子思子》佚篇（楊朝明：《上博竹書〈從政〉篇與〈子思子〉》，《孔子研究》2005年第2期）。清有黄以周、馮雲鵷、洪頤煊、顧觀光輯本。以黄以周輯本更爲接近原貌（李健胜：《輯佚本〈子思子〉考釋》，《淮陰師範學院學報》2010年第3期）。孔伋，字子思。作《中庸》。

［2］【今注】魯繆公：名顯。《史記》卷三三《魯周公世家》司馬貞《索隱》稱《系本》"顯"作"不衍"。悼公之孫。馬驌《繹史》卷一〇四《戰國第四·魯穆公用賢》載，穆公問子思，又以公儀休爲相。在位三十三年。又作"魯穆公"。

《曾子》十八篇。[1]名參，孔子弟子。

［1］【今注】案，王應麟《考證》稱此書"與弟子論立身孝行之要，天地萬物之理"。晁公武《郡齋讀書志》稱，《隋志》著録《曾子》二卷、《目》一卷，《唐志》著録《曾子》二卷。今此書亦二卷，凡十篇，爲唐本。今《大戴禮》中，自《曾子立事》（或作"修身"）至《曾子天圓》十篇，即晁公武所言《曾子》，其間有弟子所記部分（羅新慧：《郭店楚簡與〈曾子〉》，《管子學刊》1999年第3期）。比《漢志》著録少八篇，又比《隋志》少《目》一篇。《宋志》《直齋書録解題》皆著録《曾子》二卷。《四庫全書總目提要》有汪晫重輯本，凡十二篇。上博簡《内禮》與《曾子立孝》《曾子事父母》有着密切的關係，證明《曾子》十篇確爲曾子語録（劉光勝：《出土文獻與〈曾子〉篇比較研究》，緒論第3頁）。關於曾子的研究著作主要有阮元《曾子注釋》四卷《叙録》一卷，魏源《曾子章句》一卷，嚴式誨輯《重輯曾子遺書》十四卷，王永輝、高尚舉《曾子輯校》。曾子，即曾參。字子輿，費縣南武城（今山東平邑縣東南，一説嘉祥縣南武城西南）人。年二十二，入孔門就學。孔子死後，授徒講學（參見羅新慧《曾子生平考

析》,《學術月刊》2000 年第 2 期)。

《漆雕子》十三篇。[1]孔子弟子漆雕啓後。[2]

[1]【今注】案，此書内容中應該有漆雕啓關於《尚書》學、言《禮》的言論，關於性的理論（董龍光：《〈漆雕子〉蠡測》,《陰山學刊》2019 年第 4 期)。陶潛《聖賢群輔録》載，"漆雕氏傳禮爲道，爲恭儉莊敬之儒"。《隋志》、兩《唐志》無著録，已亡佚。馬國翰輯《漆雕子》一卷。漆雕子，名啓（《史記》卷六七《仲尼弟子列傳》作"開"，避景帝諱)，字子開。鄭玄稱其爲魯人,《孔子家語》曰"蔡人，字子若，少孔子十一歲"（錢穆《先秦諸子繫年》認爲漆雕啓生於公元前 510 年)。習《尚書》，不樂出仕。《韓非子・顯學》有"漆雕氏之儒"。雕，蔡琪本、殿本同，大德本作"彫"。下同不注。

[2]【今注】案，楊樹達《漢書窺管》稱，"後"字當爲衍文，漆雕啓亦當爲孔子弟子。

《宓子》十六篇。[1]名不齊，字子賤，孔子弟子。

[1]【今注】案，王充《論衡・本性》曰："宓子賤、漆雕開、公孫尼子之徒亦論情性，與世子相出入，皆言性有善有惡。"東漢後亡佚。《隋志》、兩《唐志》皆不載，久佚。有馬國翰輯《宓子》一卷，王連龍《宓子佚文輯補》載，宓（mì）不齊，魯人，孔子稱其爲君子，爲單父宰（《圖書館雜志》2010 年第 1 期)。

《景子》三篇。[1]説宓子語，[2]似其弟子。

［1］【今注】案，翟灝《四書考異》云，《孟子·公孫丑》有“景丑”，稱景丑爲景子，其觀點有父子主恩、君臣主敬，及引《禮》“父召”“君召”的相關文字，景丑似即著書之景子。沈欽韓《漢書疏證》也有相同觀點。此書《隋志》、兩《唐志》無著録，已亡佚。馬國翰輯《景子》一卷。景子，應當出自齊國王族。

［2］【顔注】師古曰：宓讀與伏同。

《世子》二十一篇。[1]名碩，陳人也，[2]七十子弟子。

［1］【今注】案，王充《論衡·本性》載：“周人世碩以爲人性有善有惡。舉人之善性，養而致之則善長；性惡，養而致之則惡長。如此則性各有陰陽善惡，在所養焉。故世子作《養書》一篇。”疑即此書。郭店楚簡《五行》或爲世子著作，經文爲子思之説，傳文乃世子之意（丁四新：《郭店楚墓竹簡思想研究》，第208頁；李學勤：《從簡帛佚籍〈五行〉談到〈大學〉）。《隋志》、兩《唐志》皆不載，已亡佚。馬國翰輯《世子》一卷。世碩，陳（今河南淮陽縣）人，孔子再傳弟子。

［2］【今注】陳：西周封國名。嬀姓。武王封舜後裔胡公滿於陳。都宛丘（今河南淮陽縣）。

《魏文侯》六篇。[1]

［1］【今注】案，《禮記·樂記》第十一篇爲《魏文侯》，載魏文侯問樂。馬國翰稱，散於諸書中的《魏文侯》佚文“中多格言，湛深儒術，而容直納諫之高風，尊賢下士之盛德，尤足垂範後世焉”。此書久佚。馬國翰輯《魏文侯書》一卷。魏文侯，名都（《世本》作“斯”）。最爲好古，受經於子夏。任用魏成子、翟璜、李悝、樂羊、吴起、西門豹等人治魏。

《李克》七篇。[1]子夏弟子，爲魏文侯相。

[1]【今注】案，此書内容能握政術之要。陸德明《經典釋文叙録》稱“子夏傳曾申，申傳魏人李克”。馬國翰輯《李克書》一卷。李克，又作“李悝”，子夏再傳弟子。在魏國進行改革，提出盡地力之教，有富國强兵之功，著《法經》。本《志》“法家”著録《李子》三十二篇、“兵權家”著録《李子》十篇。

《公孫尼子》二十八篇。[1]七十子之弟子。

[1]【今注】案，王充《論衡·本性》稱公孫尼子亦論情性，言性有善有惡。《春秋繁露·循天之道》引《公孫之養氣》載公孫尼子説養氣。《隋書·音樂志》引沈約語，謂“《樂記》取《公孫尼子》”。劉瓛稱《禮記·緇衣》爲公孫尼子所作。《隋志》、兩《唐志》著録《公孫尼子》一卷，《宋志》無著録，已亡佚。《意林》卷二有《公孫尼子》一卷。有馬國翰、洪頤煊、顧觀光輯本。公孫尼，爲孔子再傳弟子，而《隋志》則稱似孔子弟子。《韓非子·顯學》云：“孔子死後，儒分爲八，有公孫氏之儒。”本《志》“雜家”著録《公孫尼》一篇，疑與此非一書。

《孟子》十一篇。[1]名軻，[2]鄒人，子思弟子，有列傳。

[1]【今注】案，此書記載孟子言行事迹，當爲孟子門人後學編次而成。《史記》卷七四《孟子荀卿列傳》載，“退而與萬章之徒序《詩》《書》，述仲尼之意，作《孟子》七篇”。趙岐《孟子題辭》言，七篇二百六十一章，三萬四千六百八十五字。又有外書四篇《性善》《辯文》《説孝經》《爲政》，應當爲後世依託。南宋朱

熹取《孟子》《論語》《大學》《中庸》編成四書。《直齋書録解題》列入經部。《隋志》著録《孟子》十四卷，齊卿孟軻撰，趙岐注；《孟子》七卷，鄭玄注；《孟子》七卷，劉熙注。注：梁有孟子九卷，綦毋邃撰，亡。兩《唐志》同。《宋志》又有陸善經《孟子注》七卷、王雱《注孟子》十四卷、蔣之奇《孟子解》六卷。歷代注《孟子》的，有朱熹《孟子集注》、焦循《孟子正義》，近代楊伯峻《孟子譯注》等。孟子，名軻，字子輿，鄒（今山東鄒城市）人。爲子思門人。以唐、虞、三代之德游説齊宣王、梁惠王，皆不被采納。傳見《史記》卷七四。

［2］【顔注】師古曰：《聖證論》云軻字子車，而此志無字，未詳其所得。

《孫卿子》三十三篇。[1]名況，趙人，爲齊稷下祭酒，有列傳。[2]

［1］【今注】案，即《荀子》。此書“本仲尼而斥諸子，隆禮義而重名法，主性惡而倡人爲，制天命而材萬物，尊先王而法後王，推王霸而舉賢能”（《荀子校釋》前言）。《四庫全書總目提要》稱，此書爲孔氏之支流，其書主旨在於勸學，其學主張修禮，又倡導性惡説。《隋志》著録《孫卿子》十二卷，楚蘭陵令荀況撰。兩《唐志》同。唐楊倞注，分爲二十卷，重新編次，改孫卿爲荀卿。《宋志》著録《荀卿子》二十卷，戰國趙人荀況著。《四庫全書總目提要》著録《荀子》二十卷，共三十二篇。歷代研究注釋《荀子》的著述，有唐楊倞注《荀子》，清王先謙《荀子集解》，李滌生《荀子集釋》，楊柳橋《荀子詁譯》，董治安、鄭傑文匯撰《荀子匯校匯注》，王天海《荀子校釋》等。孫卿子，即荀卿子，避漢宣帝諱改曰孫。名況，趙（都邯鄲，今河北邯鄲市）人。五十歲游學齊國，因遭讒離齊至楚，被春申君任爲蘭陵令，於是“推儒、墨

道德之行事興壞，序列著數萬言”。後居蘭陵。又案，劉向《叙録》云，所校讐中孫卿書凡三百二十二篇，除重複二百九十篇，定爲三十二篇。此處所云三十三篇，當連同劉向的叙而言。

［2］【顔注】師古曰：本曰荀卿，避宣帝諱，故曰孫。【今注】案，王先謙《漢書補注》引謝墉説，孫卿、荀卿並非因避諱，而是因孫、荀二字同音，故發生轉换。

《芊子》十八篇。[1]名嬰，齊人也，[2]七十二子之後。[3]

［1］【顔注】師古曰：芊音弭。【今注】芊（mǐ）子：“芊”與“吁”通。《史記》卷七四《孟子荀卿列傳》載“阿之吁子”。司馬貞《索隱》稱，“吁”音“芈”。《銅熨斗齋隨筆》稱“芊”當作“吁”，今本作“吁”，有誤。《隋志》、兩《唐志》無著録，已亡佚。

［2］【今注】案，芊子爲齊之阿（今山東陽穀縣東北阿城鎮）人。或爲楚人遷至齊國。又，大德本、殿本無“也”字。

［3］【今注】案，七十二，蔡琪本同，大德本、殿本作“七十”。

《内業》十五篇。[1]不知作書者。[2]

［1］【今注】案，疑即《管子·内業第四十九》一篇。《隋志》、兩《唐志》無著録，已亡佚。馬國翰輯《内業》一卷。

［2］【今注】案，馬國翰認爲，此書古已有之，管子記述，内容皆發明大道之旨，與《管子》其他篇不相同。

《周史六弢》六篇。[1]惠、襄之間，[2]或曰顯王時，[3]或曰孔子問焉。

［1］【顔注】師古曰：即今之《六韜》也，蓋言取天下及軍旅之事。弢字與叨同也（叨，蔡琪本、大德本、殿本作“韜”）。【今注】案，當作“周史大弢”。沈濤《銅熨斗齋隨筆》稱，今《六韜》乃文王、武王問太公兵戰之事，而此列於儒家，則非今之《六韜》，“六”乃“大”之誤。《史記·古今人表》有“周史大弢”。定州八角廊漢簡《六韜》，簡文多有“文王、武王問”“太公曰”等字樣，與今傳世《六韜》、《群書治要》引《六韜》、敦煌唐寫本《六韜》、宋本《六韜》相同或相近，但其内容多講政治謀略，不講兵法。今本專論兵法的各章不見於簡本（駢宇騫：《出土簡帛書籍分類述略（兵書略）》，《中國典籍與文化》2006 年第 1 期）。《莊子·則陽》有仲尼問於太史大弢，疑即此人。此書《隋志》、兩《唐志》皆無著録，已亡佚。

［2］【今注】惠：周惠王，名閬。釐王之子。公元前 677 年至前 652 年在位。　襄：周襄王，名鄭。惠王之子。公元前 651 年至前 619 年在位。

［3］【今注】顯王：周顯王，名扁。周威烈王之孫。公元前 368 年至前 321 年在位。

《周政》六篇。[1]周時法度政教。

［1］【今注】案，此書不署撰者。章學誠《校讎通義》云，此書當爲周朝官禮的遺存。不當附於儒家，應入《禮》類。張舜徽《通釋》認爲，此書與下文《周法》，均是關於官制、禮法等的抄録彙編。周，指周備。《隋志》、兩《唐志》皆無著録，已亡佚。

《周法》九篇。[1]法天地，立百官。

[1]【今注】案，此書不署撰者。《隋志》、兩《唐志》皆無著録，已亡佚。

《河間周制》十八篇。[1]似河間獻王所述也。

[1]【今注】案，張舜徽《通釋》認爲，河間獻王修學好古，實事求是。所得書爲古文先秦舊書，又輯録與經傳相表裏的逸文遺典，纂輯成書。此書即其中一種。《隋志》、兩《唐志》皆無著録，已亡佚。

《讕言》十篇。[1]不知作者，陳人君法度。

[1]【顔注】如淳曰：讕，音粲爛。師古曰：説者引《孔子家語》云孔穿所造，非也。【今注】案，張舜徽《通釋》認爲，此書當即《諫言》，即漢代以前儒生輯録古代忠臣進諫之語而成書，内容涉及爲君之道。《隋志》、兩《唐志》皆無著録，已亡佚。因王肅《孔子家語後序》認爲此書爲孔穿所作，故馬國翰從《孔叢子》輯出六篇，成《讕言》一卷，題孔穿撰。

《功議》四篇。[1]不知作者，論功德事。

[1]【今注】案，張舜徽《通釋》認爲，上文《讕言》爲諫君，此書則爲勸臣，均是古代追求致治之術的内容。《隋志》、兩《唐志》皆無著録，已亡佚。

《甯越》一篇。[1]中牟人，[2]爲周威王師。[3]

［1］【今注】案，此書當記載周末甯越的言論。《隋志》、兩《唐志》皆無著録，已亡佚。馬國翰輯《甯子》一卷。湖南慈利楚簡有“寧子曰”簡文，或爲《寧越子》，屬於儒家著作，或爲《甯越》佚文（張春龍：《慈利楚簡概述》，載艾蘭、邢文編《新出簡帛研究　新出簡帛國際學術研討會文集》，文物出版社2004年版，第4—11頁）。甯越，據《吕氏春秋·不廣》《博志》、賈誼《過秦論》、《説苑·尊賢》篇所載，爲六國布衣謀士，勤學不止，爲諸侯之師。

［2］【今注】中牟：春秋時期晉國地名。在今河南鶴壁市西。

［3］【今注】周威王：周威烈王，名午。考王之子。公元前425年至前402年在位。

《王孫子》一篇。[1]一曰《巧心》。

［1］【今注】案，《隋志》著録梁有《王孫子》一卷，亡。兩《唐志》無著録，已亡佚。有嚴可均、馬國翰、顧觀光、王仁俊輯本。巧心，疑爲此書别名。王孫，複姓，其名不詳，當爲戰國時期人。《意林校釋》引《文心雕龍·序志》有“王孫《巧心》”，或“巧心”爲“王孫子”書名。本《志》“兵形勢家”列有《王孫》十六篇，蓋爲另一書。

《公孫固》一篇。[1]十八章。齊閔王失國，[2]問之，固因爲陳古今成敗也。

［1］【今注】案，《史記·十二諸侯年表》載，公孫固、韓非之徒，各往往捃摭《春秋》之文以著書。疑即此人。張舜徽《通釋》認爲，《荀子·强國》引“公孫子曰”，論楚子發伐蔡，擒蔡侯，並辭賞事。且有尚賢使能等説法。《隋志》、兩《唐志》無著

録，已亡佚。

［2］【今注】齊閔王：即齊湣王，姓田名地。宣王子，約公元前300年至前284年在位。

《李氏春秋》二篇。[1]

［1］【今注】案，馬國翰認爲，此人爲戰國時人，沈欽韓《漢書疏證》疑其爲李兑。古代以年月四時紀事，以春秋代表四季，故謂之《春秋》。《隋志》、兩《唐志》無著録，已亡佚。馬國翰輯《李氏春秋》一卷。

《羊子》四篇。[1]百章。故秦博士。

［1］【今注】案，張舜徽《通釋》引《廣韻》平聲十陽羊字下，戰國策有羊千，著書顯名。或即此人。戰國策當爲“戰國時”，至秦爲博士。《隋志》、兩《唐志》無著録，已亡佚。

《董子》一篇。[1]名無心，[2]難墨子。

［1］【今注】案，王充《論衡·福虚》載董子辯難墨家鬼神説。《隋志》著録《董子》一卷，戰國時董無心撰。《舊唐志》著録《董子》二卷，董無心撰。《新唐志》著録《董子》一卷，董無心注。《宋志》著録《董子》一卷，董無心撰。亡佚。馬國翰輯《董子》一卷。

［2］【今注】無心：疑爲戰國時人，其他事迹不詳。《論衡·福虚》云：“儒家之徒董無心，墨家之役纏子，相見講道。纏子稱墨家佑鬼神，是引秦穆公有明德，上帝賜之九十年，纏子難以堯、

舜不賜年，桀、紂不夭死。”

《俟子》一篇。[1]

［1］【顔注】李奇曰：或作侔子。【今注】案，王先謙《漢書補注》云，《風俗通》有俟子，古賢人，著書。《隋志》、兩《唐志》皆無著録，已亡佚。俟（sì）子，姓俟，名不詳。

《徐子》四十二篇。[1]宋外黄人。

［1］【今注】案，此書或載止兵停戰的相關言論。《史記》卷四四《魏世家》載，魏惠王三十年（前340），魏代趙，趙向齊求救。齊宣王派孫臏圍魏救趙。魏軍由龐涓率領，太子申爲上將軍，經過外黄，有徐子向太子上“百戰百勝之術”，勸諫魏軍不攻齊國。後魏軍果然敗於馬陵。《隋志》、兩《唐志》無著録，已亡佚。馬國翰有輯本。徐子，宋外黄（今河南民權縣）人。

《魯仲連子》十四篇。[1]有列傳。

［1］【今注】案，《隋志》著録《魯連子》五卷、《録》一卷，《舊唐志》著録《魯連子》五卷，《新唐志》著録《魯連子》一卷，《宋志》無著録，已亡佚。有洪頤煊、馬國翰、嚴可均、杜文瀾、顧觀光輯本。魯仲連，齊人。好奇偉俶儻之劃策，而不肯仕官任職，好持高節。游趙，諫止趙尊秦爲帝，勸燕將放棄聊城。後逃隱於海上。傳見《史記》卷八三。

《平原老》七篇。[1]朱建也。[2]

［1］【今注】案，《隋志》、兩《唐志》無著録，已亡佚。馬國翰輯《平原君書》一卷，題漢朱建撰。梁啓超《飲冰室專集·漢書藝文志諸子略考釋》曰，此書置魯仲連與虞卿之間，其作者當爲趙勝。班固注爲朱建，恐有誤。老，蔡琪本、殿本同，大德本作“君”。

［2］【今注】朱建：楚人。淮南王黥布反時，朱建諫止之。漢誅黥布後，賜朱建爲平原君。又勸諫辟陽侯審食其。傳見本書卷四三。案，沈濤《銅熨斗齋隨筆》認爲，此書爲朱建所作，則不當置於魯仲連、虞卿之間，當是後人以爲此書是戰國平原君趙勝所作，誤移至此。

《虞氏春秋》十五篇。[1]虞卿也。[2]

［1］【今注】案，《孔叢子·執節》載，虞卿著書名曰《春秋》，魏齊稱其書“大抵談説而已”。《史記》卷七六《平原君虞卿列傳》載，虞卿上采春秋，下觀近世，曰節義、稱號、揣摩、政謀，凡八篇。以刺譏國家得失，世傳之曰《虞氏春秋》。《史記·十二諸侯年表》載，趙孝成王時，其相虞卿上采春秋，下觀近勢，亦著八篇，爲《虞氏春秋》。本《志》所謂十五篇，或八篇中有分爲上下篇的。《隋志》、兩《唐志》無著録，已亡佚。馬國翰有輯本。

［2］【今注】虞卿：游説之士。

《高祖傳》十三篇。[1]高祖與大臣述古語及詔策也。

［1］【今注】案，本書卷七四《魏相傳》載，高皇帝所述《書天子所服第八》曰：“大謁者臣章受詔長樂宫，曰：‘令群臣議天子所服，以安治天下。’”《古文苑》載高祖手敕太子五事。此書除

以上所列之外，嚴可均《全漢文叙録》稱，其他見於史傳記的，有詔二十篇，手敕、賜書、告、諭、令、答、鐵券、盟、誓等十五篇，共三十八篇。《隋志》著録梁有《漢高祖手詔》一卷，亡。兩《唐志》無著録，已亡佚。高祖，劉邦，字季，沛（今江蘇沛縣）人。公元前195年崩，群臣上尊號曰高皇帝。紀見本書卷一。

《陸賈》二十三篇。[1]

[1]【今注】案，即《新語》。嚴可均稱漢代子書中，《新語》最純最早。其貴仁義，賤刑威，繼承《詩》《書》《春秋》《論語》《孟子》《荀子》，影響賈誼、董仲舒等，可稱“儒者之言”。《史記》卷九七《酈生陸賈列傳》載，陸生粗述存亡之徵，凡著十二篇，號其書曰《新語》。太史公曰：“余讀陸生新語書十二篇，固當世之辯士。”《隋志》、兩《唐志》著録陸賈《新語》二卷。馬總《意林》載陸賈《新語》二卷。王應麟《考證》稱，《新語》今存七篇，即《道基》《雜事》《輔政》《無爲》《資質》《至德》《懷慮》。嚴可均《鐵橋漫稿》卷五曰，此書蓋宋時亡佚，其後復出而不全。《四庫全書總目提要》稱，《道基篇》末引《穀梁傳》，而《穀梁傳》至漢武帝時始出，時代上有矛盾，疑此篇爲後人依託，或是唐代以前人所爲。

《劉敬》三篇。[1]

[1]【今注】案，此書載劉敬説高帝都秦、與冒頓和親、徙民實關中三篇。《隋志》、兩《唐志》無著録，已亡佚。馬國翰輯《劉敬書》一卷。劉敬，齊人。原名婁敬。勸劉邦都關中，被賜姓劉，拜郎中，號奉春君。漢七年（前200），封關内侯，號建信侯。傳見本書卷四三。

《孝文傳》十一篇。[1]文帝所稱及詔策。

[1]【今注】案，王應麟《考證》云，《史記·孝文本紀》中詔書皆稱上曰，都屬此類文。《隋志》、兩《唐志》無著録，已亡佚。嚴可均《全漢文》所輯，有文帝制二篇，詔三十四篇，賜書、璽書、酎金律等文六篇，共四十二篇。孝文，漢文帝劉恒。高祖十一年（前196）立爲代王。吕后崩，周勃、陳平等翦滅諸吕，立爲帝。紀見本書卷四。

《賈山》八篇。[1]

[1]【今注】案，本書卷五一《賈山傳》載，孝文時，賈山言治亂之道，借秦爲諭，名曰《至言》。《隋志》、兩《唐志》無著録，已亡佚。有馬國翰、嚴可均輯本。賈山，潁川郡（今河南禹州市）人。多次上書勸諫，言辭激切，然終不加罰。傳見本書卷五一。

《太常蓼侯孔臧》十篇。[1]父聚，高祖時以功臣封，臧嗣爵。[2]

[1]【今注】案，《隋志》著録梁有漢太常《孔臧集》二卷，亡。兩《唐志》無著録，已亡佚。《文選》班孟堅《兩都賦序》注引《孔臧集》云，孔臧，孔子後人，少以才博知名。文帝九年（前171）嗣蓼侯，遷御史大夫，辭曰："臣代以經學爲家，乞爲太常，專修家業。"武帝遂用之。本《志》有《孔臧賦》二十篇。

[2]【今注】案，孔聚，高祖六年（前201）正月，三以都尉隨韓信擊項羽，封爲蓼侯。文帝前九年（前171），孔臧嗣位。

《賈誼》五十八篇。[1]

[1]【今注】案，本書卷四八《賈誼傳》載，賈誼所著述五十八篇，掇其切於世事者著於傳。《崇文總目》云，本七十二篇。劉向删定爲五十八篇。《隋志》著録《賈子》十卷、《録》一卷，漢梁王太傅賈誼撰。《舊唐志》著録《賈子》九卷，賈誼撰。《新唐志》著録賈誼《新書》十卷。《直齋書録解題》卷九著録《賈子》十一卷，稱已非賈誼原書。《四庫全書總目提要》著録賈誼《新書》十卷，稱僅五十六篇，又《問孝》一篇，有録無書，實爲五十五篇，已非北宋本之舊。因原本已散佚，後人分割其文，重標題目，以符合五十八篇。關於此書的研究，有清盧文弨《賈誼新書校本》，近代劉師培《賈子新書校補》，閻振益、鐘夏校注《新書校注》。賈誼，洛陽（今河南洛陽市）人。十八歲，以能誦詩書，善作文而聞名於郡中。文帝時，爲博士，同年至太中大夫。上書宜當改正朔，易服色制度，定官名，興禮樂。但因人讒毁，被貶爲長沙王太傅。後又爲梁懷王太傅。傳見本書卷四八。

河間獻王《對上下三雍宫》三篇。[1]

[1]【今注】案，《隋志》、兩《唐志》無著録，已亡佚。本書卷五三《景十三王傳》載，武帝時，河間獻王來朝，獻雅樂，對三雍宫及詔策所問三十餘事。其對答據道術而言，能够抓住事情的要點，文辭簡約而意思明白。三雍即辟雍、明堂、靈臺。馬國翰輯《河間獻王書》一卷。

《董仲舒》百二十三篇。[1]

[1]【今注】案，本書卷五六《董仲舒傳》載，董仲舒所著，

皆明經術之意，及上疏條教，共百二十三篇。而説《春秋》事得失，《聞舉》《玉杯》《蕃露》《清明》《竹林》之類，又有數十篇，共十餘萬言，皆傳於後世。今《春秋繁露》中有《玉杯》《蕃露》《竹林》三篇，則此百二十三篇不在今本《繁露》八十三篇之中。《隋志》著録《漢膠西相董仲舒集》一卷。兩《唐志》著録《董仲舒集》二卷。

《兒寬》九篇。[1]

[1]【今注】案，《隋志》、兩《唐志》無著録，已亡佚。馬國翰輯《兒寬書》一卷。嚴可均《全後漢文》云，本書卷五八載《議封禪對》一篇、《封泰山還登明堂上壽》一篇，《律曆志上》載《改正朔議》一篇，《全前漢文》卷二八此三篇。兒（ní）寬，千乘（今山東高青縣）人。從歐陽生治《尚書》。爲博士，受業於孔安國。補廷尉文學卒史。善屬文。與武帝語經學，擢爲中大夫，遷左内史。拜御史大夫。從武帝東封泰山。受詔與司馬遷等共定漢《太初曆》。本志《詩賦略》著録《兒寬賦》二篇。傳見本書卷五八。

《公孫弘》十篇。[1]

[1]【今注】案，《隋志》、兩《唐志》無著録，已亡佚。嚴可均《全後漢文》云，公孫弘遺文有《賢良策》《上疏言治道》《對册書問治道》《上書乞骸骨》《上言徙汲黯爲右内史》《奏禁民挾弓弩》《請爲博士置弟子員議》《郭解罪議》《答東方朔書》等九篇。馬國翰輯《公孫弘書》一卷，公孫弘，菑川薛（今山東滕州市東南）人。少時爲獄吏。年四十餘始學《春秋》雜説。武帝即位，以賢良被徵爲博士，官太常，待詔金馬門。後爲内史、御史大夫。

武帝元朔中爲丞相。傳見本書卷五八。

《終軍》八篇。[1]

[1]【今注】案，嚴可均《全後漢文》云，其文有《白麟奇木對》一篇、《奉詔詰徐偃矯制狀》一篇、《請使匈奴使南越》一篇。馬國翰輯《終軍書》一卷，嚴可均《全前漢文》卷二七有輯文。終軍，字子雲，濟南郡（治東平陵縣，今山東濟南市章丘區西）人。少好學，以辯博能屬文聞於郡中。武帝異其文，拜爲謁者給事中，後擢爲諫大夫。南越與漢和親，終軍往説南越王，被越相所殺，年二十餘，故世謂之“終童”。傳見本書卷六四下。

《吾丘壽王》六篇。[1]

[1]【今注】案，嚴可均《全後漢文》云，其文有《駁公孫弘禁民挾弓弩》《説汾陰寶鼎》《驃騎論功論》三篇。《隋志》著録梁有漢光禄大夫《吾丘壽王集》二卷，亡。兩《唐志》無著録，已亡佚。馬國翰輯《吾丘壽王書》一卷，嚴可均《全前漢文》卷二七有輯文。吾丘壽王，字子贛，趙（今河北邯鄲市、邢臺市周邊）人。詔使從董仲舒受《春秋》，高材通明。拜爲東郡都尉，又徵入爲光禄大夫侍中。最後坐事被誅。本《志》《詩賦略》著録《吾丘壽王賦》十五篇。傳見本書卷六四上。

《虞丘説》一篇。[1]難孫卿也。[2]

[1]【今注】案，《隋志》、兩《唐志》無著録，已亡佚。虞丘，馬國翰以爲虞丘與吾丘爲一人。姚振宗《條理》以爲，此人姓

虞丘，名説，事迹不詳。

［2］【今注】難：古代文體名。傳説由東方朔所創，《文心雕龍》卷三《雜文》載此類文體“託古慰志，疏而有辨”。

《莊助》四篇。[1]

［1］【今注】案，《隋志》、兩《唐志》無著録，已亡佚。本書卷六四上《嚴助傳》載其文有《諭意淮南王》《上書謝罪》《諫伐閩越》三篇。馬國翰輯《嚴助書》一卷。嚴可均《全前漢文》卷一九有輯文。莊助，又作“嚴助”。會稽吴（今江蘇蘇州市）人。武帝初，舉賢良，因善對策，爲中大夫。公元前138年，持節救東甌。公元前135年，風諭南越。後爲會稽太守。善作文，作賦頌數十篇。淮南王反，受到牽連，被棄市。傳見本書卷六四上。

《臣彭》四篇。[1]

［1］【今注】案，《隋志》、兩《唐志》無著録，已亡佚。臣彭，事迹不詳，或爲武帝時人。

《鉤盾冗從李步昌》八篇。[1]宣帝時數言事。

［1］【今注】案，《隋志》、兩《唐志》無著録，已亡佚。鉤盾冗從，鉤盾令的屬吏。本書《百官公卿表》有鉤盾，爲少府屬官。師古注：鉤盾主近苑囿。本書《昭紀》應劭注：鉤盾，宦者近署。本書卷五一《梅臯傳》載，與冗從争。師古注：散職之從王者。本《志》《詩賦略》著録李步昌賦二篇。李步昌，事迹不詳。

《儒家言》十八篇。[1]不知作者。

[1]【今注】案，姚振宗《條理》認爲，此書爲劉向輯録無名氏的論説爲一編。1973年河北定縣（今定州市）八角廊40號漢墓竹簡出土《儒家者言》，其内容是對儒家忠、孝、禮、信等道德的闡發，上述商湯、周文的仁德，下記樂正子春的言行，其中以孔子及其弟子的言行最多（參見《〈儒家者言〉釋文》，《文物》1981年第8期；何直剛《〈儒家者言〉略説》，《文物》1981年第8期）。此書《隋志》、兩《唐志》皆無著録，已亡佚。

桓寬《鹽鐵論》六十篇。[1]

[1]【顔注】師古曰：寬字次公，汝南人也。孝昭帝時，丞相御史與諸賢良文學論鹽鐵事，寬撰次之。【今注】案，《隋志》著録《鹽鐵論》十卷，漢廬江府丞桓寬撰。兩《唐志》“儒家”著録《鹽鐵論》十卷，桓寬撰。《宋志》“雜家”著録桓寬《鹽鐵論》十卷。《四庫全書總目提要》卷九一著録桓寬《鹽鐵論》十二卷，認爲此書“著書之大旨，所論皆食貨之事，而言皆述先王、稱六經，故諸史皆列之儒家”。張之象有《鹽鐵論注》十二卷，今人王利器作《鹽鐵論校注》。桓寬，字次公，汝南（今河南平輿縣東北）人。宣帝時，以治《公羊春秋》爲郎，至廬江太守丞。博學善屬文。昭帝始元五年（前82）六月，詔令三輔、太常舉賢良各二人，郡國文學高第各一人。次年二月，由諫大夫杜延年發起，召開鹽鐵會議，會集來自各郡國的賢良、文學六十餘人，與丞相田千秋、御史大夫桑弘羊等朝廷大臣進行辯論。賢良、文學以儒家的觀點，批評暴政，力主罷鹽鐵、酒榷、均輸官營等財經政策，勿與民争利。同年七月，詔罷郡國榷酤官，令民得以律占租。其他政策一仍其舊。桓寬整理昭帝時鹽鐵會議上的辯論内容，編成《鹽鐵論》。

欲以究治亂，成一家之法。一般認爲，鹽鐵會議的召開，是昭帝時霍光與桑弘羊爲要不要繼續執行武帝輪臺詔分歧的結果，目的爲擺脱漢武帝時遺留下來的政治、經濟問題。但也有學者認爲，這種説法值得進一步探討（參見晉文《西漢鹽鐵會議若干問題再評議》，《江海學刊》2020年第2期）。有學者認爲，《鹽鐵論》成書於公元前66年至前49年，即鹽鐵會議後二十年之後（黑琨：《〈鹽鐵論〉成書時間考》，《四川師範大學學報》2003年第2期）。

劉向所序六十七篇。[1]《新序》《説苑》《世説》《列女傳》《頌》《圖》也。[2]

[1]【今注】案，本書卷三六《劉向傳》載，元帝時，劉向著《疾讒》《摘要》《救危》及《世頌》共八篇，依興古事，哀悼自己及同類。成帝時，又采取《詩》《書》所載賢妃貞婦、興國顯家，可以爲後世效法，以及因寵幸爲亂的，序次爲《列女傳》八篇，以勸戒天子。又采經傳史書諸子所載事迹，著《新序》《説苑》凡五十篇。《隋志》著録劉向《新序》三十卷、《録》一卷，《説苑》二十卷，一卷爲一篇，正合五十篇。另加《世説》八篇、《列女傳》八篇、《列女傳頌圖》一篇，共六十七篇。序，編次、編輯。

[2]【今注】新序：此書輯録先秦、秦、漢百家傳記，以類相從，編纂而成，主要是《吕氏春秋》《韓詩外傳》《史記》《戰國策》等。内容涉及明君治國之道，任用賢臣的標準。《崇文總目》則稱此書所載皆戰國、秦漢間事，以今考之，春秋事更多，漢代事不過數條。陳振孫《直齋書録解題》稱此書纂輯舜禹以來迄於周朝人的嘉言善行，此書最爲近古。《隋志》著録《新序》三十卷、録一卷，劉向撰。兩《唐志》均著録劉向《新序》三十卷，無録。《宋志》《崇文總目》《郡齋讀書志》《直齋書録解題》等則著録劉向《新序》十卷。《四庫全書總目提要》著録劉向《新序》十卷，

提要稱此本今存者爲《雜事》五卷、《刺奢》一卷、《節士》二卷、《善謀》二卷，即曾鞏校定宋初殘闕本。現存最早《新序》十卷本爲宋刻本。關於此書的研究可參見石光瑛《新序校釋》、趙善詒《新序疏證》、趙仲邑《新序詳注》、朱季海《新序校理》等。後人多認爲此書謬誤頗多，但劉向編此書采百家傳記，照録原文，而且所録内容符合儒家標準，表達含義即可，並不要求事迹準確（石光瑛：《新序校釋》，中華書局2009年版，整理説明第5頁）。　説苑：案，此書類輯先秦至漢初的經傳史書、諸子傳記等，以闡明儒家的政治思想和倫理觀點。“説”，指那些能够獨立成篇的論説或故事單元，是爲解釋經典、諸子而産生的素材。與《新序》體例相同、内容相似，或因成書有早晚，故分爲兩書。劉向《説苑叙録》云：“所校中書《説苑雜事》，及臣向書民間書校讎。其事類衆多，章句相混，或上下謬亂，難分别次序，除去與《新序》複重者，其餘者淺薄不中義理，别集以爲百家後，令以類相從，一一條别篇目，更以造新事十萬言以上，凡二十篇七百八十四章，號曰《新苑》。”則此書與《新序》同爲劉向整理相關材料而成，内容並不重複。兩書今本内容確有重複，但《新序》以結尾評論個人品德，屬於史抄，而《説苑》則以篇題來概括主旨，多爲雜抄（參見徐建委《〈説苑〉研究：以戰國秦漢之間的文獻纍積與學術史爲中心》，北京大學出版社2011年版，第92—95頁；《〈新序〉〈説苑〉文獻研究》，花木蘭文化出版社2013年版，第43—58頁）。此書雖入儒家，但體例上近於類書，引用文獻可與現存或出土文獻對比。如1977年安徽阜陽雙古堆1號漢墓竹簡《春秋事語》，相關篇目内容有四十七篇與《説苑》《新序》類同（孫猛：《日本國見在書目詳考》中，第958頁）。郭店楚簡《窮達以時》所載内容也與《説苑》相近。《隋志》著録劉向《説苑》二十卷，兩《唐志》著録劉向《説苑》三十卷，《宋志》著録劉向《説苑》二十卷。但《崇文總目》著録劉向《説苑》五卷，稱此爲劉向采輯百家之言，擇其故事優美、旨義符合儒家宗旨、可以勸戒後世的，以類相從，爲

《説苑》二十篇，至宋代存者五卷。晁公武《郡齋讀書志》卷一〇著録劉向《説苑》二十卷，稱曾鞏校書，得十五篇於士大夫家，與崇文舊書五篇合爲二十篇，並爲之作叙。《高麗史》卷一〇《宣宗》載，高麗使者李資義所寫來書中即有“《新序》三卷、《説苑》二十卷”，曾鞏所得應來自此書。其篇目爲《君道》《臣術》《建本》《立節》《貴德》《復恩》《政理》《尊賢》《正諫》《法誡》《善説》《奉使》《權謀》《至公》《指武》《談叢》《雜言》《辨物》《修文》。與今本不同，如第十篇《法誡》，今本作《敬慎》，兩篇内容一樣，衹是篇名不同。第二十篇《修文》分爲上下篇，少今本所有的《反質》。今本則合《修文》上下篇爲一篇，又多《反質》一篇。關於《説苑》的整理，主要有趙善詒《説苑疏證》、向宗魯《説苑校證》、朱季海《説苑校理》等。　世説：本書《劉向傳》載，元帝時，劉向著《疾讒》《擿要》《救危》及《世頌》共八篇，應即《世説》。每篇各分上下，共八篇（參見蔣伯潛《諸子通考》，上海古籍出版社 2013 年，第 276—279 頁）。　列女傳頌圖：此書爲劉向所校，包括傳七篇、頌一篇、圖一篇。每篇十五傳，依時代爲序。凡無頌的篇目，皆非劉向所奏。劉向《别録》曰：“臣向與黄門侍郎歆所校列女傳，種類相從爲七篇，以著禍福榮辱之效、是非得失之分，畫之於屏風四堵。”《隋志》著録《列女傳》十五卷，劉向撰，曹大家注。又有《列女傳頌》一卷，劉歆撰。《舊唐志》著録《列女傳》二卷，劉向撰。《新唐志》著録劉向《列女傳》十五卷，曹大家注。曾鞏《列女傳目録序》稱，《隋書》及《崇文總目》著録《列女傳》十五篇，曹大家注。根據頌義考之，則曹大家所注，分原書七篇爲十四，與頌義合爲十五篇。又增陳嬰母及東漢以來十六事，則此書已非劉向書的本來面貌。《隋志》以頌義爲劉歆所作，並不準確。宋仁宗嘉祐中，蘇頌以《頌義》爲篇次，將此書定爲八篇。與十五篇的版本共藏於館閣。王回《列女傳序》則稱，此書包括《母儀》《賢明》《仁智》《真慎》《節義》《辯通》《孼嬖》等篇，而各頌其義，圖其狀。頌如詩之四言，而圖爲屏風。

其中頌、圖在《列女傳》成書之前已有一些女性故事題材的圖像，如《母儀》中《有虞二妃》《周室三母》，《貞順》中的《楚昭貞姜》《梁寡高行》，《孽嬖》中的《夏桀妹喜》《殷周妲己》《周幽褒姒》等，已經有會圖流傳。劉向應當據此補充整理而成《列女圖》。劉歆撰《列女傳頌》，由大序一篇、小序七篇，七類頌共計一百零五篇頌文組成。小序采用四言韻文，小序每篇十句，頌文每篇八句，較爲整齊劃一（陳麗平：《劉向〈列女傳〉研究》，中國社會科學出版社2010年版，第53—59頁，第81—102頁）。另有郝懿行妻王照圓、汪遠孫妻梁端各有《列女傳補注》。

揚雄所序三十八篇。[1]《太玄》十九，[2]《法言》十三，[3]《樂》四，[4]《箴》二。[5]

[1]【今注】案，本書卷八七下《揚雄傳下》贊載揚雄“實好古而樂道，其意欲求文章成名于後世，以爲經莫大于《易》，故作《太玄》；傳莫大于《論語》，作《法言》；史篇莫善于《倉頡》，作《訓纂》；箴莫善于《虞箴》，作《州箴》”。

[2]【今注】案，揚雄仿《周易》作《太玄》。《周易》有奇爻（陽爻）、偶爻（陰爻），三爻相重爲八卦，兩卦相重形成六十四卦。每卦六爻，爻有爻辭。而《太玄》卦畫有奇、偶、三三種，分爲四重，即方、州、部、家。以三種卦畫分布於四重之中，共八十一首。首以擬卦，每首有九贊，共七百二十九贊。贊有贊辭，贊以擬爻。所不同的是，《周易》有卦辭，而《太玄》每首無辭。《周易》每卦六爻，爻有爻辭。而《太玄》每首無辭，而於每首之下有九贊。《周易》有經有傳，傳以解經。而《太玄》仿之，有《經》三卷，《傳》十一篇，用以解説經文，即《本傳》所説“皆以解剥《玄》體，離散其文”（鄭萬耕：《揚雄及其〈太玄〉》，北京師範大學出版社2009年版，第32頁）。顔師古注曰，《太玄》中

之文雖有章句，其旨深妙，尚不能盡存，故解剥而離散之。本書《揚雄傳下》載《太玄》，包括三方、九州、二十七部、八十一家、二百四十三表、七百二十九贊，分爲三卷，曰一二三，與《泰初曆》相應。有《首》《沖》《錯》《測》《摛》《瑩》《數》《文》《掜》《圖》《告》十一篇。桓譚《新論》稱《太玄》，經三篇，傳十二篇，共十五篇（參見蔣伯潛《諸子通考》，上海古籍出版社2013年版，第276—279頁）。揚雄並未撰章句，所謂十九篇，或是班固所見《太玄》版本的篇次，與揚雄手定的版本不同。又本傳又載《太玄》五千文，又獨説十餘萬言。《太玄》文多，故不著名，觀之者難知，學之者難成。或是《太玄》草稿的字數，其定本衹有二萬餘言（劉韶軍：《揚雄與〈太玄〉研究》，人民出版社2011年版，第62—67頁）。《隋志》著録《揚子太玄經》九卷，宋衷注。注曰，梁有《揚子太玄經》九卷，揚雄自作章句，亡。又有蔡文邵（十卷）、虞翻（十卷）、陸凱（十三卷）、王肅（七卷）注本。除此之外，兩《唐志》又有范望注本（十二卷）。《宋志》著録揚雄《太玄經》十卷。關於《太玄》的研究，有司馬光《太玄集注》、劉韶軍《太玄校注》、鄭萬耕《太玄校釋》。又案，玄，蔡琪本、大德本同，殿本作“廟”。

[3]案，本書《揚雄傳下》載，揚雄見諸子及《太史公書》等“不與聖人同是非，頗謬于經”，“故人時有問雄者，常以法應之，撰以爲十三卷，象《論語》，號曰《法言》。《法言》文多不著，獨著其目”。《隋志》著録《揚子法言》十五卷、《解》一卷，揚雄撰，李軌注。注曰，梁有《揚子法言》六卷，侯苞注，亡。《揚子法言》十三卷，宋衷注。兩《唐志》著録《楊子法言》六卷，揚雄撰。又十卷，宋衷注。又十三卷，李軌注。《宋志》著録《楊子法言》十三卷。《四庫全書總目提要》著録《法言集注》十卷，此書爲司馬光采李軌、柳宗元、宋咸、吴秘四家之説以注此書。但今本獨李軌注不署名，其餘則以宗元曰、咸曰、秘曰、光曰爲分别。關於此書的研究，有汪榮寶《法言義疏》、湯炳正《法言汪注補

正》等。

［4］【今注】案，揚雄有《琴清英》，爲其中一篇。王謨、張澍、馬國翰、嚴可均有輯本。

［5］【今注】案，《後漢書》卷四四《胡廣傳》載，初，揚雄依《虞箴》作《十二州箴》《二十五官箴》。當即此二箴。嚴可均《全前漢文》卷五四有《州箴》十二篇、《官箴》二十一篇。另有《酒箴》，入後文揚雄賦十二篇中。

右儒五十三家，[1] 八百三十六篇。[2] 入揚雄一家三十八篇。[3]

［1］【今注】儒：古代指具有某種技能或知識的人。又稱“術士”。章太炎認爲，孔子之“儒”衹是儒之“私名”。而作爲“達名”的儒，是先秦諸子的統稱。儒的“類名”，指知禮、樂、射、御、書、數（參見章太炎《原儒》、胡適《説儒》）。許慎《説文解字·人部》：“儒，術士之稱。”《周禮·天官·大宰》：“四曰儒，以道得民。”鄭玄注：“儒，諸侯保氏有六藝以教民者。”《儒行目録》云：“儒之言優也，柔也，能安人，能服人。又儒者，濡也，以先王之道，能濡其身。”自漢武帝罷黜百家，表章六經之後，儒家始居諸子之首。

［2］【今注】案，姚振宗《條理》認爲，所載共五十二家，八百四十七篇，缺十一篇。

［3］【今注】案，《七略》不收揚雄之書，爲班固所增入。姚振宗《條理》認爲，此篇分四段，晏子與孔子同時，故居首。以下《子思子》至《芊子》爲孔門及七十子弟子的撰述，共十一家，爲第一段；《内業》至《功議》七家，爲周朝官府遺留文書，作者不詳，爲第二段；《寧越》至《虞氏春秋》十一家，爲周秦六國秦人所作，平原君朱建一家當在漢人中，後人誤移入此，爲第三段；自

《高祖傳》至揚雄二十一家，則西漢一代天子、王侯、卿大夫的撰述，爲第四段。

儒家者流，蓋出於司徒之官，助人君順陰陽明教化者也。[1]游文於六經之中，[2]留意於仁義之際，祖述堯、舜，[3]憲章文、武，[4]宗師仲尼，以重其言，[5]於道最爲高。[6]孔子曰："如有所譽，其有所試。"[7]唐、虞之隆，殷、周之盛，仲尼之業，已試之效者也。然惑者既失精微，而辟者又隨時抑揚，違離道本，[8]苟以譁衆取寵。[9]後進修之，[10]是以五經乖析，[11]儒學寖衰，此辟儒之患。[12]

［1］【今注】案，儒者爲宣揚聖人之教化的學者。崇尚禮樂仁義，提倡仁政、中庸，重視倫理道德教育。《隋志》作"儒者，所以助人君明教化者也。聖人之教，非家至而户説，故有儒者宣而明之。其大抵本於仁義及五常之道"。司徒，官名。掌管土地人民以及相關事項如推行教化和徵發賦税、徒役。詳見《周禮注疏》卷九。（參見張磊《〈周禮·地官〉"司徒"析論》，《東岳論叢》2018年第3期）

［2］【今注】游文：潛心於六經文字之間。　六經：指《詩》《書》《禮》《樂》《易》《春秋》。

［3］【今注】祖述堯舜：遵循堯舜的美德。堯，上古人物。伊祁氏，名放勳，號陶唐。高唐氏部落首領，又稱唐堯。在位命羲和定曆法，設諫言之鼓，置四嶽（四方諸侯），命鯀治水患。後禪讓於舜。舜，上古人物。嬀姓，名重華。有虞氏部落首領，又稱虞舜。有德行。在位時放逐四凶（鯀、共工、驩兜和三苗），命禹治水，後稷掌農業，契行教化，益管山林，皋陶治法律。後死於蒼梧

之野（今湖南寧遠縣南蒼梧山）。

［4］【今注】憲章文武：效法周文王、周武王的禮制。文，周文王姬昌。《史記》卷四《周本紀》載，文王“篤仁、敬老、慈少”，禮賢下士，日中不暇食優待士人，因此士多歸附。武，周武王姬發，文王之子。武王伐紂，聯合八百諸侯，在牧野（今河南淇縣西南）會戰，大敗商軍，滅商，建立周王朝，分封諸侯，定都鎬（今陝西西安市長安區西北灃河東岸西周遺址一帶）。由周公制禮作樂。《中庸》載“仲尼祖述堯舜，憲章文武，上律天時，下襲水土”。

［5］【顔注】師古曰：祖，始也。述，修也。憲，法也。章，明也。宗，尊也。言以堯舜爲本始而遵修之，以文王、武王爲明法，又師尊仲尼之道。

［6］【今注】案，指儒者遵循六經的思想，繼承堯、舜、文王、武王的事迹，以孔子爲師，故最符合道的要求。下文諸子因離道較遠，則屬於支與流裔。

［7］【顔注】師古曰：《論語》載孔子之言也。言於人有所稱譽者，輒試以事，取其實效也。譽，音弋於反。【今注】案，此句見《論語·衛靈公》。原文作“吾之於人也，誰毀誰譽？如有所譽者，其有所試矣。斯民也，三代之所以直道而行也”。

［8］【顔注】師古曰：辟讀曰僻。

［9］【顔注】師古曰：譁，諠也。寵，尊也。譁，音呼華反。【今注】案，“然惑者既失精微”四句，指有的人惑於經典中的文字，而不知經典中精深微妙的道理，邪僻的人隨時歪曲附會經典中的道理，背離了聖道的根本，衹知以嘩衆的言論來博取尊寵。這裏指後世的章句之儒和權術之儒。道本，指儒家思想道德。

［10］【今注】案，修，蔡琪本、大德本、殿本作“循”。

［11］【今注】五經：指《詩》《書》《禮》《易》《春秋》。乖析：分離。指儒分爲八。

［12］【顏注】師古曰：寖，漸也。辟讀曰僻。【今注】僻儒：見聞狹隘淺陋的儒士。

《伊尹》五十一篇。[1]

［1］【今注】案，此書爲後人依託伊尹所作，多講君王面南治國之術。據《史記》卷三《殷本紀》，伊尹，名阿衡，又名摯。商湯時大臣。尹爲官名。與湯言素王及九主之事，湯舉任以國政。作《女鳩》《女房》《咸有一德》。湯崩後，輔佐外丙、仲壬。立太甲，後放太甲於桐。又作《伊訓》《肆命》《徂後》《太甲訓》等。帝沃丁時卒。《隋志》、兩《唐志》無著録，已亡佚。有馬國翰、嚴可均、李峻之輯本。1973年，在長沙馬王堆三號漢墓出土的帛書中有《伊尹・九主》。《逸周書》有《伊尹朝獻》一篇。

《太公》二百三十七篇。[1]吕望爲周師尚父，[2]本有道者。或有近世又以爲太公術者所增加也。[3]《謀》八十一篇，《言》七十一篇，《兵》八十五篇。[4]

［1］【今注】案，《太公》爲《謀》《言》《兵》等的總稱，或爲戰國人采輯增補而成，並非太公所著原書。《隋志》著録《太公六韜》五卷（梁六卷。周文王師姜望撰）、《太公陰謀》一卷（梁六卷。梁又有《太公陰謀》三卷，魏武帝解）、《太公陰符鈐録》一卷、《太公金匱》二卷、《太公兵法》二卷（梁三卷）、《太公兵法》六卷（梁有《太公雜兵書》六卷）、《太公伏符陰陽謀》一卷、《太公三宫兵法》一卷（梁有《太一三宫兵法立成圖》二卷）、《太公書禁忌立成集》二卷、《太公枕中記》一卷等。《舊唐志》著録

《太公陰謀》三卷、《太公金匱》二卷、《太公六韜》六卷。《新唐志》著録《黄帝太公三宫法要訣》一卷、《太公陰謀》三卷、《陰謀三十六用》一卷、《金匱》二卷、《六韜》六卷、《當敵》一卷。《四庫全書總目提要》著録《六韜》六卷，舊本題周吕望撰。但考其文字，大抵詞意淺近，不類古書。1972 年 4 月，山東臨沂銀雀山 1 號漢墓發現簡本《六韜》，一部分是見於今本《六韜》中，一部分不見於今本，却見於其他典籍所引《六韜》佚文。有孫志祖、孫同元、黄奭、嚴可均、顧觀光、王仁俊輯本。

［2］【顔注】師古曰：父讀曰甫也。【今注】吕望：又作“姜尚”。東海上（今山東日照市東吕鄉一帶）人。姜姓，其祖輔佐禹平水土有功，虞夏之際封於吕，故曰吕望。文王遇於渭水之濱，稱“吾太公望子之久矣”，故又稱“太公望”。其輔佐周文王、武王，滅商，武王尊其爲師尚父。封於齊，都營丘（今山東淄博市臨淄區西北臨淄故城）。《史記》卷三二《齊太公世家》稱“其事多兵權與奇計，故後世之言兵及周之陰權，皆宗太公爲本謀”。

［3］【今注】案，張舜徽《通釋》認爲，此句當作“或又以有近世爲太公術者所增加也”。

［4］【今注】案，《謀》指《太公陰謀》。有嚴可均、顧觀光輯本。《言》指《太公金匱》。有洪頤煊、嚴可均、顧觀光輯本。《兵》指《太公兵法》。本書卷四〇《張良傳》載，黄石公出一編書給張良，即《太公兵法》。有汪宗沂、嚴可均、顧觀光輯本。《史記》卷一三〇《太史公自序》有“繆權于幽”，裴駰《集解》徐廣引云，即“權智潛謀，幽昧不顯，所謂太公陰謀”。司馬貞《索隱》謂，此句指吕尚綢繆於幽權之策，謂六韜、三略、陰符、七術之類。此句當爲班固注文。

《辛甲》二十九篇。[1]紂臣，七十五諫而去，周封之。[2]

[1]【今注】案，辛甲爲周太史。《隋志》、兩《唐志》無著録，已亡佚。有馬國翰、嚴可均輯本。

[2]【今注】案，《史記》卷四《周本紀》徐廣《集解》引劉向《别録》曰："辛甲，故殷之臣，事紂。蓋七十五諫而不聽，去至周，召公與語，賢之，告文王，文王親自迎之，以爲公卿，封長子（今山西長子縣西南）。"

《鬻子》二十二篇。[1]名熊，爲周師，自文王以下問焉。周封爲楚祖。[2]

[1]【顔注】師古曰：鬻，音弋六反。【今注】案，此書爲戰國時人依託增輯而成。《隋志》著録《鬻子》一卷，周文王師鬻熊撰。《舊唐志》著録鬻熊《鬻子》一卷，入"小説家"。《新唐志》著録鬻熊《鬻子》一卷，逄行珪注《鬻子》一卷，入"神仙家"。《宋志》著録《鬻熊子》一卷，入"雜家"。自唐以後，《崇文總目》著録《鬻子》一卷，稱《漢志》二十二篇，八篇亡，祇存十四篇。《直齋書録解題》卷九著録《鬻子》一卷，稱《漢志》凡二十二篇，今存十五篇，爲陸佃所校。又著録《鬻子注》一卷，唐鄭縣尉逄行珪撰，止存十四篇，蓋中間以二章合而爲一，故視陸本又少一篇。高似孫《子略》稱，永徽中，逄行珪爲此書作序，凡十四篇。其家所傳有十二篇。《四庫全書總目提要》著録《鬻子》一卷，舊本題周鬻熊撰。今本所載與賈誼《新書》所引略同，當即本《志》"小説家"之《鬻子説》，或是唐朝以來好事之徒仿賈誼所引而形成的贋本。蔣伯潛《諸子通考》也認爲，今本並非《漢志》所録的舊本，當出於六朝以後人所僞造（岳麓書社 2010 年版，第 333—334 頁）。有明楊子森，清錢熙祚、嚴可均、葉德輝輯本。鬻子，名熊。事文王，早卒。本《志》"小説家"著録《鬻子説》十九篇。

［2］【今注】楚祖：《史記》卷四〇《楚世家》載，周文王之時，季連之苗裔曰鬻熊。鬻熊子事文王，蚤卒。其子曰熊麗。熊麗生熊狂，熊狂生熊繹。周成王時，封熊繹於楚蠻，封以子男之田，姓芈氏，居丹陽（今湖北秭歸縣東南）。

《筦子》八十六篇。[1]名夷吾，相齊桓公，九合諸侯，不以兵車也，有列傳。

［1］【顏注】師古曰：筦讀與管同。【今注】案，《管子》部分篇章在戰國末期已成書並流傳於世。此書並非出自管仲之手，而是春秋戰國時期稷下學者附會編集而成；也並非出於一人一時，思想内容龐雜（參見孫猛《日本國見在書目詳考》中，第1069—1070頁）。劉向《别録》載，“所校讎中《管子書》三百八十九篇，大中大夫卜圭書二十七篇，臣富參書四十一篇，射聲校尉立書十一篇，太史書九十六篇，凡中外書五百六十四篇以校，除複重四百八十四篇，定著八十六篇”。《隋志》著録《管子》十九卷，齊相管夷吾撰。《舊唐志》著録《管子》十八卷，管夷吾撰；《新唐志》著録管仲《管子》十九卷，管仲撰；又有尹知章注《管子》三十卷；均入法家。《宋志》著録《管子》二十四卷，管夷吾撰；尹知章注《管子》十九卷。《崇文總目》著録《管子》十八卷，劉向校；又有《管子》十九卷，尹知章注。據吴兢書目，共三十卷，存十九卷，亡佚的是《形勢解》以前的十一卷。又有杜佑《管氏指略》二卷。《直齋書録解題》卷一〇著録《管子》二十四卷，房玄齡注。《四庫全書總目提要》著録《管子》二十四卷，稱此書所載有管仲死後的事，多半是後代好事者所加，《輕重篇》尤爲鄙俗。此書或爲尹知章注，但房玄齡名氣較大，故託名於房玄齡。其文字淺陋，頗不足采。研究《管子》著作，有戴望《管子校正》，陶樂勤《管子校正》、郭沫若等《管子集校》、馬非百《管子輕重篇新

詮》、黎翔鳳《管子校注》等。管子，管仲，又名管夷吾。姬姓之後。謚敬，又稱管敬仲、管敬子。潁上（今河南許昌市、漯河市之間潁水流經的區域）人。初事齊公子糾，後經鮑叔牙舉薦，被齊桓公任命爲相，進行改革。齊國因此强大，桓公九合諸侯，一匡天下，成爲春秋時第一霸主（耿振東：《〈管子〉學史》，商務印書館2018年版，第8頁）。

《老子鄰氏經傳》四篇。[1] 姓李，名耳，鄰氏傳其學。

［1］【今注】案，《隋志》、兩《唐志》無著録，已亡佚。劉向《七略》載，定著《老子》二篇八十一章，上經三十四章，下經四十七章。今本也爲八十一章，但分上經三十七章，下經四十四章。漢代注《老子》者，《隋志》著録漢文帝時河上公注。注曰，梁有戰國時河上丈人注《老子經》二卷，漢長陵三老毋丘望之注《老子》二卷，漢徵士嚴遵注《老子》二卷，虞翻注《老子》二卷，均亡佚。今存最早《老子》注本爲王弼本。河上公注本在王弼本之後。《四庫全書總目提要》著録《老子注》二卷，舊題河上公撰，相傳爲漢文帝時人。但其文字思想不似漢人，當爲後世道家所依託。又著録王弼《老子注》二卷。1973年湖南長沙馬王堆3號漢墓帛書《老子》，其中字體較古的一種爲甲本，約抄寫於漢初高祖之時；另一種爲乙本，約抄寫於漢文帝時期。篇次與今本相反，《德經》在前，《道經》在後。1993年湖北荆門郭店1號楚墓出土《老子》，約抄寫於戰國中晚期。2009年出土北大漢簡《老子》約抄寫於西漢中期。上篇爲《老子》上經，對應今本《德經》；下篇爲《老子》下經，對應今本《道經》。帛書《老子》甲、乙本反映了當時具有一定通行度的《老子》文本，但同時還有其他文本流傳。北大漢簡本《老子》有一定權威性，但至漢初仍没有一個官方權威的文本（參見李紅薇《出土戰國秦漢四古本〈老子〉文字研

究綜述》,《簡帛》第14輯，廣西師範大學出版社2017年版；趙争《從出土文獻漢代〈老子〉文本及流傳》，《史林》2018年第6期)。對於出土本與傳世本《道經》《德經》順序不同，有學者認爲，當是《老子》由兩篇單篇流傳的文章構成，並非成於一時，内容有聯繫又各有特點（廖名春:《〈老子〉篇序的新解釋》,《歷史研究》2017年第6期)。鄰氏，姓名事迹不詳。鄰氏與下文的傅氏、徐氏以及《老子》稱經的時間，當在司馬遷之後，劉向、劉歆之前（參見譚寶剛《老子及其遺著研究》，巴蜀書社2009年版，第131—143頁)，漢景帝時。老子，偃姓，李氏，字伯陽，號聃，楚苦縣（今河南鹿邑縣）人，周守藏室之史。孔子適周，問禮於老子。修道德，其學以自隱無名爲務。見周衰，出走至散關，爲關令尹喜著書上下篇，言道德之意五千餘言而去（參見李永海《老子新考論》，陝西人民出版社2015年版，第10頁)。

《老子傅氏經説》三十七篇。[1]述老子學。

[1]【今注】案，顧實《講疏》稱，牟融《理惑論》提到《老氏道經》三十七篇，則此書至東漢末仍存。傅氏，事迹不詳。《隋志》、兩《唐志》無著録，已亡佚。

《老子徐氏經説》六篇。[1]字少季，臨淮人，[2]傳《老子》。

[1]【今注】案，《隋志》、兩《唐志》無著録，已亡佚。徐氏，事迹不詳。

[2]【今注】臨淮：郡名。治徐縣（今江蘇盱眙縣北半城鎮)。

劉向《説老子》四篇。[1]

[1]【今注】案，《隋志》、兩《唐志》無著録，已亡佚。顧實《講疏》稱，今《新序》《説苑》有述老子語，疑即劉向説。

《文子》九篇。[1]老子弟子，與孔子並時，而稱周平王問，[2]似依託者也。

[1]【今注】案，《隋志》著録《文子》十二卷。注曰，文子，老子弟子。《七略》有九篇，梁《七録》十卷，亡。兩《唐志》著録《文子》十二卷。《宋志》著録李暹《訓文子注》十二卷、朱弁（當作“玄”）《文子注》十二卷、墨布子（或作“墨希子”）《文子注》十二卷。馬總《意林》有《文子》十二卷，注曰，周平王時人，師老君。《四庫全書總目提要》著録《文子》十二卷，稱文子即辛鈃。此書内容駁雜，學者多認爲是後人僞託。今本《文子》有很多内容與《淮南子》相同。1973年河北定縣（今定州市）八角廊村40號漢墓竹簡中，被初步認爲是《文子》的竹簡有27枚，2790字。據今本《文子》，可看出其中屬《道德篇》的竹簡有87枚，1000餘字。另有少量竹簡文字與《道原》《精誠》《微明》《自然》中的内容相似，其餘皆是在今本《文子》中找不到的佚文（劉來成等：《定州西漢中山懷王墓竹簡〈文子〉的整理和意義》，《文物》1995年第12期）。簡本成書在戰國中期。簡本《文子》與今本《文子》有着内在聯繫。今本《文子》是根據一種殘本增補而成，大部分應屬可信，可以成爲研究文子思想的主要依據。今本《文子》有很多内容與《淮南子》相同。文子，有學者認爲是楚平王時人（參見張傑、鄭建萍《〈文子〉古今本成書年代考》，《管子學刊》1997年第6期；王雲度《定州漢簡〈文子〉管見》，《南都學刊》1997年第4期；王慕湘、張固也《也談〈文子〉竹簡本與

傳世本的關係》，《古籍研究》2002 年第 2 期；葛剛巖《由出土竹簡〈文子〉看今本〈文子〉的成書祖本》，《古籍整理研究學刊》2004 年第 1 期；葛剛巖《從對勘角度論今本〈文子〉與〈淮南子〉的關係》，《人文論叢》2005 年卷；張彦龍《〈文子〉考》，《社會科學論壇》2014 年第 3 期）。

［2］【今注】周平王：名宜臼，又作“宜咎”。幽王之子。幽王被犬戎所殺，平王即位，東遷於洛邑（今河南洛陽市東北），史稱東周。後世以平王元年（前 770）爲春秋時代的開始。

《蜎子》十三篇。[1]名淵，楚人，老子弟子。

［1］【顔注】師古曰：蜎，姓也。音一元反。【今注】案，《隋志》、兩《唐志》無著録，已亡佚。蜎（yuān）子，蜎淵。蜎子既與齊景公同時，又與白公子張同時，爲春秋後期人，時間上與老子相近。環淵雖然與蜎淵同名爲“淵”，也同爲楚人，但與孟子、莊子同時，爲戰國中期人（譚寶剛：《老子及其遺著研究》，第 424—425 頁）。《文選》枚乘《七發》有“便蜎”，高誘注稱其爲白公時人。一説或作“環淵”，楚人。據《史記》卷七四《孟子荀卿列傳》，環淵學黄老道德之術，因發明序其旨意，著上下篇。齊宣王時，賜列第，爲上大夫。

《關尹子》九篇。[1]名喜，爲關吏，老子過關，喜去吏而從之。

［1］【今注】案，《史記》卷六三《老子韓非列傳》裴駰《集解》引《列仙傳》云：“關令尹喜者，周大夫也。善内學星宿，服精華，隱德行仁，時人莫知。老子西游，喜先見其氣，知真人當過，候物色而迹之，果得老子。老子亦知其奇，爲著書。與老子俱

之流沙之西，服巨勝實，莫知其所終。亦著書九篇，名《關令子》。"《隋志》、兩《唐志》皆無著録。《宋志》著録劉向《關尹子》九卷。《直齋書録解題》卷九著録《關尹子》九卷，稱徐蕆得於永嘉人孫定，此書首載劉向校定序，篇末有葛洪後序。但不知孫定從何處傳授，應該出於依託。序也不同於劉向其他文章。《四庫全書總目提要》卷一四六著録《關尹子》一卷，稱其書未必出於孫定，或是唐五代間方士所纂（有學者認爲，在唐末宋初。參見蔣國保《今本〈關尹子〉辨析》，《安徽大學學報》1981 年第 2 期）。今本分爲《一字》《二柱》《三極》《四符》《五鑒》《六匕》《七釜》《八籌》《九藥》九篇。關尹，即尹喜。陸德明《經典釋文》稱字公度。爲周時散關令。

《莊子》五十二篇。[1]名周，宋人。

［1］【今注】案，據《史記》卷六三《老子韓非列傳》載，莊子其學無所不闚，然其旨歸於老子之言。著書十餘萬言，大多以寓言説理。作《漁父》《盜跖》《胠篋》，以非議孔子之徒，講明老子之術。其中所提到的畏累虚、亢桑子等，皆是虛擬不實的人物。但其書善於比喻，文辭優美。有學者認爲，莊子弟子魏牟編纂《莊子》初始本（參見張遠山《〈莊子〉初始本編纂者魏牟論》，《社會科學論壇》2010 年第 2 期）。但此書"後人增足，漸失其真"。《隋志》著録《莊子》二十卷。注曰，梁漆園吏莊周撰，晉散騎常侍向秀注。本二十卷，今闕。梁有《莊子》十卷，東晉議郎崔譔注，亡。又有司馬彪、郭象、李頤、孟氏等注本，皆亡。今本三十三篇，分爲内、外、雜篇，亡佚十九篇。各篇所作時間並不同時，其中内篇當爲莊子所作，外篇、雜篇很多篇目爲莊子後學所作（朱謙之：《〈莊子〉書之考證》，《社會科學研究》2001 年第 5 期）。《四庫全書總目提要》卷一四六著録《莊子注》十卷，晉郭象注。分

内篇七、外篇十五、雜篇十一，共三十三篇。吴承仕《經典釋文序録疏證》指出，各家注本内篇相同，外篇、雜篇則各家不同，或有外篇無雜篇，或有外、雜篇而篇目不同。東漢高誘《淮南·脩務篇》注云，莊周作書三十三篇，爲道家之言。則《莊子》在漢末已有三十三篇。1977 年，安徽阜陽雙古堆 1 號漢墓出土漢簡《莊子·雜篇》，内、外、雜篇均有（胡平生等：《阜陽雙古堆漢簡〈莊子〉》，載《出土文獻研究》第 12 輯，中西書局 2013 年版），1988 年湖北江陵張家山 136 號漢墓出土了漢簡《莊子·盜蹠》部分内容。關於《莊子》的研究，有王先謙《莊子集解》、郭慶藩《莊子集釋》、錢穆《莊子纂箋》、王叔岷《莊子校詮》、陳鼓應《莊子今注今譯》等。莊子，名周，字子休，宋國蒙（今河南商丘市東北）人。與梁惠王、齊宣王同時，曾爲漆園小吏。東晉劉宋間，莊子被稱爲“南華”。南朝梁至唐玄宗天寶年間，《莊子》被奉爲真經，天寶年間，官方稱爲《南華真經》（參見楊思範《〈莊子〉號〈南華真經〉源流考》，《中國道教》2005 年第 2 期；熊湘《莊子名“南華”考論》，《浙江樹人大學學報》2014 年第 1 期；辜天平《莊子又名“南華”考》，《中國道教》2018 年第 6 期）。

《列子》八篇。[1]名圄寇，先莊子，莊子稱之。

[1]【今注】案，劉向序稱，校中書《列子》五篇，與長社尉臣參校讎太常書三篇，太史書四篇，臣向書六篇，臣參書二篇，内外書凡二十篇，以校除複重十二篇，定爲八篇。《隋志》著録《列子》八卷。注曰，鄭之隱人列禦寇撰，東晉光禄勳張湛注。兩《唐志》、《宋志》均同。《四庫全書總目提要》卷一四六著録《列子》八卷，稱舊題周列禦寇撰。據柳宗元《辨列子》語及宋高似孫《子略》、宋濂所辨，認爲此書非列禦寇自著，乃爲其後學追記。學者多以今本爲晉人僞作，但今本《列子》非列禦寇一人所作，而是

列禦寇、列子弟子、列子學派著作的彙編，又在流傳過程中加入了一些後世的文字内容和思想觀點（舒鵬：《從〈列子〉辨僞問題看古籍真僞之辨》，《延安大學學報》2020年第1期；馬達：《〈列子〉真僞考辨》，北京出版社2000年版）。張湛作《列子注》，據《漢志》舊目重新整理，此後所傳《列子》多以此本爲祖本（劉佩德：《〈列子〉版本源流述略》，《齊齊哈爾大學學報》2014年第5期）。又有殷敬順《釋文》二卷，二者混附此本各句下。唐代以後，此書又稱《冲虚至德真經》。關於此書的研究著作，有楊伯峻《列子集釋》、嚴北溟等《列子譯注》等。列子，名禦寇，鄭（今陝西渭南市華州區西北）人。與鄭繆公同時，爲有道者。生活時代早於莊子，莊子稱之。

《老成子》十八篇。[1]

[1]【今注】案，《列子·周穆王篇》載，老成子學幻於尹文先生。著書述黄老之道。殷敬順《釋文》作“考成子”。鄭樵《通志》卷二八《氏族略第四》有老成方，爲宋大夫，著書十篇，言黄老之道。此書《隋志》、兩《唐志》無著録，已亡佚。

《長盧子》九篇。[1]

[1]【今注】案，《史記》卷七四《孟子荀卿列傳》載，楚有尸子、長盧，世多有其書，其他事迹不詳。《隋志》、兩《唐志》無著録，已亡佚。

《王狄子》一篇。[1]

［1］【今注】案，錢大昭《漢書辨疑》卷一六云，閩本作“正狄子”。《隋志》、兩《唐志》無著録，已亡佚。王狄子，事迹不詳。

《公子牟》四篇。[1]魏之公子也，先莊子，莊子稱之。

［1］【今注】案，《吕氏春秋》卷二一《審爲》高誘注有中山公子牟，注稱即魏公子，作書四篇。魏國伐中山，以中山爲公子牟食邑，因稱中山公子牟。《隋志》、兩《唐志》無著録，已亡佚。有馬國翰、李峻之輯本。

《田子》二十五篇。[1]名駢，齊人，游稷下，[2]號天口駢。[3]

［1］【今注】案，《吕氏春秋》卷一七高誘注有陳駢，齊人，作《道書》一十五篇。《隋志》、兩《唐志》無著録，已亡佚。有馬國翰、李峻之輯本。田子，即田駢，又作“陳駢”，學黄老道德之術，因發明序其指意，有所評論。但其學説當屬雜家（參見許夢婕《先秦田駢雜家説新論》，《南京師範大學文學院學報》2016年第3期）。

［2］【今注】稷下：地名。在戰國齊都城臨淄城（今山東淄博市東北）稷門附近地區。《史記》卷四六《田敬仲完世家》載齊宣王在稷山之下立學宫，招攬游説之士數千人進行講學議論，如淳于髡、騶衍、田駢、接予、慎到、環淵、宋鈃等七十餘人，皆賜列第，爲上大夫，最盛時會集了千餘人。

［3］【顔注】師古曰：駢，音步田反。

《老萊子》十六篇。[1]楚人，與孔子同時。

[1]【今注】案，《隋志》、兩《唐志》無著録，已亡佚。馬國翰輯《老萊子》一卷。老萊子，楚人。《史記》卷六七《仲尼弟子列傳》稱他“德恭而行信，終日言不在悔尤之内，貧而樂也”。卷六三《老子韓非列傳》稱其著書十五篇，言道家之用，與孔子同時。

《黔婁子》四篇。[1]齊隱士，守道不詘，威王下之。

[1]【顔注】師古曰：黔，音其炎反。下音胡稼反。【今注】案，《高士傳》載黔婁先生，齊人。修身清節，不求進於諸侯。魯恭公聞其賢，遣使致禮，賜粟三千鍾，欲以爲相，辭不受。齊王又禮之，以黄金百斤聘爲卿，又不就。著書四篇，言道家之務。號黔婁子。也作“贛婁子”（先秦時齊、魯均有黔婁，馬國翰所輯當爲魯黔婁所著，參見郭玉鋒、陳國家《黔婁考》，《管子學刊》2017年第3期）。《隋志》、兩《唐志》無著録，已亡佚。馬國翰輯《黔婁子》一卷。

《宫孫子》二篇。[1]

[1]【顔注】師古曰：宫孫，姓也，不知名。【今注】案，《隋志》、兩《唐志》無著録，已亡佚。宫孫子，事迹不詳。

《鶡冠子》一篇。[1]楚人，居深山，以鶡爲冠。[2]

[1]【今注】案，本《志》“兵權謀家”有注曰，“省《鶡冠

子》”。《隋志》著録《鶡冠子》三卷，注曰，楚之隱人。兩《唐志》著録《鶡冠子》三卷。《崇文總目》稱，此書十五篇，述三才變通，古今治亂之道。柳宗元有《辨鶡冠子》，稱此書淺鄙，有些文句與漢代賈誼《鵩鳥賦》相似，應當爲好事者僞造，並非《漢志》所著録的《鶡冠子》。而劉勰、韓愈肯定此書。陳振孫《直齋書録解題》卷九著録《鶡冠子》三卷，陸佃解。陸佃序謂韓愈所見衹有十六篇。晁公武《郡齋讀書志》稱此書有八卷，前三卷十三篇全同《墨子》；中三卷十九篇，爲韓愈所稱引的兩篇均在這一部分；後兩卷有十九論，多引漢以後事，皆後人附益。晁公武削去前後五卷，得十九篇。《四庫全書總目提要》卷一一七著録《鶡冠子》三卷，稱此書爲十九篇，北宋陸佃解。今本《鶡冠子》當是《漢志》道家《鶡冠子》與兵權謀家《龐煖》的合編。1973 年長沙馬王堆漢墓出土帛書《黄帝書》，與此書有不少相同或相似的語句。鶡冠子是一名喜以鶡鳥羽毛爲冠飾並以之爲號的隱士，而且曾做過馮煖的老師（黄懷信：《〈鶡冠子〉源流諸問題》，《文獻》2001 年第 4 期）。關於此書的研究著作有黄懷信《鶡冠子校注》。

[2]【顔注】師古曰：以鶡鳥羽爲冠。

《周訓》十四篇。[1]

[1]【顔注】師古曰：劉向《别録》云人間小書，其言俗薄。【今注】案，《隋志》有《周書陰符》九卷。2009 年北大西漢竹簡有一部自題爲《周馴》的古書，共二百餘枚竹簡，近 5000 字，記載的是周昭文公對共太子的訓誨。有學者認爲此書可能即《漢志》所著録《周訓》，但也有學者認爲，漢簡本《周馴》的思想爲儒家，並非道家（分别參見閻步克《北大竹書〈周馴〉簡介》，《文物》2011 年第 6 期；程少軒《談談北大漢簡〈周訓〉的幾個問題》，《出土文獻與古文字研究》第 5 輯，上海古籍出版社 2013 年

版)。

《黄帝四經》四篇。[1]

[1]【今注】案,《隋志》云,漢時道書之流有三十七家,其主旨皆去健羡,處沖虚。其中《黄帝》四篇,《老子》二篇,最得深旨。1973年長沙馬王堆三號墓出土帛書《經法》《十六經》《稱》《道原》四篇,學者定爲《黄帝四經》,應當成書於戰國末期至秦統一之前(唐蘭:《〈黄帝四經〉初探》,《文物》1974年第10期;袁青:《〈黄帝四經〉成書時代辨析》,《道家文化研究》第22輯,中華書局2016年版)。但裘錫圭認爲此帛書並非《黄帝四經》(裘錫圭:《馬王堆帛書〈老子〉乙本卷前古佚書並非〈黄帝四經〉》,載《文史叢稿》,上海遠東出版社1996年版;李若輝:《馬王堆帛書黄帝書的性質》,《齊魯學刊》2009年第2期)。

《黄帝銘》六篇。[1]

[1]【今注】案,顧實《講疏》稱,《黄帝金人銘》見於《荀子》、《太公金匱》、劉向《説苑》,《黄帝巾几銘》見於《路史》。王應麟《考證》據《皇覽·記陰謀》稱,有黄帝《金人器銘》。則此書存兩篇。此書與以下數種,當爲後人僞託。

《黄帝君臣》十篇。[1]起六國時,與《老子》相似也。

[1]【今注】案,《史記》卷一《五帝本紀》載,黄帝舉風后、力牧、常先、大鴻以治民,順地之紀,幽明之占,死生之説,存亡之難。此書當爲後人記載黄帝及其臣的傳説故事。《隋志》、兩

《唐志》無著録，已亡佚。

《雜黄帝》五十八篇。[1]六國時賢者所作。

[1]【今注】案，裘錫圭指出，馬王堆乙本佚書中的《十六經》依託黄帝及其臣力牧等人，也許就包含在《雜黄帝》《力牧》所收各篇之中（裘錫圭：《馬王堆〈老子〉甲乙本卷前後佚書與“道法家”——兼論〈心術上〉〈白心〉爲慎到田駢學派作品》，載《文史叢稿》，上海遠東出版社 1996 年版）。《隋志》、兩《唐志》無著録，已亡佚。

《力牧》二十二篇。[1]六國時所作，託之力牧。力牧，黄帝相。

[1]【今注】案，《史記》卷一《五帝本紀》裴駰《集解》載，黄帝得力牧於大澤，進以爲將。皇甫謐《帝王世紀》載，黄帝派力牧、神皇討蚩尤，戰於涿鹿，使應龍殺之。凡五十二戰而天下大服。本《志》《兵書略》“兵陰陽”著録《力牧》十五篇。《隋志》、兩《唐志》無著録，已亡佚。力牧，又作“力墨”。

《孫子》十六篇。[1]六國時。

[1]【今注】案，《隋志》、兩《唐志》無著録，已亡佚。此孫子並非吴孫子、齊孫子，應是道家之孫子，事迹不詳。梁玉繩《人表考》據《莊子·達生》有孫子名休，認爲當即此人。

《捷子》二篇。[1]齊人，武帝時説。[2]

［1］【今注】案，《隋志》、兩《唐志》無著録，已亡佚。捷子，或作“接子”“接予”。與慎到、田駢同爲齊宣王時人，學黄老道德之術，發明序其指意，有所議論。宣王賜列第，爲上大夫。

［2］【今注】案，“武帝時説”四字，疑因涉下條注“武帝時説於齊王”而衍。

《曹羽》二篇。[1]楚人，武帝時説於齊王。

［1］【今注】案，《隋志》、兩《唐志》無著録，已亡佚。曹羽，事迹不詳。姚振宗《條理》認爲，當爲漢武帝時齊悼惠王外戚一族，其説齊王在齊懿王、齊厲王之時。

《郎中嬰齊》十二篇。[1]武帝時。

［1］【顔注】師古曰：劉向云故待詔，不知其姓，數從游觀，名能爲文。【今注】案，《隋志》、兩《唐志》無著録，已亡佚。本《志》辭賦類有郎中臣嬰齊賦十篇。郎中，官名。漢九卿之一郎中令屬官。内充侍衛，外從作戰。秩比三百石。

《臣君子》二篇。[1]蜀人。

［1］【今注】案，此人姓臣，名君子，事迹不詳。《隋志》、兩《唐志》無著録，已亡佚。

《鄭長者》一篇。[1]六國時。先韓子，韓子稱之。[2]

［1］【今注】案，唐釋慧苑《華嚴經音義》下引應劭《風俗

通》曰，春秋以來，鄭有賢人著書一篇，號《鄭長者》。王應麟《考證》引袁淑《真隱傳》曰："鄭長者，隱德無名，著書一篇，言道家事。韓非稱之，世傳是長者之辭，因以爲名。"《隋志》、兩《唐志》無著録，已亡佚。馬國翰輯《鄭長者書》一卷。

［2］【顏注】師古曰：《别録》云鄭人，不知姓名。【今注】韓子：韓非。

《楚子》三篇。[1]

［1］【今注】案，撰者不詳。據《史記·楚世家》載，周成王時，封熊繹於楚蠻，封以子男之田，號稱楚子。此書或託名楚子所作。《隋志》、兩《唐志》無著録，已亡佚。

《道家言》二篇。[1]近世，不知作者。[2]

［1］【今注】案，撰者不詳。此書當爲劉向所輯録道家言論，因不明撰者，故置於道家類最末。《隋志》、兩《唐志》無著録，已亡佚。

［2］【今注】案，姚振宗《條理》認爲，道家類分爲七段，其中《伊尹》《太公》《辛甲》《鬻子》《筦子》在老子之前，爲第一段；《老子》鄰氏、傅氏、徐氏及劉向《經傳》《經説》四家，爲解釋《老子》的著作，爲第二段；《文子》至《田子》皆爲傳承老子思想的，爲第三段；老萊子、黔婁、宫孫、鶡冠子皆以老子之學爲宗旨，附以民間流傳的《周訓》，爲第四段；《黄帝》至《捷子》七家，大多僞託黄帝、力牧等，爲第五段；《曹羽》《郻齊》兩家爲第六段；《臣君子》《鄭長者》《楚子》皆爲周秦六國時人，末尾附劉向所輯《道家言》，爲第七段。

右道家三十七家，九百九十三篇。[1]

[1]【今注】案，共三十七家，篇數實爲八百零一篇。

道家者流，蓋出於史官，[1]歷記成敗存亡禍福古今之道，然後知秉要執本，[2]清虚以自守，卑弱以自持，[3]此君人南面之術也。[4]合於堯之克攘，[5]《易》之嗛嗛，一謙而四益，此其所長也。[6]及放者爲之，[7]則欲絶去禮學，兼棄仁義，曰獨任清虚可以爲治。[8]

[1]【今注】案，傳説黄帝立史官，至周末，老子爲柱下史。顧實《講疏》認爲，司馬談《論六家要旨》先黄老而後六經，而本《志》先儒家後道家，是因武帝罷黜百家，表章六經，而儒家助人君明教化，道家爲人君南面之術，應當先有人君繼而有助人君者。則先儒家後道家是因漢代尊儒的結果，並非學術發展的結果。

[2]【今注】秉要執本：抓住事情的根本和要害。

[3]【今注】案，“清虚以自守”二句，以清静寡欲、無爲而治、順應自然的方式保持自己。

[4]【今注】案，王念孫《讀書雜志·漢書第七》認爲，“君人”當爲“人君”之誤。《穀梁傳序》《爾雅序疏》引此皆作“人君”。荀悦《漢紀·孝成皇帝紀》作“道家者流，蓋出於史官，明成敗興廢，然後知秉要持權，故尚無爲也”。《隋志》作“道者，蓋爲萬物之奥，聖人之至賾也”。

[5]【顔注】師古曰：《虞書·堯典》稱堯之德曰“允恭克讓”，言其信恭能讓也，故志引之云。攘，古“讓”字。【今注】克攘：能够謙讓。

[6]【顔注】師古曰：四益，謂天道虧盈而益謙，地道變盈

而流謙，鬼神害盈而福謙，人道惡盈而好謙也。此謙卦彖辭。嗛字與謙同。【今注】嗛（xián）嗛：謙卑、謙虚、敬慎。嗛與謙通。《周易上經》謙卦云“初六，嗛嗛，君子用涉大川，吉”。

［7］【顔注】師古曰：放，蕩也。

［8］【今注】案，此句當化用《道德經》原文。今本《道德經》作“絶聖棄智，民利百倍；絶仁棄義，民復孝慈；絶巧棄利，盜賊無有。此三者，以爲文不足，故令有所屬：見素抱樸，少私寡欲”。

《宋司星子韋》三篇。[1]景公之史。[2]

［1］【今注】案，此書内容涉及天文星象。《吕氏春秋·制樂》高誘注稱，子韋，宋之太史，能占宿度。《史記》卷三八《宋微子世家》、劉向《新序·雜事第四》均載司星子韋占星事。王嘉《拾遺記》卷三稱此人因善觀星，被賜子氏，名韋，故稱子韋。《隋志》、兩《唐志》無著録，已亡佚。有馬國翰、李峻之輯本。司星，官名。掌管觀察天文星象。此當以世職爲氏。

［2］【今注】景公：即宋景公，名頭曼，元公子。寵信司馬桓魋。公元前 492 年，孔子過宋，司馬桓魋想殺孔子，孔子逃去。公元前 487 年，舉兵滅曹。公元前 481 年，逐桓魋。

《公檮生終始》十四篇。[1]傳鄒奭《始終》書。[2]

［1］【顔注】師古曰：檮音疇，其字從木。【今注】案，《隋志》、兩《唐志》無著録，已亡佚。《史記·三代世表》褚先生引《黄帝終始傳》。以五行之德，附會帝王傳承更替，終而復始。公檮生，事迹不詳。

［2］【今注】案，鄒奭《始終》，應作鄒衍《終始》。姚振宗

《條理》引鄧名世《古今姓氏書辯證》稱，公檮氏，本卷有《公檮生終始》十四篇，傳黃帝《終始》之術。與此不同。

《公孫發》二十二篇。[1]

[1]【今注】案，《隋志》、兩《唐志》無著録，已亡佚。公孫發，事迹不詳。《史記·曆書》載，漢孝文時，魯人公孫臣以終始五德上書，言"漢得土德，宜更元，改正朔，易服色。當有瑞，瑞黃龍見"。或即此人。

《鄒子》四十九篇。[1]名衍，[2]齊人，爲燕昭王師，[3]居稷下，號談天衍。[4]

[1]【今注】案，《隋志》、兩《唐志》無著録，已亡佚。有馬國翰、顧觀光、王仁俊、李峻之輯本。

[2]【今注】衍：鄒子名衍，齊人。又作"騶衍"。睹有國者益淫侈，不能尚德，於是深觀陰陽消息而作怪迂之變，著《終始》《大聖》十餘萬言。又提出中國爲赤縣神州，天下如中國的有八十一，中國居其一。又在齊、梁、燕、趙等受到重視。燕昭王從其受業，爲其築碣石宫。作《主運》。

[3]【今注】燕昭王：名平，一説名職。燕王噲庶子。即位後築黃金臺招攬樂毅、鄒衍、劇辛等賢人，改革内政。公元前 284 年，以樂毅爲上將軍攻取齊七十餘城。

[4]【今注】談天衍：劉向《别録》曰，鄒衍之所言五德終始，天地廣大，盡言天事，故曰"談天"。

《鄒子終始》五十六篇。[1]

[1]【顔注】師古曰：亦鄒衍所説。【今注】案，此書當爲鄒衍弟子等所著。《史記·封禪書》載，自齊威、宣之時，鄒子之徒論著終始五德之運，至秦統一後，齊人奏之，故始皇采用之。《隋志》、兩《唐志》無著録，已亡佚。

《乘丘子》五篇。[1]六國時。

[1]【今注】案，《隋志》、兩《唐志》無著録，已亡佚。王嘉《拾遺記》稱，少皞號窮桑氏，又稱桑丘氏。六國時有桑丘子著陰陽書，爲其後裔。王先謙《漢書補注》認爲，"乘丘"當作"桑丘"，事迹不詳。《隋志》著録晉征南軍師楊偉撰《桑丘先生書》二卷，本此。

《杜文公》五篇。[1]六國時。

[1]【顔注】師古曰：劉向《别録》云韓人也。【今注】案，《隋志》、兩《唐志》無著録，已亡佚。杜文公，事迹不詳。

《黄帝泰素》二十篇。[1]六國時韓諸公子所作。[2]

[1]【顔注】師古曰：劉向《别傳》云或言韓詩公孫之所作也（傳，蔡琪本同，大德本、殿本作"録"）。言陰陽五行，以爲黄帝之道也，故曰泰素。【今注】案，"泰"指極尊貴。素，指素王，其道質素。《隋志》、兩《唐志》無著録，已亡佚。鄒衍創立的五德終始説被秦始皇采納，後由漢武帝繼承。漢武帝以後，大量以"黄帝""黄帝臣""黄帝相""黄帝之史"爲書名或作者的典籍出現（參見田旭東《從〈漢志〉著録及出土文獻看戰國秦漢

間的黄帝之學》，《西部考古》第 3 輯，三秦出版社 2008 年版）。

［2］【今注】公子：諸侯之子。

《南公》三十一篇。[1]六國時。

［1］【今注】案，《史記》卷七《項羽本紀》載南公爲楚人，云“楚雖三户，亡秦必楚”。裴駰《集解》稱其能辨陰陽，識興廢之事。鄭樵《通志·氏族略》稱，戰國時有南公子，著書三十一篇，言五行陰陽事，爲衛南公子之後。《隋志》、兩《唐志》無著録，已亡佚。

《容成子》十四篇。[1]

［1］【今注】案，《隋志》、兩《唐志》無著録，已亡佚。容成子，事迹不詳。俞樾《莊子人名考》容成氏有三人，一爲上古之君，一爲黄帝之臣，一爲老子之師。《吕氏春秋》卷一七《勿躬》載，容成爲黄帝二十官之一，作曆。但此處容成子當爲六國末期人。上博簡有《容成氏》，學者多認爲此與本《志》《容成子》無關（參見李零《〈容成氏〉釋文考釋》，載《上海博物館藏戰國楚竹書（二）》，上海古籍出版社 2002 年版；郈尚白《〈容成氏〉的篇題及相關問題》，載《上博館藏戰國楚竹書研究續編》，上海書店出版社 2004 年版；趙平安《楚竹書〈容成氏〉的篇名及其性質》，《華學》第 6 輯，紫禁城出版社 2003 年版）。

《張蒼》十六篇。[1]丞相北平侯。[2]

［1］【今注】案，本書卷四二《張蒼傳》載其著書十八篇，言

陰陽律曆事。《隋志》、兩《唐志》無著録，已亡佚。張蒼，陽武（今河南原武鎮）人。好書，無所不觀，無所不通。秦時爲御史，主柱下方書。有罪，亡歸。漢興，爲常山守，後封北平侯。文帝四年（前 176），爲丞相。景帝五年（前 152）卒，謚爲文侯。著書十八篇，言陰陽律曆事。傳見本書卷四二、《史記》卷九六。

［2］【今注】北平：縣名。治所在今河北滿城縣北城北村。

《鄒奭子》十二篇。[1]齊人，號曰雕龍奭。[2]

［1］【今注】案，《史記》卷七四《孟子荀卿列傳》稱，其頗采鄒衍之術以紀文，與淳于髡、慎到、田駢、接予、環淵等人均得齊王嘉賞，任爲列大夫。《隋志》、兩《唐志》無著録，已亡佚。鄒奭子，或作“騶奭”。“奭”一作“赫”。

［2］【顔注】師古曰：奭，音試亦反。【今注】案，劉向《别録》稱，鄒奭修衍之文，飾若雕鏤龍文，故曰雕龍。

《閭丘子》十三篇。[1]名快，魏人，在南公前。

［1］【今注】案，《隋志》、兩《唐志》無著録，已亡佚。閭丘氏爲齊大夫閭丘嬰之後。《元和姓纂》卷二《九魚·閭邱》有閭邱決，著書十二篇。

《馮促》十三篇。[1]鄭人。[2]

［1］【今注】案，《隋志》、兩《唐志》無著録，已亡佚。姚振宗《條理》引《元和姓纂》云，文王第十五子畢公高之後畢萬封於魏，其孫以馮城爲采邑，因姓馮氏。馮促爲鄭大夫馮簡子之後。

馮簡子與鄭子産同時。馮促，事迹不詳。

［2］【今注】鄭：西周封國名。春秋戰國時都新鄭（今河南新鄭市）。周烈王元年（前375）爲韓所滅。

《將鉅子》五篇。[1]六國時。先南公，南公稱之。

［1］【今注】案，《隋志》、兩《唐志》無著録，已亡佚。將鉅，又作“將具”，張澍輯應劭《風俗通·姓氏篇》齊太公子將具之後，見《國語》。將鉅子，事迹不詳。

《五曹官制》五篇。[1]漢制，似賈誼所條。[2]

［1］【今注】案，《隋志》、兩《唐志》無著録，已亡佚。本書卷四八《賈誼傳》載，賈誼以爲漢興二十餘年，天下和洽，宜當改正朔，易服色制度，定官名，興禮樂。乃草具其儀法，色上黄，數用五，爲官名悉更，奏之。又淮南王傅張蒼授賈誼《春秋左氏傳》。此書述漢代官制，或爲賈誼所撰。五曹，即田曹、兵曹、集曹、倉曹、金曹。

［2］【今注】賈誼：洛陽（今河南洛陽市）人。十八歲時以文才知名，文帝召爲博士，遷中太中大夫。上書改正朔、興禮樂。但爲周勃、灌嬰等所毁，貶爲長沙王太傅，又遷梁懷王太傅。多次上疏論時政，主張加强中央集權，重農務本，抗擊匈奴。著《吊屈原賦》《鵩鳥賦》《過秦論》《陳政事疏》等。今傳有《賈長沙集》《新書》。傳見本書卷四八、《史記》卷八四。

《周伯》十一篇。[1]齊人，六國時。

［1］【今注】案，《隋志》、兩《唐志》無著録，已亡佚。周伯，事迹不詳。

《衛侯官》十二篇。[1]近世，不知作者。

［1］【今注】案，《隋志》、兩《唐志》無著録，已亡佚。此書或爲漢代軍中關於旗幟、行軍時陰陽互相制衡的内容。章太炎《訄書·官統上》云："斥候旌旓，象物以五，何事也？"《曲禮》以軍行載旗爲義，《傳》即旁及斥候。軍中以徽識物色教目依於五方，非以爲神怪。及其末流，而有《衛侯官》十二篇，入陰陽家。衛侯，當作"衛候"。官名。漢代衛候是衛尉屬官，爲諸屯軍官，掌領兵屯守。

于長《天下忠臣》九篇。[1]平陰人，[2]近世。

［1］【顔注】師古曰：劉向《别録》云傳天下忠臣。【今注】案，《隋志》、兩《唐志》無著録，已亡佚。章太炎《七略别録佚文徵》云，陰陽家認爲，地之事天，可謂大忠。又五行，爲忠臣孝子之行。故此書入陰陽家。張舜徽《通釋》認爲，此書當爲漢代忠臣奏議彙編，其中涉及陰陽五行。于長，事迹不詳。

［2］【今注】平陰：縣名。治所在今河南孟津縣東北。

《公孫渾邪》十五篇。[1]平曲侯。[2]

［1］【今注】案，《隋志》、兩《唐志》無著録，已亡佚。公孫渾邪，或作"公孫昆邪"，北地義渠（今甘肅涇川縣一帶）人。文帝時歸漢。景帝三年（前154），從周亞夫平定七國之亂，以功拜

隴西太守。次年封平曲侯，官至典屬國。景帝中元四年（前 146）犯法失侯，免爲庶人。著書十餘篇。

［2］【今注】平曲：侯國名。治所在今江蘇沭陽縣東北。

《雜陰陽》三十八篇。[1]不知作者。

［1］【今注】案，《隋志》、兩《唐志》無著録，已亡佚。撰者不詳。姚振宗《條理》以爲，劉向集録無名氏同類文字編撰成書，置於篇末。

右陰陽二十一家，三百六十九篇。[1]

［1］【今注】案，姚振宗《條理》認爲，《鄒子》及《鄒子終始》當合爲一家，則共二十家，三百六十八篇。

陰陽家者流，蓋出於羲和之官，[1]敬順昊天，[2]歷象日月星辰，敬授民時，[3]此其所長也。及拘者爲之，則牽於禁忌，[4]泥於小數，[5]舍人事而任鬼神。[6]

［1］【今注】羲和：傳説唐堯時掌管天地四時的官員。《史記》卷一《五帝本紀》有羲仲、羲叔、和仲、和叔等，被堯派到東、南、西、北觀察星宿出没和中天情況，以安排農時。《尚書·堯典》"乃命羲和，欽若昊天，曆象日月星辰，敬授民時"。

［2］【今注】昊天：蒼天。高遠廣大的天空。昊，大貌。

［3］【今注】民時：農時。農業種植收穫的時節。

［4］【今注】牽於禁忌：受制於那些涉及吉凶的迷信言語和做法。《史記》卷一三〇《太史公自序》裴駰《集解》曰："八位，

八卦位也。十二度，十二次也。二十四節，就中氣也。各有禁忌，謂日月也。”

［5］【顔注】師古曰：泥，滯也，音乃計反。【今注】泥於小數：拘泥於小技藝。《史記·太史公自序》稱“陰陽之術，大祥而衆忌諱，使人拘而多所畏”，又云“陰陽四時、八位、十二度、二十四節各有教令，順之者昌，逆之者不死則亡。未必然也，故曰‘使人拘而多畏’”。

［6］【顔注】師古曰：舍，廢也。

《李子》三十二篇。[1]名悝，相魏文侯，富國强兵。

［1］【今注】案，李子，即李悝。《史記》卷七四《孟子荀卿列傳》載，魏有李悝，盡地力之教。張守節《正義》云：“藝文志：‘《李子》三十二篇。李悝相魏文侯，富國彊兵。’”《晉書·刑法志》載，魏文師李悝撰次諸國法，著《法經》六篇，《唐六典·尚書刑部卷第六》稱六篇爲《盜法》《賊法》《囚法》《捕法》《集法》《具法》。此六篇或在此三十二篇中。《隋志》、兩《唐志》無著録，已亡佚。馬國翰輯佚《李克書》一卷。本《志》“儒家”著録《李克》七篇，班固注“子夏弟子，爲魏文侯相”。“兵權謀家”著録《李子》十篇。李克、李悝爲同一人。

《商君》二十九篇。[1]名鞅，[2]姬姓，衛後也，相秦孝公，[3]有列傳。

［1］【今注】案，《隋志》著録《商君書》五卷，秦相衛鞅撰。《舊唐志》著録《商子》五卷，商鞅撰。《新唐志》著録《商君書》五卷，商鞅撰。《宋志》著録《商子》五卷，衛公孫鞅撰。《郡齋讀書志》卷一一著録公孫鞅《商子》五卷，稱“所著本二十九篇，

今亡者三篇”。《直齋書録解題》卷一〇著録《商子》五卷，今二十六篇，亡佚一篇。《四庫全書總目提要》卷一〇一著録《商子》五卷，稱陳振孫與晁公武所記不同，因當時所見版本存佚情況不一所致。今本與古本、宋本均不同，《漢志》法家類著録《商君》二十九篇，兵權謀家類著録《公孫鞅》二十七篇，當是劉向等人校書的結果（参見黄效《〈商君書〉》源流考》，《暨南學報》2020 年第 6 期）。今本内容並非商鞅親撰，當爲法家搜輯彙編而成。《日本國見在書目録》著録《商君書》三卷，秦相衛鞅撰。關於此書的研究，有嚴可均《商君書箋正》《商君書新校正》、陳啓天《商君書校釋》、王時潤《商君書斠詮》、朱師轍《商君書解詁》、蔣禮鴻《商君書錐指》、張覺《商君書校注》等。

［2］【今注】鞅：即商鞅。姬姓，公孫氏。戰國衛公子。少好刑名之學，事魏相，爲中庶子，受李悝《法經》。入秦，秦孝公任爲左庶長。實行變法，秦國富國强兵。爲良造。封於商，號爲商君。孝公卒，公子虔等告商鞅欲反，秦惠王車裂商君以徇。傳見《史記》卷六八。

［3］【今注】秦孝公：名渠梁，獻公子。公元前 361 年即位，任用商鞅變法，秦國强盛。公元前 350 年，由雍遷至咸陽。

《申子》六篇。[1]名不害，京人，[2]相韓昭侯，[3]終其身諸侯不敢侵韓。

［1］【今注】案，申子之學本於黄老而主刑名。《史記》卷六三《老子韓非列傳》裴駰《集解》引劉向《别録》，今民間所有上下二篇，中書六篇，其書中文字皆合二篇，數量超過《史記》所載二篇。阮孝緒《七録》著録《申子》三卷。《隋志》《商君書》五卷，注曰，梁有《申子》三卷，韓相申不害撰，亡。兩《唐志》著録申不害《申子》三卷。《宋志》無著録，已亡佚。有馬國翰、

嚴可均、顧觀光、王仁俊、王時潤、李峻之輯本。

［2］【顔注】師古曰：京，河南京縣。【今注】案，申子名不害，京（今河南滎陽市東南）人。以刑名之學，被韓昭侯任用爲相。内修政教，外應諸侯，輔政十五年，國治兵强。著書二篇，號曰《申子》。

［3］【今注】韓昭侯：懿侯子。公元前 359 年即位，秦、宋、魏來伐。後以申不害爲相，國家大治，諸侯不敢來伐。

《處子》九篇。[1]

［1］【顔注】師古曰：《史記》云趙有處子。【今注】案，《隋志》、兩《唐志》無著録，已亡佚。《史記》卷七四《孟子荀卿列傳》載"劇子之言"。裴駰《集解》引徐廣曰："按應劭《氏姓注》直云'處子'也。"則此處子當爲劇子。

《慎子》四十二篇。[1]名到，先申、韓，申、韓稱之。

［1］【今注】案，《史記》卷七四《孟子荀卿列傳》稱，慎到著十二論，裴駰《集解》引徐廣曰："今《慎子》，劉向所定，有四十一篇。"又張守節《正義》稱，《慎子》十卷，在法家，爲戰國時處士。《史記》卷四六《田敬仲完世家》《正義》稱，慎子爲趙人，戰國時處士。《藝文志》作《慎子》四十二篇。《隋志》著録《慎子》十卷，戰國時處士慎到撰。兩《唐志》著録慎到《慎子》十卷，滕輔注。《宋志》著録慎到《慎子》一卷。《崇文總目》稱三十七篇。《直齋書録解題》卷一〇著録《慎子》一卷，稱今麻沙刻本纔五篇，並非全書。《四庫全書總目提要》卷一一七著録《慎子》一卷，稱此書雖分五篇，但文字多被删削，當爲明人重輯編次。今《上海博物館藏戰國楚竹書》（六）收有《慎子曰恭儉》，

馬王堆帛書《老子》及戰國簡《曹沫之陳》均有與今本《慎子》相同的語句（李學勤：《談楚簡〈慎子〉》，《中國文化》2007 年第 2 期；單育辰：《從戰國簡〈曹沫之陳〉再談今本〈吴子〉〈慎子〉的真僞》，載《出土文獻研究》第 12 輯）。關於此書的研究，有錢熙祚校《慎子》，王斯睿《慎子校正》、譚普林《慎子逸文》。慎到，趙人。學黄、老道德之術，因發明其指意，著十二論。

《韓子》五十五篇。[1]名非，韓諸公子，使秦，李斯害而殺之。

[1]【今注】案，《史記》卷六三《老子韓非列傳》載，韓非喜刑名法術之學，而其歸本於黄老，故作《孤憤》《五蠹》《内外儲》《説林》《説難》十餘萬言。張守節《正義》引阮孝緒《七録》云："韓子二十卷。" 司馬貞《索隱》稱韓非著書三十餘篇，號曰韓子。《隋志》著録《韓子》十卷、《目》一卷，注謂韓非撰。兩《唐志》、《宋志》著録《韓子》二十卷，韓非撰。《四庫全書總目提要》卷一〇一著録《韓子》二十卷，稱韓非所著書本各自成篇，韓非死後，其徒收拾編次，以成一帙，名爲韓非所撰，實際上並非其所親自撰定。歷來研究《韓子》之作，有俞樾《韓非子平議》、王先慎《韓非子集解》、陳奇猷《韓非子新校注》等。韓子，韓非。戰國時韓國諸公子，與李斯同爲荀況弟子。喜刑名法術之學，而其歸本於黄、老。善著書，諫韓王安，不被采用，作《孤憤》。又撰《五蠹》《説林》《説難》等十餘萬言。入秦，遭李斯、姚賈等猜忌，被詆毁下獄，終死於秦。傳見《史記》卷六三。

《游棣子》一篇。[1]

[1]【顔注】師古曰：棣，音徒計反。【今注】案，《隋志》、

兩《唐志》無著録，已亡佚。此人或游棣氏，也有説姓游名棣。《英賢傳》載游棣子著書一篇，言法家事。沈欽韓《漢書疏證》則認爲，“游棣”與本書卷四九《爰盎鼂錯傳》中的“劉帶”同聲。

《鼂錯》三十一篇。[1]

[1]【今注】案，本書卷四九《爰盎鼂錯傳》云，鼂錯學申、商刑名於軹張恢生所，與雒陽宋孟及劉帶同師。本《傳》載其上言對策共五篇，即《賢良文學對策》《上書言皇太子宜知術數》《上書言兵事》《言守邊備塞務農力本當世急務二事》《復言募民徙塞下》。《隋志》著録《韓子》條下注：“梁有《朝氏新書》三卷，漢御史大夫鼂錯撰，亡。”《舊唐志》著録鼂錯《晁氏新書》三卷，《新唐志》著録鼂錯《晁氏新書》七卷，《宋志》無著録，已亡佚。有馬國翰、嚴可均輯本。鼂錯，又作“晁錯”“朝錯”，潁川（治陽翟，今河南禹州市）人。學申、商刑名之學。文帝時，以文學爲太常掌故，奉命從伏生受《尚書》。後爲太子家令，爲太子信用。景帝時，任内史，遷御史大夫。主張削藩。吴楚七國反時，被斬於市。傳見本書卷四九、《史記》卷一〇一。

《燕十事》十篇。[1]不知作者。

[1]【今注】案，《隋志》、兩《唐志》無著録，已亡佚。撰者不詳。沈欽韓《漢書疏證》云，此書疑是燕王定國獄事。

《法家言》二篇。[1]不知作者。

[1]【今注】案，《隋志》、兩《唐志》無著録，已亡佚。撰者

不詳。此書當爲劉向輯録法家諸説而成，撰者有多人。

右法十家，二百一十七篇。

法家者流，蓋出於理官，[1]信賞必罰，[2]以輔禮制。[3]《易》曰"先王以明罰飭法"，[4]此其所長也。及刻者爲之，則無教化，去仁愛，專任刑法而欲以致治，至於殘害至親，傷恩薄厚。[5]

[1]【今注】理官：法官。掌管刑獄的官吏。

[2]【今注】信賞必罰：有功必賞，有罪必罰。賞罰分明。

[3]【今注】案，法與禮並行。本書卷四八《賈誼傳》載："夫禮者禁於將然之前，而法者禁於已然之後，是故法之所用易見，而禮之所爲生難知也。若夫慶賞以勸善，刑罰以懲惡，先王執此之政，堅如金石，行此之令，信如四時，據此之公，無私如天地耳，豈顧不用哉？"

[4]【顔注】師古曰：噬嗑之象辭也。飭，整也，讀與敕同。【今注】案，意爲先王因此明察刑法，修正法律。飭，整肅。今本《周易》原文作"明罰敕法"。

[5]【顔注】師古曰：薄厚者，變厚爲薄。【今注】案，法家嚴而少恩，無論親疏貴賤，均以法來判決，則親親尊尊之恩斷絶。周壽昌《漢書注校補》認爲，即《大學》中所云"於所厚者薄"。

《鄧析》二篇。[1]鄭人，與子産並時。[2]

[1]【顔注】師古曰：列子及孫卿並云子産殺鄧析。據《左傳》，昭公二十年子産卒，定公九年駟歂殺鄧析而用其竹刑，則非子産所殺也。【今注】案，劉向《叙録》稱，中《鄧析書》四篇，

臣叙書一篇，凡中外書五篇。以相校，除複重，定爲一篇。《隋志》著録《鄧析子》一卷，注謂，析，鄭大夫。兩《唐志》著録鄧析《鄧析子》一卷。《宋志》著録《鄧析子》二卷。《郡齋讀書志》卷一一著録《鄧析子》二卷，稱此書文字訛缺，内容駁雜，應當爲後人附益。《四庫全書總目提要》卷一〇一著録《鄧析子》二卷，稱此書同於黄老，但更接近法家。有些篇章爲後人摘録《莊子》文字補輯。關於此書的研究，有馬叙倫《鄧析子校録》二卷、王啓湘《鄧析子校詮》二卷、王愷鑾《鄧析子校正》等。鄧析，鄭國人。好刑名。曾任大夫，善辯辭，操兩可之説，設無窮之辭。改鄭所鑄刑書，刊於竹簡。鄭國執政駟歂以竹刑殺之。一説子産殺之。

［2］【今注】子産：名僑，字子産。即公孫僑、公孫成子。任鄭相，改革内政、治國有方，整理田界溝洫，不毁鄉校，鑄刑書。爲相二十六年死。

《尹文子》一篇。[1]説齊宣王。先公孫龍。

［1］【顔注】師古曰：劉向云與宋銒俱游稷下。銒音形。【今注】案，《隋志》著録《尹文子》二卷，注曰，尹文，周之處士，游齊稷下。《舊唐志》著録《尹文子》二卷，《新唐志》著録《尹文子》一卷。《宋志》著録《尹文子》一卷，注謂齊人。《四庫全書總目提要》卷一一七著録《尹文子》一卷，稱前有仲長統序，有上下兩篇。其書大意陳述治國之道，兼有黄老申韓的學説。今本《尹文子序》的作者並非鍾長統。自宋晁公武開始，後人多以此書當爲魏晉間人所依託，但有學者認爲，此書不僞，當寫於戰國時期，與《荀子》有相近或相同之處，反映的是黄老學説（林志鵬：《宋銒學派遺著考論》，第 270—274 頁）。有錢熙祚校本，王啓湘《尹文子校詮》、王時潤有《尹文子校録》二卷。尹文，複姓，出於周之尹氏，齊宣王時居稷下，與宋銒、彭蒙、田駢同學於公孫

龍。公孫龍稱之。著書一篇。

《公孫龍子》十四篇。[1]趙人。

[1]【顔注】師古曰：即爲堅白之辨者。【今注】案，《史記》卷七四《孟子荀卿列傳》載，趙有公孫龍子，爲堅白同異之辯。劉向《别録》曰，“公孫龍持白馬之論以度關”。《隋志》著録《守白論》一卷。《舊唐志》著録《公孫龍子》三卷，公孫龍撰。又有賈大隱、陳嗣古注本。《新唐志》著録《公孫龍子》三卷，陳嗣古注《公孫龍子》一卷。《宋志》著録《公孫龍子》一卷，注謂趙人。《崇文總目》著録《公孫龍子》一卷。《直齋書録解題》卷一〇著録《公孫龍子》三卷，稱趙人公孫龍爲白馬非馬、堅白之辨，但其學説淺陋迂僻。今書存六篇，首叙孔穿之事，文意重複。《四庫全書總目提要》卷一一七著録《公孫龍子》三卷，稱此書出自先秦，義雖恢誕，而文頗博辨。宋時八篇已亡，今僅存《迹府》《白馬》《指物》《通變》《堅白》《名實》凡六篇。賈大隱、陳嗣古注本均已亡佚。而《迹府》一篇已被證明爲後人輯録，主要觀點爲“白馬非馬”“離堅白”等説。關於此書的研究，有譚戒甫《公孫龍子形名發微》、金受申《公孫龍子釋》、吴毓江《公孫龍子校釋》、徐復觀《公孫龍子講疏》、陳憲猷《公孫龍子求真》、楊壽篯《公孫龍子釋義》、王涠時《公孫龍子》、龐樸《公孫龍子譯注》、欒星《公孫龍子長箋》、王琯《公孫龍子懸解》。公孫龍，字子石，趙人。或曰楚人、衛人。王應麟《考證》引《列子釋文》，稱其字子秉。

《成公生》五篇。[1]與黄公等同時。

[1]【顔注】師古曰：姓成公。劉向云：與李斯子由同時。

由爲三川守，成公生游談不仕。【今注】案，《隋志》、兩《唐志》無著録，已亡佚。班固注稱此人與黄公同時，應當列於惠子之後，黄公之前，但此處列於惠子之前，或順序有誤。

《惠子》一篇。[1]名施，與莊子並時。

[1]【今注】案，《隋志》、兩《唐志》無著録，已亡佚。《莊子·天下》稱，惠施多方，其書五車，其道舛駁，其言也不中。又稱惠施日以智與人論辯，以善辯聞名。張舜徽《通釋》認爲，惠施爲能言善辯之人，《荀子·非十二子》稱其“不法先王，不是禮義，而好治怪説，玩琦辭，甚察而不惠，辯而無用，多事而寡功，不可以爲治綱紀”。其後儒學興起，其書遂亡佚。有歸有光、馬國翰、錢基博、李峻之輯本。惠子，名施，宋人。仕魏，爲梁惠王相。

《黄公》四篇。[1]名疵，[2]爲秦博士，作歌詩，在秦時歌詩中。

[1]【今注】案，《隋志》、兩《唐志》無著録，已亡佚。黄公或爲秦始皇三十六年（前211）使博士爲歌詩者。《史記》卷六《秦始皇本紀》載：“三十六年，熒惑守心。有墜星下東郡，至地爲石，黔首或刻其石曰‘始皇帝死而地分’。始皇聞之，遣御史逐問，莫服，盡取石旁居人誅之，因燔銷其石。始皇不樂，使博士爲仙真人詩，及行所游天下，傳令樂人謌弦之。”

[2]【顔注】師古曰：疵，音才斯反。

《毛公》九篇。[1]趙人，與公孫龍等並游平原君趙勝家。

［1］【顔注】師古曰：劉向《别録》云論堅白同異，以爲可以治天下。此蓋史記所云"藏於博徒"者。【今注】案，《隋志》、兩《唐志》無著録，已亡佚。毛公，趙人。《史記》卷七七《魏公子列傳》載，信陵君與趙處士毛公藏於博徒，並與其游。

右名七家，三十六篇。

名家者流，蓋出於禮官。［1］古者名位不同，［2］禮亦異數。［3］孔子曰："必也正名乎！名不正則言不順，言不順則事不成。"［4］此其所長也。及警者爲之，［5］則苟鉤鈲析亂而已。［6］

［1］【今注】禮官：掌禮儀之官。《周禮·春官·序官》："乃立春官宗伯，使帥其屬而掌邦禮，以佐王和邦國。禮官之屬，大宗伯卿一人，小宗伯中大夫二人。"因人情而制禮，注重名分。

［2］【今注】名位：官職名稱、品級爵位。

［3］【今注】異數：等級不同。出自《左傳》莊公十八年。原文作"王命諸侯，名位不同，禮亦異數，不以禮假人"。如天子七廟，諸侯五廟，大夫三廟，士一廟，即是。

［4］【顔注】師古曰：《論語》載孔子之言也。言欲爲政，必先正其名。【今注】案，"孔子曰"見《論語·子路》，其後有"事不成，則禮樂不興；禮樂不興，則刑罰不中；刑罰不中，則民無所措手足。故君子名之必可言也，言之必可行也"。

［5］【顔注】晉灼曰：警，訐也。師古曰：警，音工釣反。【今注】警（jiào）：大聲呼叫。

［6］【顔注】師古曰：鈲，破也，音普革反，又音普狄反。【今注】案，指不能變通者，容易固執於隻言片語，失於苛察，而失去循名責實的要旨，不能正名位。鉤，鈎取、探取。鈲（pì），裁木爲農器，指析破。司馬遷《論六家要旨》云："名家使人儉而

善失真，然其正名實，不可不察也。”又：“名家苛察繳繞，使人不得反其意，專決於名而失人情，故曰‘使人儉而善失真’。”《隋志》載：“名者，所以正百物，叙尊卑，列貴賤，各控名而責實，無相僭濫者也。”

《尹佚》二篇。[1]周臣，在成、康時也。[2]

[1]【今注】案，《隋志》、兩《唐志》無著録，已亡佚。有馬國翰、嚴可均輯本。尹佚，周朝太史。歷武王、成王、康王三朝。《史記》卷四《周本紀》載，周武王滅商後，尹佚筴祝。張守節《正義》曰，尹佚讀策書祝文以祭社。《史記·天官書》載，傳天數者，周室有史佚。張守節《正義》曰，史佚，周武王時太史尹佚。

[2]【今注】成：周成王，姬誦，周武王子。即位時年紡，由周公攝政，平定武庚、管叔、蔡叔之亂。營建洛邑。　康：周康王，姬釗，周成王子。作《康誥》。成康之際，天下安寧，四十餘年不用刑法。

《田俅子》三篇。[1]先韓子。

[1]【顔注】蘇林曰：俅音仇。【今注】案，《吕氏春秋·首時》有墨者田鳩，《韓非·外儲説左上》《問田》有“田鳩”。馬驌《繹史》、梁玉繩《人表考》以爲田俅即田鳩，齊人。《隋志》著録《胡非子》，注曰，梁有《田俅子》一卷，亡。有馬國翰、勞格、顧觀光、王仁俊輯本，又見孫詒讓《墨子閒詁》附《墨子後語下·墨家諸子鈎沉》。

《我子》一篇。[1]

［1］【顔注】師古曰：劉向《别録》云，爲墨子之學。【今注】案，《隋志》、兩《唐志》無著録，已亡佚。王先謙《漢書補注》據應劭《風俗通》認爲，此人爲六國時人，著書，爲墨子之學。

《隨巢子》六篇。[1]墨翟弟子。

［1］【今注】案，《史記》卷一三〇《太史公自序》張守節《正義》引韋昭云："墨翟之術也，尚儉，後有隨巢子傳其術。"《隋志》著録《隨巢子》一卷，注曰，巢，似墨翟弟子。《新唐志》著録《隋巢子》一卷。《宋志》無著録，已亡佚。有歸有光、馬國翰、勞格、王仁俊、顧觀光輯本，又見孫詒讓《墨子閒詁》附《墨子後語下·墨家諸子鈎沉》。隨巢子，或爲複姓，或姓隨名巢，事迹不詳。

《胡非子》三篇。[1]墨翟弟子。

［1］【今注】案，《隋志》著録《胡非子》一卷，注曰，非，似墨翟弟子。兩《唐志》著録《胡非子》一卷，《宋志》無著録，已亡佚。有歸有光、馬國翰、顧觀光輯本，又見孫詒讓《墨子閒詁》附《墨子後語下·墨家諸子鈎沉》。胡非子，名非，其他事迹不詳。

《墨子》七十一篇。[1]名翟，爲宋大夫，在孔子後。

［1］【今注】案，《史記》卷七四《孟子荀卿列傳》稱，墨翟，宋之大夫，善守禦，爲節用。在七十子後。《吕氏春秋》卷二《仲

春紀·當染》高誘注曰，墨子，名翟，魯人，作書七十一篇。《史記》卷一三〇《太史公自序》曰："墨者，儉而難遵，是以其事，不可徧循；然其彊本，節用不可廢也。"《隋志》著録《墨子》十五卷、《目》一卷，注謂宋大夫墨翟撰。兩《唐志》、《宋志》著録墨翟《墨子》十五卷。《直齋書録解題》卷一〇著録《墨子》三卷，稱《中興館閣書目》有十五卷六十一篇，多訛誤，不相聯屬。另有一本止存十三篇，當即此本。《郡齋讀書志》卷三著録《墨子》五十卷。《四庫全書總目提要》卷一一七著録《墨子》十五卷，稱其書中多稱"子墨子"，則此書爲門人纂輯，非墨翟自著。1957 年，河南信陽長臺關 1 號楚墓出土竹簡，有一部分當是《墨子》佚文、佚篇（李學勤：《簡帛佚籍與學術史》，江西教育出版社 2007 年版，第 327—333 頁）。但李零認爲，此簡不一定屬於《墨子》，只是周公、申徒狄問對，當命名《申徒狄》。關於本書的研究，有畢沅校注本、孫詒讓《墨子閒詁》、王焕鑣《墨子校釋》。墨翟，戰國初魯國人，一説宋國人。宋大夫，善守禦，爲節用。或曰並孔子時，或曰在其後。

右墨六家，八十六篇。

墨家者流，蓋出於清廟之守。[1]茅屋采椽，[2]是以貴儉；養三老五更，[3]是以兼愛；選士大射，[4]是以上賢；[5]宗祀嚴父，是以右鬼；[6]順四時而行，是以非命；[7]以孝視天下，[8]是以上同；[9]此其所長也。及蔽者爲之，[10]見儉之利，因以非禮，推兼愛之意，而不知别親疏。[11]

[1]【今注】清廟：太廟。清廟之頂覆以茅草遮雨避風而不用瓦頂，以示節儉。以清廟之守喻墨學爲治國安民之重術。《左傳》

桓公二年杜預注曰“以茅飾屋著儉也，清廟肅然清静之稱”（徐華：《〈漢書·藝文志〉有關墨家出於“清廟之守”論新考》，《學術界》2012年第1期；鄭傑文：《“墨家出于清廟之守説”考析》，《中國文化研究》2013年第3期）。楊樹達《漢書窺管》認爲，“守”疑爲“官”之誤。

［2］【顔注】師古曰：采，柞木也，字作棌，本從木。以茅覆屋，以棌爲椽，言其質素也。采，音千在反。

［3］【今注】三老五更：鄉官名。戰國秦漢時閭里及縣均有三老，由年齡五十歲以上者擔任。五更，則爲年老致仕者。《禮記·文王世子》鄭玄注，三老、五更各一人，皆年老更事致仕者，天子以父兄養之，以向天下展示孝悌。孔穎達疏稱，三老、五更各一人，或以“更”爲“叟”。

［4］【今注】選士大射：指周朝的國學選士與大射擇士。《禮記·王制》云：“司徒命鄉論秀士，升之司徒，曰選士。司徒論選士之秀者，而升之學，曰俊士。升於司徒者不征於鄉，升於學者不征於司徒，曰造士。樂正崇四術，立四教，順先王詩書禮樂以造士。”《周禮·天官·司裘》曰：“古者選士必於鄉射，心端志正，射則能中，所以别賢不肖也。射者，爲祭祀射，王將有郊廟之事，以射擇諸侯及群臣與邦國所貢之士可以與祭者。射者可以觀德行，其容體比於禮，其節比於樂而中多者，得與於祭。”（參見喬衛平《略論西周的選士制度》，《人文雜志》1984年第3期）

［5］【今注】上：同“尚”。崇尚。

［6］【顔注】如淳曰：右鬼，謂信鬼神。若杜伯射宣王，是親鬼而右之。師古曰：右猶尊尚也。【今注】右鬼：信奉鬼神。右，猶尊尚。《隋志》作“墨者，强本節用之術也。上述堯、舜、夏禹之行，茅茨不翦，糲粱之食，桐棺三寸，貴儉兼愛，嚴父上德，以孝示天下，右鬼神而非命”。

［7］【顔注】蘇林曰：非有命者，言儒者執有命，而反勸人

修德積善，政教與行相反，故譏之也。如淳曰：言無吉凶之命，但有賢不肖善惡。

［8］【今注】視：治理、處理。

［9］【顔注】如淳曰：言皆同，可以治也。師古曰：《墨子》有節用、兼愛、上賢、明鬼神、非命、上同等諸篇，故志歷序其本意也。視讀曰示。【今注】上同：或作“尚同”。指上天選擇天下贊閲賢良聖智辯慧之人，立以爲天子、三公、諸侯、各級官員等，自下而上尊從於天下之義，從而實現天下治。在上者有過，在下者可以規諫，但要遵從上級。天子的行爲是否合於天下之義，必須據其是否尚同於天。

［10］【今注】蔽者：指墨家。蔽，掩蓋、蒙蔽。

［11］【今注】案，“見儉之利”四句，指孟子批評墨子的節葬非禮、兼愛無父。

《蘇子》三十一篇。[1]名秦，有列傳。

［1］【今注】案，張守節《史記正義》佚文引《七録》有蘇秦書，此書已佚。《戰國策》《史記》等書中有游説秦及六國之文，馬國翰據此輯《蘇子》一卷。傳説蘇秦爲使其學説神秘化，託名鬼谷子。《史記》卷六九《蘇秦列傳》裴駰《集解》曰：“又樂壹注《鬼谷子》書云‘蘇秦欲神祕其道，故假名鬼谷’。”《隋志》著録《鬼谷子》三卷，有皇甫謐、樂壹注。兩《唐志》著録蘇秦著《鬼谷子》二卷，有樂壹、尹知章注。《宋志》著録《鬼谷子》三卷，高誘注。但後世學者對此有不同看法，認爲蘇秦是鬼谷子的關門弟子，《鬼谷子》是蘇秦整理的鬼谷子講課記録，屬於縱横家的理論著作，而《蘇子》則是蘇秦書信及游説辭的彙集，兩者並不是同一本書。《蘇子》應當就是1973年湖南長沙馬王堆漢墓出土帛書《戰國縱横家書》中的十六章，稱作《蘇秦書》（參見顧莉丹《蘇子輯

校注釋》，上海古籍出版社 2019 年版，前言第 3—9 頁)。蘇秦，東周洛陽（今河南洛陽市）人。師從鬼谷子。以縱横之術游説秦惠王，不被采用。後游説燕、趙、楚、韓、魏、齊六國，合縱抗秦，出任縱約長，佩六國相印。居於趙，封武安君。後合縱瓦解，入齊爲客卿，後與齊大夫争寵，被刺身亡。一説被車裂而死。傳見《史記》卷六九。

《張子》十篇。[1] 名儀，有列傳。

[1]【今注】案，《隋志》、兩《唐志》無著録，已亡佚。尹知章《鬼谷子序》稱："蘇秦、張儀往事之，受捭闔之術十有二章，復受《轉丸》《胠篋》三章。"張儀，戰國時魏人。與蘇秦同爲鬼谷弟子。秦惠王九年（前 330）入秦，任客卿。公元前 328 年，任秦相。用連横之策游説六國，使背棄合縱，共同事秦。先後游説魏、楚、韓等參與連横。後歸秦，被封武信君。秦武王即位後，入魏爲相，一年後病死。傳見《史記》卷七〇。

《龐煖》二篇。[1] 爲燕將。

[1]【顔注】師古曰：煖，音許遠反。【今注】案，《隋志》、兩《唐志》無著録，已亡佚。梁玉繩《瞥記》卷五疑此書即《鶡冠子》中《世賢篇》《武靈王篇》，凡書中"龐子"即龐煖。本《志》"兵權謀家"有《龐煖》三篇。龐煖（xuān），班固注其爲燕將，據《史記》卷四三《燕世家》、卷三四《趙世家》載，龐煖爲趙國將軍。趙悼襄王三年（前 243），趙使龐煖攻燕，擒殺其將劇辛，取燕軍二萬。四年，龐煖率趙、楚、魏、燕鋭師，攻秦蕞，不勝，移攻徐，取饒安。

《闞子》一篇。[1]

[1]【今注】案，《隋志》、兩《唐志》無著録，已亡佚。闞子，姓闞，缺名，事迹不詳。《後漢書》卷九《孝獻帝紀》注引應劭《風俗通》曰："闞，姓也，承闞黨童子之後也。縱横家有闞子著書。"嚴可均《鐵橋漫稿》認爲劉逵注《吴都賦》、酈道元《水經注·睢水》均引此書，可見當是先秦古書。梁蕭繹有《補闞子》十卷，爲鮑泉所增補。有馬國翰、嚴可均、顧觀光輯本（尹玉珊：《〈闞子〉書名及相關文獻問題考辨》，《文學遺産》2018年第4期）。

《國筮子》十七篇。[1]

[1]【今注】案，《隋志》、兩《唐志》無著録，已亡佚。姚振宗《條理》稱，國筮子或爲國姓，或爲别號。事迹不詳。

《秦零陵令信》一篇。[1]難秦相李斯。

[1]【今注】案，《隋志》、兩《唐志》無著録，已亡佚。秦零陵令，事迹不詳。《文選》左思《吴都賦》劉淵林注有秦零陵令《上始皇書》，嚴可均認爲即此篇。王先謙《漢書補注》引陶憲曾曰，信或爲令的名字。零陵，縣名。治所在今廣西全州縣西南。

《蒯子》五篇。[1]名通。

[1]【今注】案，《隋志》、兩《唐志》無著録，已亡佚。本書卷四五《蒯通傳》載，蒯通論戰國時説士權變，並自序其説，凡八

十一篇，號曰《雋永》。馬國翰有輯本。蒯通，本名徹，因避漢武帝劉徹之諱，改稱爲通。范陽（今河北定興縣西南固城鎮）人。以善辯著名。陳勝起義時，勸説范陽令徐公歸降，又勸武臣迎之。因此不戰而下燕趙三十餘城。又勸韓信取齊地，叛漢自立，韓信不用。高祖欲烹之，其巧辯被赦。曹參爲相，禮下賢人，以通爲客。傳見本書卷四五。

《鄒陽》七篇。[1]

[1]【今注】案，《隋志》、兩《唐志》無著録，已亡佚。《史記》《漢書》本傳及《文選》有其獄中上書。馬國翰輯《鄒陽書》一卷。鄒陽，齊人。與吴嚴忌、枚乘等仕吴國，以文辯著名。後從梁孝王，遭羊勝、公孫詭等嫉恨，遭讒毁。梁王大怒，欲令吏殺之。鄒陽獄中上書。後出獄爲上客。傳見本書卷五一、《史記》卷八三。

《主父偃》二十八篇。[1]

[1]【今注】案，《隋志》、兩《唐志》無著録，已亡佚。本書卷六四上《主父偃傳》載，主父偃“上書闕下。朝奏，暮召入見。所言九事”。有馬國翰、嚴可均輯本。主父偃，齊臨菑（今山東淄博市東北）人。學長短縱橫術，晚年學《易》《春秋》百家之言。北游燕、趙、中山，皆不得重用。武帝元光元年（前 134），見大將軍衛青，不見用。後上書武帝，建議行推恩令。置朔方郡以抗擊匈奴，拜爲郎中，遷中大夫。武帝元朔二年（前 127）拜齊相。因齊王自殺，被誅族。傳見本書卷六四、《史記》卷一一二。

《徐樂》一篇。[1]

[1]【今注】案，《隋志》、兩《唐志》無著録，已亡佚。本書卷六四上《徐樂傳》載徐樂上書一篇。有馬國翰、嚴可均輯本。徐樂，燕無終（今天津市薊州區）人。善爲文辭，能辯。漢武帝時，與嚴安、主父偃上書言世務。拜郎中。傳見本書卷六四上。

《莊安》一篇。[1]

[1]【今注】案，《隋志》、兩《唐志》無著録，已亡佚。本書卷六四下《嚴安傳》載嚴安上書一篇。有馬國翰、嚴可均輯本。莊安，即嚴安，避東漢明帝諱，臨菑（今山東淄博市東北）人。任丞相史，上書言世務，後爲騎馬令。傳見本書卷六四上。

《待詔金馬聊蒼》三篇。[1]趙人，武帝時。

[1]【顔注】師古曰：《嚴助傳》作膠蒼，而此志作聊。志傳不同，未知孰是。【今注】案，《隋志》、兩《唐志》無著録，已亡佚。聊蒼，本書卷六五《東方朔傳》、卷六四上《嚴助傳》作"膠倉"。與主父偃、徐樂、嚴安、東方朔等侍從武帝，爲文學侍從。姚振宗《條理》認爲，聊氏的祖先或出於膠鬲，故亦作"膠"。待詔金馬，官名。待詔原爲應皇帝徵召隨時待命以備諮詢顧問。因待詔處所不同，有待詔公車、待詔殿中、待詔金馬門等（羅寧：《漢待詔考》，《新國學》第7卷，巴蜀書社2008年版）。金馬門，西漢長安城内未央宫宫門，在今陜西西安市西北未央宫遺址。《史記》卷一二六《滑稽列傳》載："金馬門者，宦署門也，門傍有銅馬，故謂之曰金馬門。"

右從横十二家，百七篇。

從横家者流，蓋出於行人之官。[1]孔子曰："誦《詩》三百，使於四方，不能顓對，[2]雖多亦奚以爲?"[3]又曰："使乎，使乎!"[4]言其當權事制宜，受命而不受辭，此其所長也。及邪人爲之，則上詐諼而棄其信。[5]

[1]【今注】行人：周官名。《周禮·秋官》屬官有大行人、小行人。《周禮正義·秋官司寇》載，大行人掌大賓之禮及大客之儀，以親諸侯；小行人掌邦國賓客之禮籍，以待四方之使者。春秋戰國多設行人，掌朝覲聘問，常任使者。

[2]【今注】不能顓對：不能凭借自己的智謀和能力解決出使中的問題。《公羊傳》莊公十九年云："聘禮，大夫受命，不受辭，出竟有可以安社稷、利國家者，則專之可也。"即大夫出使，衹接受使命，但應對的辭令則需要視具體情形而定，以不辱君命爲準則。

[3]【顔注】師古曰：《論語》載孔子之言也。謂人不達於事，誦詩雖多，亦無所用。【今注】案，見《論語·子路》。原文作"子曰：'誦《詩》三百，授之以政，不達；使於四方，不能專對；雖多，亦奚以爲?'"亦奚以爲，又有什麼用處呢?以，作"用""用處"。爲，語氣助詞，表示反問或感嘆。

[4]【顔注】師古曰：亦《論語》載孔子之言，歎使者之難其人。【今注】使乎使乎：見《論語·憲問》。原文作"蘧伯玉使人於孔子。孔子與之坐而問焉，曰：'夫子何爲?'對曰：'夫子欲寡其過而未能也。'使者出。子曰：'使乎！使乎！'"這是孔子對使者實話實説的贊嘆。

[5]【顔注】師古曰：諼，詐言也，音許遠反。【今注】詐諼(xuān)：欺騙、弄虚作假。

《孔甲盤盂》二十六篇。[1]黄帝之史，或曰夏帝孔甲，似皆非。

[1]【今注】案，《隋志》、兩《唐志》無著録，已亡佚。本書卷五二《田蚡傳》載田蚡學《盤盂》之書。應劭注稱，此書爲黄帝史孔甲所作，凡二十九篇，書寫在盤盂中，用來作爲法戒。孟康注云，《孔甲盤盂》二十六篇，雜家書，兼儒、墨、名、法諸家學説。孔甲，或認爲是黄帝之史。或以爲是夏帝孔甲，但《史記·夏本紀》載，孔甲好方鬼神，事淫亂，不應爲《盤盂》作者。本書卷八八《儒林傳》載陳涉博士孔甲，裴駰《集解》引徐廣注，爲孔子八世孫，名鮒字甲。晁公武據此認爲，《孔甲盤盂》即《孔叢子》。

《大帝》三十七篇。[1]傳言禹所作，其文似後世語。

[1]【顔注】師古曰：帝，古禹字。【今注】案，《隋志》、兩《唐志》無著録，已亡佚。嚴可均《全上古三代文》收夏禹所作《禹誓》《禹禁》《政語》《夏箴》《開望》《簨虡銘》《祀六沴》《後稷》《教稷》等文九篇。大帝，即大禹。帝，古"禹"字。姒姓，名文命。堯任命爲司空，封夏伯，因稱伯禹。繼父鯀之治水。後受舜禪讓，號夏后氏。也稱神禹，又作"大禹"。在位十年，東巡狩至會稽而卒。見《史記》卷二《夏本紀》。

《五子胥》八篇。[1]名員，春秋時爲吴將，忠直遇讒死。

[1]【今注】案，《隋志》、兩《唐志》無著録，已亡佚。本書卷六《武紀》臣瓚注云："《伍子胥書》有戈船，以載干戈，因謂之

戈船也。”又有“《伍子胥書》有下瀨船”。當即此書。清洪頤煊《讀書叢録》曰，今《越絶書》中《太伯》《荆平》《吴》《計倪》《請糴》《九術》《兵法》《陳恒》八篇，與《五子胥》篇數相同。顧實《講疏》認爲，此書即《越絶書》中《荆平王》《吴》《計倪》《請糴》《陳成恒》《九術》六篇。但余嘉錫《四庫提要辨證》卷七認爲，《越絶書》並非一時一人所作，當是戰國時期人所作，漢代人又增補。則《越絶書》與《五子胥》爲一書的説法，當存疑（參見陳橋驛《陳橋驛方志論集》，第182—190、404—420頁）。五子胥，即伍子胥。名員，春秋時楚國人。楚國大夫伍奢次子。公元前522年，因父伍奢及兄被楚平王所殺，奔吴。助闔閭奪王位，國力增强。與孫武伐楚，攻入郢都，掘楚平王墓，並鞭尸三百。封於申，又稱申胥。後因諫吴王夫差拒越請和與出兵伐齊，遭讒自殺。傳見《史記》卷六六。本志“兵技巧家”有《五子胥》十篇，似與此書非同一書。又案，五，蔡琪本、大德本同，殿本作“伍”。

《子晚子》三十五篇。[1]齊人，好議兵，與《司馬法》相似。

[1]【今注】案，《隋志》、兩《唐志》無著録，已亡佚。子晚子，似弟子所稱，或當姓晚，事迹不詳。據班固所注，此書當列入兵家。但張舜徽《通釋》認爲，《諸子略》中所載人物及著作，往往除一種學術之外還兼有其他，則此子晚子好議兵，當屬其學術之一。

《由余》三篇。[1]戎人，秦穆公聘以爲大夫。[2]

[1]【今注】案，《隋書》、兩《唐志》無著録，已亡佚。據《史記·秦本紀》載，由余與秦繆公論治國，屬於黄老無爲而治的

學説。馬國翰輯《由余書》一卷。由余，其先爲晉國人，亡入戎。戎王遣其使秦。秦繆公以爲賢者，以女樂贈戎王，又用離間計。由余諫而不聽，遂降秦，助秦霸西戎。本《志》《兵書略》有《繇》《敘》二篇，爲論兵著作。

[2]【今注】秦穆公：名任好，德公第三子。公元前659年即位，在位期間，任用百里奚、蹇叔等，國力增强。又助晉文公重耳即位。伐西戎。爲春秋五霸之一。在位三十九年。"穆"一作"繆"。

《尉繚》二十九篇。[1]六國時。

[1]【顔注】師古曰：尉，姓；繚，名也。音了，又音聊。劉向《别録》云繚爲商君學。【今注】案，《隋志》、兩《唐志》無著録，已亡佚。《四庫全書總目提要》卷九九著録《尉繚子》五卷，據胡應麟説，今本即"兵家"之《尉繚》，與此書非一本。雜家《尉繚》、兵家《尉繚》爲一部著作，唐代《群書治要》引雜家《尉繚》四篇節選本。銀雀山竹簡《尉繚子》多與《群書治要》所引本相同，但也有與兵家《尉繚》相似的文字（銀雀山漢墓竹簡整理小組：《銀雀山簡本〈尉繚子〉釋文（附校注）》，《文物》1977年第2期；何法周：《〈尉繚子〉初探》，《文物》1977年第2期）。尉繚，名繚。《史記》卷六《秦始皇本紀》載，秦王政十年（前237），有大梁人尉繚來，説秦王以財物賄賂六國諸侯臣下。秦王任命爲國尉。故稱尉繚。則此尉繚當爲戰國末期魏國人。沈欽韓《漢書疏證》認爲，《戰國策·秦策》有頓弱説秦王，其言論與尉繚同，則頓弱與尉繚當爲同一個人。

《尸子》二十篇。[1]名佼，[2]魯人，秦相商君師之。鞅死，佼逃入蜀。

［1］【今注】案，《史記》卷七四《孟子荀卿列傳》裴駰《集解》引劉向《别録》稱，楚有尸子，疑謂其在蜀。今按尸子書，此人爲晉人，名佼，秦相衛鞅的門客。衛鞅商君謀劃秦國變法，立法理民，未嘗不與佼一同規劃。商君被刑之後，尸佼恐被誅，於是逃亡入蜀。自爲造此二十篇書，凡六萬餘言。卒，因葬蜀。司馬貞《索隱》按，尸子名佼，音絞，晉人。《後漢書》卷七八《宦者傳》李賢注曰，尸子，晉人，名佼，秦相衛鞅客也。鞅謀計，未嘗不與佼規也。商君被刑，恐並誅，乃亡逃入蜀，作書二十篇，其中十九篇陳道德仁義之紀，一篇言九州險阻，水泉所起。《隋志》著録《尸子》二十卷，注稱梁十九卷。秦相衛鞅上客尸佼撰。其九篇亡，魏黄初中續。兩《唐志》著録《尸子》二十卷，尸佼撰。《宋志》著録尸佼《尸子》一卷。此後無著録，已亡佚。有歸有光、惠棟、孫志祖、章宗源、孫星衍、汪繼培、任兆麟等輯本。尸子，尸佼，晉人，秦相商鞅門客，參與變法。商鞅被殺後，逃亡入蜀。班固注“魯人”，當有誤。

［2］【顔注】師古曰：佼音絞。

《吕氏春秋》二十六篇。[1]秦相吕不韋輯智略士作。

［1］【今注】案，《史記》卷八五《吕不韋列傳》載，吕不韋使門客人人著所聞，集論以爲八覽、六論、十二紀，二十餘萬言，以爲備天地古今之事，號曰《吕氏春秋》。據《史記》所載，原書以八覽居首，十二紀在後。後人又稱此書爲《吕覽》，則是因八覽在首而得名。《隋志》著録《吕氏春秋》二十六卷，注曰，秦相吕不韋撰、高誘注。《舊唐志》著録吕不韋《吕氏春秋》二十六卷；《新唐志》著録吕不韋《吕氏春秋》二十六卷，高誘注。《宋志》著録《吕氏春秋》二十六卷，高誘注。《直齋書録解題》卷一〇著録《吕氏春秋》二十六卷，十二紀即今《禮記》之《月令》。《四

庫全書總目提要》卷一一七著録二十六卷，稱紀所統子目六十一、覽所統子目六十三、論所統子目三十六，實一百六十篇。此書實其賓客之所集。此書較諸子之言，獨爲醇正，其持論頗爲不苟。關於此書的研究，有宋吕本中《吕氏春秋集解》；清梁玉繩《吕子校補》，陳昌齊《吕氏春秋正誤》；近代許維遹《吕氏春秋集釋》，陳奇猷《吕氏春秋校釋》，王心湛《吕氏春秋集解》，王利器《吕氏春秋注疏》，沈延國、楊寬等《吕氏春秋匯校》，王曉明《吕氏春秋通詮》。吕不韋，戰國末年衛國濮陽（今河南濮陽市西南）人，原爲陽翟（今河南禹州市）大商人。秦昭王時，在邯鄲遇見入質於趙的秦公子子楚。後游説華陽夫人，立子楚爲太子，即秦莊襄王。吕不韋爲相，封文信侯。莊襄王崩，太子政立，尊吕不韋爲相國，號仲父。秦王政十年（前 237），免相國，歲餘令其徙蜀。後飲鴆而死。傳見《史記》卷八五。

《淮南内》二十一篇。王安。

《淮南外》三十三篇。[1]

［1］【顔注】師古曰：内篇論道，外篇雜説。【今注】案，本書卷四四《淮南衡山濟北王傳》載，淮南王安爲人好書，招致賓客方術之士數千人，作内書二十一篇，外書甚衆，又有中篇八卷，言神仙黄白之術，亦二十餘萬言。高誘序稱此書主旨近於老子，淡泊無爲，蹈虚守静，出入儒家經典與黄老道家之間。其書意義鮮明，文辭宏富，物事之類，無所不載，然其主要思想還是歸於道家，號曰鴻烈。鴻，大；烈，明。《史通・自叙》稱《淮南子》“其書牢籠天地，博極古今，上自太公，下至商鞅。其錯綜經緯，自謂兼於數家，無遺力矣”。張舜徽《通釋》指出，今本二十一篇標題，除《要略》之外，篇名加一“訓”字，爲高誘作注時所加。學者引用時，不應以此爲篇名。《隋志》著録《淮南子》二十一卷，注曰，

漢淮南王劉安撰，許慎注。又有高誘注。《舊唐志》著録《淮南商詁》二十一卷，劉安撰；《淮南子注解》二十一卷，高誘撰；《淮南鴻烈音》二卷，高誘撰。《新唐志》著録許慎注《淮南子》二十一卷，注曰，淮南王劉安；高誘注《淮南子》二十一卷，又《淮南鴻烈音》二卷。《宋志》著録《淮南子鴻烈解》二十一卷，淮南王劉安撰；許慎注《淮南子》二十一卷；高誘注《淮南子》十三卷。《玉海》卷五五《藝文·漢淮南鴻烈》稱，《隋志》二十一卷，許慎、高誘注。《唐志》《中興書目》同，蘇頌去其重複，共得高注十三篇、許注十八篇。洪邁《容齋續筆》卷七曰，《淮南子》今所存者二十一卷，爲《内篇》。但白居易《白氏六帖》所引《淮南子》内容，已不見於今本。《四庫全書總目提要》卷一一七著録《淮南子》二十卷，稱此書在宋代已有亡佚。許慎、高誘二家注，其中許注散佚，今存爲高誘注。現流傳的《淮南子》有二十一卷本、二十八卷本，二十一卷出於宋本，二十八卷出於道藏本。1977年，安徽阜陽雙古堆1號漢墓出土定名爲《刑德》的殘簡，共153片，其中（甲）類84片，（乙）類69片，内容涉及刑、皇德及青龍、白虎、勾陳、玄武等星辰運行，與《淮南子》所記之“二十歲刑德”相合（王秋生主編《阜陽文化史史前至魏晉南北朝卷》，合肥工業大學出版社2015年版，第202—204頁）。研究《淮南子》者，有王念孫《淮南内篇雜志》、俞樾《淮南内篇平議》、陳昌濟《淮南子正誤》、劉家立《淮南集證》、劉文典《淮南鴻烈集解》、于省吾《淮南子新證》、王叔岷《淮南子斠證》、吴承仕《淮南子舊注校理》、何寧《淮南子集釋》等。許慎注已亡佚，有孫馮翼、蔣曰豫、黄奭、葉德輝、易順鼎、陳方琦輯本。劉安（?—前122），淮南厲王劉長之子。孝文帝十六年（前164）封淮南王。爲人好書，善爲文辭。招致賓客方術之士數千人。武帝元狩元年（前122），因謀反事被告發，自殺。傳見本書卷四四、《史記》卷一一八。

《東方朔》二十篇。[1]

[1]【今注】案，《隋志》、兩《唐志》無著録，已亡佚。本書卷六五《東方朔傳》載，東方朔的文辭，以《答客難》《非有先生之論》二篇最善。其餘《封泰山》《責和氏璧》及《皇太子生禖》《屏風》《殿上柏柱》《平樂觀賦獵》，八言、七言上下，《從公孫弘借車》，凡劉向所録均是東方朔所撰，世間所傳其他事皆非。另有《諫除上林苑》《化民有道對》《上書陳農戰彊國計》《誡子詩》等。王先謙《漢書補注》引葉德輝曰，《北堂書鈔》卷一五八引《嗟伯夷》，《文選·海賦》引《對詔》，《藝文類聚》"災異部"引《旱頌》，"人部"引《誡子》。後世好事者附會東方朔的著作很多。《隋志》著録東方朔《十洲記》一卷、《神異經》一卷。兩《唐志》著録《十洲記》一卷、《神異經》二卷。《四庫全書總目提要》認爲此二書爲後世好事者僞託。有康丕顯刻本《東方先生文集》三卷，《漢魏諸名家集》《漢魏六朝諸家文集》《七十二家集》《漢魏六朝百三名家集》本，以及馮惟訥、嚴可均、丁福保輯本。東方朔，字曼倩，平原厭次（今山東惠民縣）人。武帝初，上書自薦，得待詔公車，後待詔金馬門。官至太中大夫、給事中。善辭賦，性恢諧滑稽，然能直言切諫。傳見本書卷六五，事亦見《史記》卷一二六《滑稽列傳》。

《伯象先生》一篇。[1]

[1]【顔注】應劭曰：蓋隱者也，故公孫敖難以無益世主之治。【今注】案，《隋志》、兩《唐志》無著録，已亡佚。王應麟《考證》卷七引《新序》載公孫敖問伯象先生語。此文不見於今本《新序》，爲《太平御覽》卷八一一《珍寶部十》所引。

《荆軻論》五篇。[1]軻爲燕刺秦王，不成而死，司馬相如等論之。

[1]【今注】案，《隋志》、兩《唐志》無著録，已亡佚。此書應爲司馬相如等五人論荆軻之文。王應麟《考證》卷七載，《文章緣起》有司馬相如作《荆軻讚》，《文心雕龍》有“相如屬詞，始讚荆軻”。但張舜徽《通釋》指出，史書論贊始於班固，此書爲論文，爲後世總集的起源。因彙集五人，漢志無集部，故列入雜家。荆軻，戰國末年衛國人。衛人謂之慶卿，燕人謂之荆卿。好讀書擊劍。游歷趙、燕。燕太子丹尊爲上卿，命其携秦將樊於期首級、督亢地圖，至秦刺秦王政。因圖窮匕現，不中被殺。傳見《史記》卷八六。

《吴子》一篇。[1]

[1]【今注】案，《隋志》、兩《唐志》無著録，已亡佚。此書或爲吴起論政之文。吴子，疑即吴起。戰國時衛國左氏（今山東曹縣北）人。曾學於曾子。善用兵。初爲魯將。後入魏爲將，任西河守。又至楚，爲相。佐楚悼王變法圖强。悼王死，被楚國貴族殺害，變法失敗。本《志》“兵權謀”有《吴起》四十八篇。

《公孫尼》一篇。[1]

[1]【今注】案，《隋志》、兩《唐志》無著録，已亡佚。公孫尼當即“儒家類”之公孫尼子。此書爲其雜論。

《博士臣賢對》一篇。[1]漢世，難韓子、商君。

[1]【今注】案，《隋志》、兩《唐志》無著録，已亡佚。張舜徽《通釋》認爲，此書作者爲漢武帝大臣韋賢，内容爲難韓非、商鞅之作。賢，即韋賢。字長孺。魯國鄒縣（今山東鄒城市東南）人。爲人質樸少欲，篤志於學，兼能《禮》《尚書》，以《詩》教授，號稱鄒魯大儒。徵爲博士，爲昭帝講《詩》。遷光禄大夫、詹事，至大鴻臚。宣帝即位，賜爵官内侯，遷長信少府。宣帝本始三年（前71），爲丞相。謚節侯。此書或是韋賢爲博士時所作。傳見本書卷七三。

《臣説》三篇。[1]武帝時作賦。

[1]【顔注】師古曰：説者，其人名，讀曰悦。【今注】案，《隋志》、兩《唐志》無著録，已亡佚。顧實《講疏》引沈濤説，雜家類所列書籍均非詩賦，此處班固注“賦”字誤衍。本《志》“詩賦家”有《臣説》九篇，當爲此人所作賦。但張舜徽《通釋》認爲班固注是指此人以善作賦聞名。説，事迹不詳。

《解子簿書》三十五篇。[1]

[1]【今注】案，《隋志》、兩《唐志》無著録，已亡佚。姚振宗《條理》云，或爲解姓所簿雜書三十五篇，或者是簿録諸子書而雜解之。

《推雜書》八十七篇。[1]

[1]【今注】案，《隋志》、兩《唐志》無著録，已亡佚。撰者不詳。姚振宗《條理》云，此書或爲劉向輯録無書名撰者的雜書

而成。

《雜家言》一篇。[1]王伯,[2]不知作者。

[1]【今注】案,《隋志》、兩《唐志》無著録,已亡佚。撰者不詳。其書言王伯之道,當出自戰國末期。張舜徽《通釋》認爲,或是關於王霸之道的雜家書鈔録而成。

[2]【顔注】師古曰:言伯王之道。伯讀曰霸。

右雜二十家,四百三篇。[1]入兵法。[2]

[1]【今注】案,實際爲三百九十三篇。姚振宗《條理》云,是篇凡分五章段:自孔家《盤盂》至《東方朔》十家十一部爲一段;《伯象先生》《荆軻論》二家爲一段;《吴子》《公孫尼》二家爲一段;《博士臣賢》《臣説對》爲一段。其自《伯象先生》至《雜家言》,皆論贊辯難奏對之文,而時代並不連續,故以類相從。《解子簿書》以下三家,撰者時代皆不詳,置之末尾。

[2]【今注】案,王先謙《漢書補注》引陶憲曾説,稱"入兵法"上脱"出蹴"二字。兵書四家中,衹有"兵技巧"入蹴一家二十五篇,而諸子家下也注"出蹴一家二十五篇",是蹴正從此出而入兵法。今本脱"出蹵"二字,則"入兵法"三字不可解,而諸子家所出之蹴也不知其於十家中究出於哪一家。

雜家者流,蓋出於議官。[1]兼儒、墨,合名、法,知國體之有此,[2]見王治之無不貫,[3]此其所長也。及盪者爲之,[4]則漫羡而無所歸心。[5]

［1］【今注】議官：陳朝爵《漢書藝文志約説》（本卷下文簡稱《約説》）以周代小司寇，秦漢之博士、議郎等爲議官。也有學者認爲，議官泛指能够參與議政決策的天子“議臣”與諸侯“門客”等人，並非職官專名（參見王獻松《再論“雜家出於議官”説》，《傳統中國研究集刊》2017年第2期）。《隋志》云：“雜者，兼儒、墨之道，通衆家之意，以見王者之化，無所不冠者也。古者，司史歷記前言往行，禍福存亡之道。然則雜者，蓋出史官之職也。”

［2］【顔注】師古曰：治國之體，亦當有此雜家之説。

［3］【顔注】師古曰：王者之治，於百家之説無不貫綜。

［4］【今注】盪者：雜家所學雖多，但偏離六經之正道。盪，同“蕩”。摇動。《隋志》云：“放者爲之，不求其本，材少而多學，言非而博，是以雜錯漫羨，而無所指歸。”

［5］【顔注】師古曰：漫，放也。羡，音弋戰反。【今注】漫羡：散漫。不集中。

《神農》二十篇。[1]六國時，諸子侯時怠於農業，[2]道耕農事，託之神農。

［1］【顔注】師古曰：劉向《别録》云：“疑李悝及商君所説。”【今注】案，《隋志》、兩《唐志》無著録，已亡佚。此書或爲六國時農家著作，或者後人彙編上古農家者言而託之神農。《淮南子·修務》云：“世俗之人，多尊古而賤今，故爲道者必託之於神農、黄帝而後能入説。”王應麟《考證》云，史書、諸子中多有“神農之言”“神農之教”“神農之法”的説法。清馬國翰輯《神農書》一卷。神農，上古帝王，教民使用木制耒耜，耕種務農。又嘗百草爲醫藥，以治病，故稱神農氏。一説即炎帝，姜姓，亦曰烈山氏。與黄帝戰於阪泉，戰敗。

［2］【今注】案，侯，蔡琪本同，大德本、殿本作"疾"。

《野老》十七篇。[1]六國時，在齊、楚間。

［1］【顔注】應劭曰：年老居田野，相民耕種，故號野老。【今注】案，《隋志》、兩《唐志》無著録，已亡佚。馬國翰輯《野老書》一卷、王時潤輯《古農家言》四篇。野老，姓名不詳。王應麟《考證》卷七引袁淑《真隱傳》，稱六國時人，游秦、楚間，年老隱居，著書言農家事，因以爲號。

《宰氏》十七篇。[1]不知何世。

［1］【今注】案，《隋志》、兩《唐志》無著録，已亡佚。有茆泮林、洪頤煊、黄奭、馬國翰、顧觀光輯本。《史記》卷一二九《貨殖列傳》裴駰《集解》稱，計然，葵丘濮上人，姓辛氏，字文子，其先晉國亡公子。曾南游於越，范蠡以之爲師。馬國翰以爲宰氏即辛氏計然，其爲范蠡師。姚振宗《條理》認爲馬國翰所説"亦頗近似"。兩《唐志》著録《范子計然》十五卷。

《董安國》十六篇。[1]漢代内史，不知何帝時。

［1］【今注】案，《隋志》、兩《唐志》無著録，已亡佚。董安國，姚振宗《條理》認爲此人即本書《百官公卿表上》文帝十四年（前166）内史董赤，疑字安國。《史記·孝文本紀》有成侯赤爲内史，陳直《史記新證》稱此人即本書《文紀》中的建成侯董赫。

《尹都尉》十四篇。[1]不知何世。

[1]【今注】案，《太平御覽》卷九七八、卷九七九、卷九八〇引劉向《别録》云《尹都尉書》有《種瓜篇》《種芥》《葵》《蓼》《韭》《葱》諸篇。《新唐志》著録《尹都尉書》三卷。周壽昌《漢書注校補》稱，鄭樵《通志》著録《尹都尉書》三卷，而馬端臨《文獻通考》無著録，則此書當亡佚於宋末。馬國翰輯《尹都尉書》一卷。尹都尉，沈欽韓《漢書疏證》認爲，《齊民要術》引氾勝之曰："驗美田至十九石，中田十三石，薄田一十石。尹擇取減法。"則尹都尉或名澤。

《趙氏》五篇。[1]不知何世。

[1]【今注】案，《隋志》、兩《唐志》無著録，已亡佚。趙氏，即趙過。本書《食貨志》載，武帝末年下詔務農，以趙過爲搜粟都尉，趙過創代田法，將一畝地分爲三甽三壟，每年輪换耕種，以休養地力，增加産量。先以宫壖地作試驗，成功後教給三輔農民，乃至邊郡及居延城。《齊民要術》引崔寔《政論》，有趙過在三輔地區教民耕田法，以一牛拉三犁，一人扶之，以耬下種，一次播三行，一天可種一頃。

《氾勝之》十八篇。[1]成帝時爲議郎。[2]

[1]【顔注】師古曰：劉向《别録》云，使教田三輔，有好田者師之，徙爲御史。氾音凡，又音敷劍反。【今注】案，《太平御覽》卷第八二二引《氾勝之書》曰："衛尉前上蠶法，今上農法，民事人所忽略，衛尉懃之，可謂忠國愛民之至。"則此書或有《蠶

書》《農書》兩部分。鄭樵《通志》卷二七《氏族略第三》載，氾氏，音凡，本亦作“汎”，周大夫食采於汎，因以爲氏。漢有汎勝之，爲黄門侍郎，撰農書十二篇。則《蠶書》或有六篇。也有説氾氏原作“凡氏”，秦末避戰亂於氾水，因改爲氾氏。《隋志》著録《氾勝之書》二卷，漢議郎氾勝之撰。兩《唐志》著録氾勝之《氾勝之書》二卷，《宋志》無著録，已亡佚。有洪頤煊、宋葆淳、馬國翰、杜文瀾、顧觀光、王仁俊輯本。氾勝之，其他事迹不詳。

［2］【今注】議郎：官名。漢九卿之一光禄勳（郎中令）屬官，不入直宿衛，掌顧問應對，參與議政。秩比六百石。

《王氏》六篇。[1]不知何世。

［1］【今注】案，《隋志》、兩《唐志》無著録，已亡佚。王氏，姚振宗《條理》認爲，此人生活年代或在漢末。事迹不詳。

《蔡癸》一篇。[1]宣帝時，以言便宜，至弘農太守。[2]

［1］【顔注】師古曰：劉向《别録》云，邯鄲人。【今注】案，《隋志》、兩《唐志》無著録，已亡佚。本書《食貨志》載，宣帝五鳳（前57—前54）中，蔡癸以好農使勸郡國，至大官。馬國翰輯《蔡癸書》一卷。

［2］【今注】弘農：郡名。治弘農縣（今河南靈寶市北）。

右農九家，百一十四篇。

農家者流，蓋出於農稷之官。[1]播百穀，勸耕桑，以足衣食，故八政一曰食，[2]二曰貨。孔子曰“所重民食”，[3]此其所長也。及鄙者爲之，以爲無所事聖王，[4]欲使君臣並耕，誖上下之序。[5]

［1］【今注】農稷之官：先秦時以後稷爲農官，屬官有農師、農正等（參見樊志民《戰國秦漢農官制度研究》，《史學月刊》2003年第5期）。

［2］【今注】八政：《尚書·洪範》載“農用八政”，有食、貨、祀、司空、司徒、司寇、賓、師爲八政。《正義》稱八政爲人主施政教於民有八事。一曰食，教民使勤農業；二曰貨，教民使求資用；三曰祀，教民使敬鬼神；四曰司空之官，主空土以居民；五曰司徒之官，教衆民以禮義；六曰司寇之官，詰治民之姦盜；七曰賓，教民以禮待賓客互相往來；八曰師，立師防寇賊，以安保民。這是古代國家施政的八個方面。

［3］【顔注】師古曰：《論語》載孔子稱殷湯伐桀告天辭也。言爲君之道，所重者在人之食。【今注】案，“孔子曰”見《論語·堯曰》，原文作“所重：民、食、喪、祭”。

［4］【顔注】師古曰：言不須聖王，天下自治。

［5］【顔注】師古曰：誖，亂也，音布内反。【今注】案，《隋志》作“農者，所以播五穀，藝桑麻，以供衣食者也。《書》叙八政，其一曰食，二曰貨。孔子曰：‘所重民食。’《周官》，冢宰‘以九職任萬民’，其一曰‘三農生九穀’；地官司稼‘掌巡邦野之稼，而辨穜稑之種，周知其名與其所宜地，以爲法而懸于邑閭’，是也。鄙者爲之，則棄君臣之義，徇耕稼之利，而亂上下之序”。

《伊尹説》二十七篇。[1]其語淺薄，似依託也。

［1］【今注】案，《隋志》、兩《唐志》無著録，已亡佚。此書當爲戰國時期人所僞託。《史記》卷一一七《司馬相如傳》注引

《伊尹書》曰："箕山之東，青鳥之所，有盧橘夏孰。"當是此書的佚文。《吕氏春秋·本味》載，伊尹説湯以至味，文中也有"箕山之東，青鳥之所，有甘櫨焉"。《孟子正義·萬章上》有孟子辯伊尹以割烹要湯之事。

《鬻子説》十九篇。[1]後世所加。

[1]【今注】案，本《志》"道家"著録《鬻子》二十二篇，與此書並非同一書。《四庫全書總目提要》卷一一七著録《鬻子》一卷，稱今本所載《列子》所引《鬻子》三條皆黄、老清静之説，與今本不相同，當即道家《鬻子》。而今本《鬻子》與賈誼《新書》所引六條文格略同的内容，疑即"小説家"之《鬻子説》。《隋志》《新唐志》無著録，《舊唐志》"小説家"著録《鬻子》一卷，鬻熊撰。但嚴可均認爲，《舊唐志》著録《鬻子》也是道家《鬻子》，"小説家"本梁時已亡佚。

《周考》七十六篇。[1]考周事也。

[1]【今注】案，《隋志》、兩《唐志》無著録，已亡佚。張舜徽《通釋》認爲，此書名《周考》即叢考。周，周遍，無所不包的意思。並非專門考證周朝。撰者不詳。

《青史子》五十七篇。[1]古史官記事也。

[1]【今注】案，《文心雕龍·諸子》云："青史曲綴以街談。"《大戴禮記》卷三《保傅》有《青史氏之記》，曰"古者胎教"云云當即此書。《風俗通·祀典》載《青史子》書説。《隋志》"小説

家”著録《燕丹子》一卷，注曰，梁有《青史子》一卷。兩《唐志》無著録，已亡佚。有馬國翰、丁晏、王仁俊、魯迅輯本。魯迅所輯本條佚文，分别涉及胎教、居行、用鷄之禮義，屬於古代禮法中較輕小的，且多爲道聽途説，正是小説家言（《中國小説史略》，齊魯書社 1995 年版，第 29 頁）。也有學者認爲，此書成書不晚於西漢初年，至隋代散佚（王齊洲：《〈漢志〉著録之小説家〈青史子〉〈師曠〉考辨》，《中國文學研究（輯刊）》2007 年第 1 期）。青史子，事迹不詳。鄭樵《通志》引《姓氏英賢録》，晉太史董狐之子受封青史之田，因以爲氏。

《師曠》六篇。[1]見《春秋》，其言淺薄，本與此同，似因託也。

[1]【今注】案，《隋志》、兩《唐志》無著録，已亡佚。此書爲後人僞託。《説苑・辨物》《君道》及本《志》“兵陰謀家”有《師曠》八篇，疑與此書非同一書。盧文輝輯有《師曠》一書（上海古籍出版社 1985 年版）。其中可稱爲小説的有《師曠見太子晉》（見於《逸周書》）、《師曠援琴而鼓》（見於《韓非子・十過》）、《師曠論學》（見於《説苑・建本》）、《師曠論晉平公出政》（見於《説苑・辨物》）、《師曠論天下有五墨墨》（見於《新序・雜事第一》）。另外，見於《説苑・正誅》有咎犯諫平公一段（參見伏俊璉《師曠與小説〈師曠〉》，《貴州社會科學》2010 年第 4 期）。

《務成子》十一篇。[1]稱堯問，非古語。

[1]【今注】案，《隋志》、兩《唐志》無著録，已亡佚。此書或爲關於陰陽五行和道家方術的小説家（王齊洲：《〈漢書・藝文志〉著録之小説家《務成子》等四家考辨》，《南京師範大學文學

院學報》2008年第1期)。務成子，名昭，爲舜之師。《荀子·大略》載舜學於務成昭。《尸子》云“務成昭教舜”。本《志》“五行”著録《務成子災異應》十四卷，“房中”著録《務成子陰道》三十六卷。

《宋子》十八篇。[1]孫卿道宋子，其言黄老意。

[1]【今注】案，《隋志》、兩《唐志》無著録，已亡佚。此書當爲後人纂集而託名於宋子。馬國翰有輯本。宋子，戰國中期宋人，與尹文、孟子同時。《荀子·非十二子》作“宋鈃”，《孟子·告子下》作“宋牼”，《莊子·逍遥游》《韓非子·顯學》作“宋榮子”。

《天乙》三篇。[1]天乙謂湯，其言非殷時，皆依託也。

[1]【今注】案，《隋志》、兩《唐志》無著録，已亡佚。《史記》卷三《殷本紀》載，湯作《湯征》《湯誥》，收入《尚書》。《墨子·兼愛》有《湯説》，《逸周書·殷祝》有《與諸侯誓》。但《天乙》當是後人僞託，賈誼《新書·修政語》有《湯語》，當與此書有關。天乙，即商湯，名履，殷開國之君。世稱商湯或湯。殷人尊湯，故曰天乙。傳見《史記·殷本紀》。

《黄帝説》四十篇。[1]迂誕依託。

[1]【今注】案，《隋志》、兩《唐志》無著録，已亡佚。應劭《風俗通義·祀典》引《黄帝書》記載荼與郁壘捉鬼事，或即此書。《風俗通》卷六《聲音》引《黄帝書》，“泰帝使素女鼓瑟而

悲，帝禁不止，故破其瑟爲二十五弦”。本書《郊祀志上》亦有同樣記載，爲公孫卿所説。羅寧據此認爲，此書爲齊人公孫卿所撰（參見《〈黄帝説〉及其他〈漢志〉小説》，《四川師範大學學報》1999年第3期）。

《封禪方説》十八篇。[1]武帝時。

[1]【今注】案，《隋志》、兩《唐志》無著録，已亡佚。此書或爲諸儒及方士關於封禪的内容。《史記·封禪書》、本書《郊祀志上》載，漢武帝念諸儒及方士言封禪人殊，不經，難施行。十八篇當爲武帝時方士們討論“封禪方”的記録結集，具體所涉則包括封禪的器物、時間、地點、建築、禮儀形式、使用的物品及祭品，以及追隨黄帝及仙人的足迹與做法等（孫振田：《〈封禪方説〉的性質及内容考辨》，《西華師範大學學報》2020年第1期）。袁行霈認爲，此書應爲武帝時齊地方士所獻，或與公孫卿、丁公有關（《〈漢書·藝文志〉小説家考辨》，《文史》第7輯，中華書局1979年版，第179—190頁）。也有學者認爲，此書爲漢武帝時所言神仙故事的彙編，是一部仙話式的早期志怪作品（陳自力：《一部仙話式的早期志怪作品——〈封禪方説〉考辨》，《廣西大學學報》2002年第1期）。

《待詔臣饒心術》二十五篇。[1]武帝時。[2]

[1]【今注】案，《隋志》、兩《唐志》無著録，已亡佚。張舜徽《通釋》認爲，心術指主術、君道，指人君面南之術。此書重在闡明君道。但也有學者認爲，此書是合於黄老道家之旨而又被方士通俗化了的修心養心之寓言。心術當與精神養生有關（王齊洲：《〈漢志〉著録之小説家〈封禪方説〉等四家考辨》，《蘭州大學學

報》2007 年第 5 期)。饒，撰者之名，闕姓。

［2］【顔注】師古曰：劉向《别録》云，饒，齊人也，不知其姓，武帝時待詔，作書名曰心術也（也，蔡琪本、大德本同，殿本無)。【今注】案，臣饒當爲武帝時待詔方士。

《待詔臣安成未央術》一篇。[1]

［1］【顔注】應劭曰：道家也，好養生事，爲未央之術。【今注】案，《隋志》、兩《唐志》無著録，已亡佚。未央術，張舜徽《通釋》認爲，專言養生之道以致健康長壽，即長生術。未央，即未盡。臣安，當爲武帝時待詔方士。

《臣壽周紀》七篇。[1]項國圉人，[2]宣帝時。

［1］【今注】案，《隋志》、兩《唐志》無著録，已亡佚。張舜徽《通釋》認爲，此書爲雜事叢談的記録。周，即周遍、普遍，並非周朝。壽前當有“待詔”二字，從上文省略。

［2］【今注】圉：漢代屬淮陽國，在今河南杞縣。錢大昭《漢書辨疑》指出，項國，疑淮陽國之訛。

《虞初周説》九百四十三篇。[1]河南人，武帝時以方士侍郎號黄車使者。[2]

［1］【顔注】應劭曰：其説以周書爲本。師古曰：《史記》云虞初洛陽人，即張衡《西京賦》“小説九百，本自虞初”者也。【今注】案，《隋志》、兩《唐志》無著録，已亡佚。此書當爲虞初纂輯小説叢談彙編。唐宋人所引不明來歷的《周書》，除《尚書》

之《周書》和《逸周書》外，其他可能出自《虞初周説》（參見王齊洲《〈漢書·藝文志〉著録之〈虞初周説〉探佚》，《南開學報》2005年第3期）。虞初，《史記·封禪書》、本書《郊祀志下》載，丁夫人、洛陽虞初等以方祠詛匈奴、大宛。

［2］【今注】黄車：《文選》張平子《西京賦》李善注稱，以方士侍郎乘馬、衣黄衣，號黄車使者。

《百家》百三十九卷。[1]

［1］【今注】案，《隋志》、兩《唐志》無著録，已亡佚。魯迅《中國小説史略》認爲，此書與《説苑》《新序》有聯繫，據宋本《説苑别録》云：《百家》指劉向編纂《説苑》《新序》後剩餘的"淺薄不中義理"的部分，别集以爲百家。但有學者認爲，《漢志》對於劉向的著作，一般均著録姓名，且從劉向本傳來看，本《志》中著録的劉向著作已經比較完整，並不包括《百家》。此書是不能確定作者的小説家彙編。如同前文的"道家言""法家言"等。《藝文類聚》《太平御覽》有《百家書》佚文（王齊洲：《〈漢志〉著録之小説家〈封禪方説〉等四家考辯》，《蘭州大學學報》2007年第5期）。張舜徽《通釋》認爲"百家"下當有"言"字。

右小説十五家，千三百八十篇。[1]

［1］【今注】案，張舜徽《通釋》認爲，實爲十五家，一千三百九十篇。

小説家者流，蓋出於稗官，[1]街談巷語，道聽塗説者之所造也。[2]孔子曰："雖小道，必有可觀者焉，致遠恐泥，是以君子弗爲也。”[3]然亦弗滅也。閭里小知者之所及，亦使綴而不忘。如或一言可采，此亦芻蕘狂夫之議也。[4]

[1]【顔注】如淳曰：稗音鍛家排。九章“細米爲稗”。街談巷説，其細碎之言也。王者欲知閭巷風俗，故立稗官使稱説之。今世亦謂偶語爲稗。師古曰：稗音稊稗之稗，不與鍛排同也。稗官，小官。漢名臣奏唐林請省置吏，公卿大夫至都官稗官各減什三，是也。【今注】稗（bài）官：小官。指以偶語、排語服侍天子、諸侯的誦訓、職方氏、師、瞍、矇、百工、徘優等。偶語指對語，即街談對話等（王齊洲：《“稗官”新詮》，《南京大學學報》2013年第3期；王齊洲、劉伏玲：《小説家出於稗官新説》，《湖北大學學報》2015年第6期）。秦漢時稗官指縣令長及長吏以下的屬官（參見趙岩、張世超《論秦漢簡牘中“稗官”》，《古籍整理研究學刊》2010年第3期；陳廣宏《小學家出於稗官説新考》，《中國典籍與文化論叢》第13輯，鳳凰出版社2010年版）。

[2]【今注】造：虛構、編造。

[3]【顔注】師古曰：《論語》載孔子之言。泥，滯也，音乃細反。【今注】案，今《論語·子張》作子夏語，原作“雖小道，必有百觀者焉；致遠恐泥，是以君子不爲也”。此句指雖然是小技藝，也有可取的地方。但若用這種小技藝以追求高遠的道理，就會滯礙不通，因此君子不去研究它。本段開頭至此處，《隋志》作“小説者，街説巷語之説也。傳載輿人之誦，詩美詢于芻蕘。古者聖人在上，史爲書，瞽爲詩，工誦箴諫，大夫規誨，士傳言而庶人謗。孟春，徇木鐸以求歌謡，巡省觀人詩，以知風俗。過則正之，失則改之，道聽塗説，靡不畢紀。《周官》，誦訓‘掌道方志以詔觀事，道方慝以詔辟忌，以知地俗’；而訓方氏‘掌道四方之政事，與其上下之志，誦四方之傳道而觀衣物’，是也。孔子曰：‘雖小

道，必有可觀者焉，致遠恐泥’”。

[4]【今注】芻蕘狂夫之議：鄙陋的言論。芻，割草；蕘，打柴。芻蕘，指割草、打柴的人。狂夫，狂放不拘的人。

凡諸子百八十九家，四千三百二十四篇。[1]出蹵鞠一家，二十五篇。

[1]【今注】案，共一百八十九家，四千三百二十四篇。顧實《講疏》則認爲是一百八十九家，四千五百四十一篇，多二百十七篇。

諸子十家，其可觀者九家而已。[1]皆起於王道既微，諸侯力政，時君世主，好惡殊方，[2]是以九家之術蠭出並作，[3]各引一端，崇其所善，以此馳説，取合諸侯。其言雖殊，辟猶水火，[4]相滅亦相生也。仁之與義，敬之與和，相反而皆相成也。《易》曰："天下同歸而殊塗，一致而百慮。"[5]今異家者各推所長，窮知究慮，[6]以明其指，雖有蔽短，合其要歸，亦六經之支與流裔。[7]使其人遭明王聖主，得其所折中，皆股肱之材已。[8]仲尼有言："禮失而求諸野。"[9]方今去聖久遠，道術缺廢，無所更索，[10]彼九家者，不猶癒於野乎？[11]若能修六藝之術，而觀此九家之言，舍短取長，[12]則可以通萬方之略矣。

[1]【今注】九家：一般認爲指儒、道、陰陽、法、名、墨、縱横、雜、農九家。

［2］【顏注】師古曰：好，音呼到反。惡，音一故反。【今注】好惡殊方：九家旨趣不同，愛好各異。

［3］【顏注】師古曰：蠭與鋒同。【今注】蠭出並作：紛紛興起，層出不窮。蠭，“蜂”的本字。案，關於諸子的形成，劉向、班固認爲出自王官，是站在經學立場統攝諸子，旨在强化漢朝五經官學的權威性，充分反映學術大一統下的漢家學術話語。從經學内部發展演變的歷史角度來看，這種觀點是古文經學完成經學話語體系的重構，建立諸子之學的意識形態（黄麗麗：《試論〈漢書·藝文志〉“諸子出於王官”説》（上、下），《中國歷史文物》1999年第1、2期；鄧駿捷：《“諸子出於王官”説與漢家學術話語》，《中國社會科學》2017年第9期；劉松來、李會康：《“諸子出於王官”學術源流考辨——亦談“諸子出於王官”説與漢家學術話語》，《中國人民大學學報》2019年第1期）。但後世學者對此多有批評，如清末曹耀湘《墨子箋》中指出，諸子的興起，因當時勢需要，出於救世的目的，應運而起。胡適撰《諸子不出於王官論》認爲，劉歆之前的《莊子·天下》、《荀子·非十二子》、司馬談《論六家要旨》、《淮南子·要略》皆没有這種説法。九流與王官所掌内容不同，《漢志》所載有些王官並不見於先秦典籍。漢志所分九流爲漢儒的説法，並不符合諸家的實際情況。（梁振傑：《〈漢書·藝文志〉與先秦諸子學術》，《史學月刊》2015年第9期）

［4］【顏注】師古曰：辟讀曰譬。【今注】辟猶水火：指諸子百家各執其學説，以此游説諸侯，觀點雖然各異，如同水火不容，但從與儒家的關係來説，則可以共生共存。辟，同“譬”。

［5］【顏注】師古曰：下繫之辭。【今注】案，見今本《易·繫辭下傳》。原文作“子曰：‘天下何思何慮？天下同歸而殊塗，一致而百慮，天下何思何慮？’”其意爲，天下人可以有許多不同的方法與考慮，但都可以達到一樣的結果。《隋志》稱“儒、道、小説，聖人之教也，而有所偏。兵及醫方，聖人之政也，所施各

異。世之治也，列在衆職，下至衰亂，官失其守。或以其業遊説諸侯，各崇所習，分鑣並騖。若使總而不遺，折之中道，亦可以興化致治者矣”。

［6］【今注】窮知究慮：窮盡心思，深入鑽研。

［7］【顔注】師古曰：裔，衣末也。其於六經，如水之下流，衣之末裔。【今注】六經之支與流裔：六經是諸子的源流，是諸子常引用的文本，是道之本，而諸子則是分支流别，與六經相互體用，又各自有體有用。六經是道的全部，而諸子則衹是部分合於道。無論諸子的觀點做法如何，衹要遵循道的原則，就可以實現殊途同歸。支，支屬、附屬。與，同類。流，支流、派别。裔，邊緣。裔，原義爲衣服的邊緣（參見李威熊《〈漢志〉稱諸子“亦六經之支與流裔”疏證》，《人文暨社會科學期刊》2005 年第 2 期）。

［8］【顔注】師古曰：已，語終之辭。【今注】股肱：大腿和胳膊。引申爲輔佐君主的大臣。又比喻十分得力的輔助。

［9］【顔注】師古曰：言都邑失禮，則於外野求之，亦將有獲。【今注】禮失而求諸野：春秋時期，禮崩樂壞，君子所行的禮樂，均非古制；而鄉間則古風猶存，故禮失求諸野。此句並不見於《論語》，衹有《論語·先進》有“子曰：‘先進於禮樂，野人也；後進於禮樂，君子也。如用之，則吾從先進。’”《左傳》昭公十七年載，孔子説：“吾聞之：‘天子失官，學在四夷。’猶信。”與此同義。

［10］【顔注】師古曰：索，求也。

［11］【顔注】師古曰：瘉與愈同。愈，勝也。

［12］【顔注】師古曰：舍，廢也。

《屈原賦》二十五篇。[1]楚懷王大夫，有列傳。

［1］【今注】案，《史記》卷八四《屈原賈生列傳》載，太史

公曰：“余讀離騷、天問、招魂、哀郢，悲其志。”顧實《講疏》稱，今本《楚辭》有《離騷》一篇，《九歌》十一篇，《天問》一篇，《九章》九篇，《卜居》《漁父》《遠遊》三篇，正好二十五篇。劉向校書，分《楚辭》爲十六卷。王逸又爲此書作注，並以己作《九思》與班固二敘合爲《楚辭章句》十七卷。但是，張舜徽《通釋》認爲，《屈原賦》與《楚辭》並不能混爲一談。《楚辭》是西漢末年劉向搜集屈原、宋玉、景差、賈誼、淮南小山、東方朔、嚴忌、王褒及自己的作品而編成的總集，《屈原賦》衹是其中之一。本書《地理志下》載：“始楚賢臣屈原被讒放流，作《離騷》諸賦以自傷悼。後有宋玉、唐勒之屬慕而述之，皆以顯名。漢興，高祖王兄子濞於吴，招致天下之娱游子弟，枚乘、鄒陽、嚴夫子之徒興於文、景之際。而淮南王安亦都壽春，招賓客著書。而吴有嚴助、朱買臣，貴顯漢朝，文辭並發，故世傳《楚辭》。”淮南王劉安作《離騷傳》。劉向、劉歆將屈原、宋玉等人的作品結集時，由於全部用隸書傳抄，故原來的文字特徵消失，産生了解釋上的歧義；同時又將不同作者的作品混合，因此這二十五篇並非全是屈原的作品（張樹國：《隸變與楚辭“問題”的生成——兼論屈原賦二十五篇的組成》，《杭州師範大學學報》2019 年第 5 期）。1977 年安徽阜陽雙古堆 1 號漢墓出土了一批殘損嚴重的竹簡，其中有兩片《楚辭》殘文：一片爲《離騷》殘句，僅存四字；一片爲《涉江》殘句，僅存五字。《隋志》始將“楚辭類”列爲集部之首。歷代研究《楚辭》者，有宋洪興祖《楚辭補注》、朱熹《楚辭集注》，清王夫之《楚辭通釋》、王闓運《楚辭釋》、游國恩《楚辭集釋》、姜亮夫《楚辭通故》。屈原，名平，字原。又名正則，字靈均。戰國時期楚國人，楚懷王時任左徒、三間大夫。博聞强記，明於治亂，善於辭令。因主張聯齊抗秦，遭上官大夫等讒言，被放逐。其抒發情懷，作《離騷》。頃襄王時，又遭讒毁被放逐。公元前 278 年，秦軍攻破郢都，屈原投汨羅江而死。傳見《史記》卷八四。

《唐勒賦》四篇。[1]楚人。

[1]【今注】案，《隋志》、兩《唐志》無著録，已亡佚。《史記》卷八四《屈原賈生列傳》載，屈原死後，楚有宋玉、唐勒、景差之徒，好辭而以賦見稱。劉向輯《楚辭》，但不取唐勒著作，故其書早亡。《太平御覽》卷六六三宋玉賦云，景差、唐勒等並造《大言賦》。1972年，山東臨沂銀雀山一號漢墓出土《唐勒》賦殘篇。唐勒，事迹不詳。

《宋玉賦》十六篇。[1]楚人，與唐勒並時，在屈原後也。

[1]【今注】案，《楚辭》中有《九辨》《招魂》，《文選》中有《風賦》《高唐賦》《神女賦》《登徒子好色賦》，《古文苑》中有《大言》《小言》《釣》《笛》《諷賦》。《隋志》著録楚大夫《宋玉集》三卷，兩《唐志》著録《宋玉集》二卷。《直齋書録解題》卷一六著録《宋玉集》一卷，稱今書乃《文選》及《古文苑》中録出，未必爲當時本，其書亡佚。或言《古文苑》中五篇賦非宋玉所作。有張燮輯《七十二家集》、李賓輯《八代文抄》、嚴可均《全上古三代文》輯本。宋玉，楚郢（今湖北江陵縣西北）人，屈原弟子，爲楚頃襄王大夫。

《趙幽王賦》一篇。[1]

[1]【今注】案，《隋志》、兩《唐志》無著録，已亡佚。本書卷三八《高五王傳》載，趙幽王友以諸吕女爲后，不愛，愛他姬。諸吕女向吕太后進讒言。於是太后怒囚之，不給飲食，趙王餓而作歌一首，或即此賦。趙幽王，劉友，漢高祖子。高祖十一年（前

196）立爲淮陽王。惠帝元年（前 194），徙爲趙王。立十四年，被吕后幽死，以民禮葬於長安。傳見本書卷三八。

《莊夫子賦》二十四篇。[1]名忌，吴人。

［1］【今注】案，《隋志》、兩《唐志》無著録，已亡佚。顧實《講疏》稱，今《楚辭》載有《哀時命》一篇，王逸稱其爲嚴夫子作。莊夫子，即嚴忌，避東漢明帝劉莊諱，改莊爲嚴。吴人。以文辯知名，先仕吴王濞，後爲梁孝王門客。

《賈誼賦》七篇。[1]

［1］【今注】案，《隋志》"《淮南王集》一卷"，注曰，又有《賈誼集》四卷，亡。兩《唐志》均著《賈誼集》二卷。姚明煇《注解》稱，今《楚辭》載有《惜誓》一篇，《史記》卷八四《屈原賈生列傳》、本書卷四八《賈誼傳》載有《離騷賦》（或稱《弔屈原賦》）、《鵩鳥賦》，《古文苑》載《旱雲賦》。嚴可均《全漢文》卷一五輯有《虡賦》。另有《西漢三子至文》《七十二家集》《漢魏六朝百三名家集》《屈賈文合編》等輯本。

《枚乘賦》九篇。[1]

［1］【今注】案，《隋志》著録漢弘農都尉《枚乘集》二卷、《録》一卷，亡。兩《唐志》著録《枚乘集》二卷。顧實《講疏》稱，《文選》有枚乘《七發》。《古文苑》載《梁孝王菟園賦》《忘憂館柳賦》。《直齋書録解題》著録《枚乘集》一卷，稱此書爲從《漢書》《文選》等書中鈔出。有嚴可均、丁晏、丁福保等輯本。

枚乘，字叔，淮陰（江蘇淮安市淮陰區馬頭鎮）人。曾爲吴王濞郎中，諫其勿反，不聽。後爲梁孝王門客。景帝召拜爲弘農都尉。武帝即位，徵之，卒於途中。傳見本書卷五一。

《司馬相如賦》二十九篇。[1]

[1]【今注】案，陳朝爵《約説》稱，《史記》卷一一七、本書卷五七《司馬相如傳》載《子虛賦》（《文選》分爲《子虛賦》和《上林賦》）、《哀二世賦》、《大人賦》，《文選》又有《長門賦》，《古文苑》載《美人賦》。《文選》左太沖《魏都賦》注引司馬相如《梨賦》，《北堂書鈔》卷一四六提及《魚葅賦》，《玉篇·石部》“�”條下提及《梓桐賦》。《隋志》著録漢孝文園令《司馬相如集》一卷，兩《唐志》著録《司馬相如集》二卷。

《淮南王賦》八十二篇。[1]

[1]【今注】案，本書卷四四《淮南衡山濟北王傳》載，淮南王劉安作《離騷傳》。又獻《頌德》及《長安都國頌》。每宴見，談説得失及方技賦頌，昏莫然後罷。嚴可均《全漢文》卷一二據《藝文類聚》卷六九、《初學記》卷二五輯成其《屏風賦》。《太平御覽》卷七一一載，劉向《别録》曰，淮南王有《熏籠賦》。《隋志》著録漢《淮南王集》一卷，其注稱梁有二卷。《舊唐志》著録《淮南王集》二卷。《新唐志》著録《淮南王安集》二卷。

《淮南王群臣賦》四十四篇。[1]

[1]【今注】案，《隋志》、兩《唐志》無著録，已亡佚。本書

《地理志下》載，世傳楚辭者，有淮南王安都壽春，招賓客著書。王應麟《考證》稱，《楚辭》中有《招隱士》，淮南小山所作。王逸《楚辭章句》則稱，淮南王安招致賓客，客有八公之徒，著作篇章，分造辭賦，以類相從。小山之徒閔傷屈原，故作《招隱士》。

《太常蓼侯孔臧賦》二十篇。[1]

[1]【今注】案，《隋志》、兩《唐志》無著録，已亡佚。王應麟《考證》引《孔叢子》，孔臧嘗爲賦二十四篇，四篇别不在集，似其幼時所作。末附《連叢子》載其四篇爲《諫格虎賦》《楊柳賦》《鴞賦》《蓼蟲賦》。《隋志》著録梁有《漢太常孔臧集》二卷，亡。兩《唐志》著録《孔臧集》二卷。《全漢文》卷一三有輯文。

《陽丘侯劉隁賦》十九篇。[1]

[1]【顔注】師古曰：隁音偃。【今注】案，《隋志》、兩《唐志》無著録，已亡佚。陽丘，侯國名。在今山東濟南市章丘區綉惠鎮回村。劉隁，或作"劉偃"，漢高祖曾孫，楊丘共侯劉安子，文帝十六年（前164）嗣侯，景帝四年（前153），坐出國界，服刑爲司寇。

《吾丘壽王賦》十五篇。[1]

[1]【今注】案，《隋志》著録《東方朔集》二卷，注曰，梁有漢光禄大夫《吾丘壽王集》二卷，亡。兩《唐志》無著録。班固《兩都賦序》載，故言語侍從之臣，若司馬相如、虞丘壽王、東

方朔、枚皋、王褒、劉向之屬，朝夕論思，日月獻納。

《蔡甲賦》一篇。[1]

[1]【今注】案，《隋志》、兩《唐志》無著録，已亡佚。蔡甲，事迹不詳。本《志》“農家”類有蔡癸，蔡甲或其族人。

《上所自造賦》二篇。[1]

[1]【顔注】師古曰：武帝也。【今注】案，本書《武紀》載，武帝號令文章，焕焉可述。《漢武故事》也載上好辭賦，自作詩賦數百篇。此書書名當爲漢武帝時人所擬。《隋志》著録《漢武帝集》一卷，注謂梁二卷。兩《唐志》著録此書。本書卷九七上《外戚傳上》載《傷李夫人賦》，卷二九《溝洫志》有《瓠子之歌》，《文選》卷四五有《秋風辭》。有馮惟訥、嚴可均、丁福保輯本。上，指漢武帝劉徹。

《兒寬賦》二篇。[1]

[1]【今注】案，《隋志》、兩《唐志》無著録，已亡佚。班固《兩都賦序》稱，有倪寬作賦。兒（ní）寬，見本《志·諸子略》“儒家類”。“兒”通“倪”。

《光禄大夫張子僑賦》三篇。[1]與王褒同時也。

[1]【今注】案，《隋志》、兩《唐志》無著録，已亡佚。本書卷三六《劉向傳》載，宣帝時，招選名儒俊材置左右。劉向以通達

能屬文辭，與王褒、張子僑等並進對，獻賦頌凡數十篇。又卷六四下《王褒傳》載，宣帝時召高材劉向、張子僑等待詔金馬門。光禄大夫，官名。光禄勳屬官，掌顧問應對。秩比二千石。張子僑，宣帝時，與王褒等待詔金馬門。又爲光禄大夫。

《陽成侯劉德賦》九篇。[1]

［1］【今注】案，《隋志》、兩《唐志》無著録，已亡佚。陽成，侯國名。治所在今河南商水縣西。本書卷三六《楚元王傳》作“陽城”。劉德，字路叔。劉向之父。修黄老術，有智略。武帝稱其爲“千里駒”。昭帝時爲宗正丞。參與立宣帝，賜爵關内侯。宣帝地節中，封爲陽城侯。立十一年卒，謚繆侯。事見本書《楚元王傳》。

《劉向賦》三十三篇。[1]

［1］【今注】案，本書卷三六《劉向傳》載，宣帝時，劉向與王褒、張子僑等獻賦頌凡數十篇。王應麟《考證》稱，劉向所撰賦，《楚辭》載《九歎》，《古文苑》載《請雨華山賦》，《文選》注引有《雅琴賦》。劉向《别録》曰“向有《芳松枕賦》”。本書《高紀下》載《頌高祖》一篇。嚴可均輯有劉向《圍棋賦》殘文。《隋志》著録漢諫議大夫《劉向集》六卷。兩《唐志》著録《劉向集》五卷。有明抄本《劉中壘集》六卷，又有《漢魏六朝百三名家集》《全漢文》輯本。

《王褒賦》十六篇。[1]

[1]【今注】案，本書卷六四下《王褒傳》載，益州刺史王襄欲宣風化於衆庶，聞王褒有俊材，與之相見，使王褒作中和、樂職、宣布詩，選好事者令依鹿鳴之聲習而歌之。宣帝命王褒與張子僑等一同待詔，游獵時至所幸宮館，輒爲歌頌，第其高下。又使王褒等服侍太子，朝夕讀奇文及所自造作。太子喜王褒所作《甘泉》《洞簫頌》，爲後宮貴人左右誦讀之。嚴可均稱，《楚辭》載其《九懷》，本傳有《聖主得賢臣頌》，《文選》卷一七有《洞簫賦》。《全漢文》卷四二輯有《甘泉宮頌》《碧雞頌》殘文。《隋志》著録漢諫議大夫《王褒集》五卷。兩《唐志》著録《王褒集》五卷。有《七十二家集》、《漢魏六朝百三名家集》、嚴可均《全漢文》輯本。王褒，字子淵，蜀人。以辭賦著稱。宣帝時，除爲諫大夫。前往益州以祀金馬碧雞，病死道上。傳見本書卷六四下。

右賦二十家，三百六十一篇。

《陸賈賦》三篇。[1]

[1]【今注】案，《隋志》、兩《唐志》無著録，已亡佚。《文心雕龍》卷二《詮賦》載，“漢初詞人，順流而作，陸賈扣其端”。卷一〇《才略》稱“漢室陸賈，首發奇采，賦孟春而選典誥，其辯之富矣”。

《枚皋賦》百二十篇。[1]

[1]【今注】案，本書卷五一《枚皋傳》載，枚皋善作賦，爲文疾速，受詔即成，故所賦者多，凡可讀者百二十篇。其尤嫚戲不可讀者尚數十篇。本傳載枚皋《平樂館賦》《皇太子生賦》《立皇子禖祝》等。劉向《别録》有《麗人歌賦》。《隋志》、兩《唐志》無著録，已亡佚。枚皋，字少孺，枚乘子。年十七爲郎。後官待

詔，爲郎，出使匈奴。與武帝出行，常受詔作賦。傳見本書卷五一。

《朱建賦》二篇。[1]

[1]【今注】案，《隋志》、兩《唐志》無著録，已亡佚。姚振宗《條理》稱，平原君朱建，文帝時卒，按時間順序，當在陸賈之後、枚臯之前，此處疑傳寫之誤。

《常侍郎莊怱奇賦》十一篇。[1]枚臯同時。

[1]【顔注】師古曰：《七略》云："怱奇者，或言莊夫子子，或言族家子莊助昆弟也。從行至茂陵，詔造賦。"【今注】案，《隋志》、兩《唐志》無著録，已亡佚。本書卷六四上《嚴助傳》載，嚴怱奇與嚴助、朱買臣、吾丘壽王、司馬相如、主父偃、徐樂嚴安、東方朔、枚臯、膠倉、終軍等，並在左右，爲文學侍從之臣。常侍郎，官名。戰國時期秦置，後省稱爲郎，掌侍從皇帝。此處指武帝時所置加官。莊怱奇，或作"嚴怱奇"。

《嚴助賦》三十五篇。[1]

[1]【顔注】師古曰：上言莊怱奇，下言嚴助，史駮文。【今注】案，《隋志》、兩《唐志》無著録，已亡佚。本書卷六四上《嚴助傳》載，嚴助留侍中。有奇異，輒使爲文，及作賦頌數十篇。

《朱買臣賦》三篇。[1]

[1]【今注】案，《隋志》、兩《唐志》無著録，已亡佚。本書《地理志上》載，傳《楚辭》者，吴有嚴助、朱買臣。本書卷六四上《朱買臣傳》載，嚴助貴幸，薦朱買臣，受到召見，説《春秋》，言《楚詞》，帝甚説之。朱買臣，字翁子，吴人。待詔公車。因嚴助推薦，拜中大夫。與横海將軍韓説等破東越有功，徵爲主爵都尉，列於九卿。後免官，復爲丞相長史。與張湯有矛盾，告其陰事，張湯自殺，後亦被誅。事見本書卷六四上《楚元王傳》。

《宗正劉辟彊賦》八篇。[1]

[1]【今注】案，《隋志》、兩《唐志》無著録，已亡佚。宗正，官名。漢九卿之一。管理皇族和外戚事務之官。掌宗室名籍。劉辟彊，字少卿，高祖弟楚元王之孫。好讀《詩》，能屬文。清静少欲，常以書自娱，不肯仕。昭帝時，拜光禄大夫，守長樂衛尉，時年八十。又徙宗正，數月卒。傳見本書卷三六。

《司馬遷賦》八篇。[1]

[1]【今注】案，《藝文類聚》卷三〇載其《悲士不遇賦》。《隋志》著録漢中書令《司馬遷集》一卷。另有《太史公萬歲曆》一卷、太史公《素王妙議》二卷。兩《唐志》著録《司馬遷集》二卷。有《西漢三子至文》《漢魏六朝名家集初刻》本，另有嚴可均輯本。

《郎中臣嬰齊賦》十篇。[1]

[1]【今注】案，《隋志》、兩《唐志》無著録，已亡佚。嬰

齊，當即本《志》“道家”中郎中嬰齊。武帝時人，爲待詔，不知其姓，數從游觀，名能爲文。

《臣説賦》九篇。[1]

[1]【顔注】師古曰：説，名，音悦。【今注】案，《隋志》、兩《唐志》無著録，已亡佚。本《志》“雜家”著録《臣説》三篇，班固注“武帝時作賦”。兩“臣説”當爲一人。

《臣吾賦》十八篇。[1]

[1]【今注】案，《隋志》、兩《唐志》無著録，已亡佚。姚振宗《條理》認爲，臣吾事迹不詳。此條與上文臣説連續，或臣説、臣吾均官郎中，因上文郎中臣嬰齊而省略。

《遼東太守蘇季賦》一篇。[1]

[1]【今注】案，《隋志》、兩《唐志》無著録，已亡佚。遼東，郡名。治襄平縣（今遼寧遼陽市）。蘇季，事迹不詳。

《蕭望之賦》四篇。[1]

[1]【今注】案，《隋志》、兩《唐志》無著録，已亡佚。本書卷七八《蕭望之傳》載，蕭望之少好學，從后倉治《齊詩》，又從夏侯勝治《論語》《禮服》。班固《兩都賦序》載作賦者，公卿大臣中有太子太傅蕭望之等時時間作。

《河内太守徐明賦》三篇。[1]字長君，東海人，元、成世歷五郡太守，[2]有能名。

［1］【今注】案，《隋志》、兩《唐志》無著録，已亡佚。河内，郡名。治懷縣（今河南武陟縣西南）。

［2］【今注】元：漢元帝劉奭，漢宣帝子，公元前 48 年至前 33 年在位。紀見本書卷九。　成：漢成帝劉驁，字太孫，漢元帝子，公元前 32 年至前 7 年在位。紀見本書卷一〇。

《給事黄門侍郎李息賦》九篇。[1]

［1］【今注】案，《隋志》、兩《唐志》無著録，已亡佚。給事黄門侍郎，加官名。秦漢郎官供事於黄闥（宫門）之内，也稱“給事黄門郎”或“黄門郎”。漢代或許形成了由黄門組成的具有各種才藝的群體（參見戴燕《“黄門”小考》，《中華文史論叢》2002 年第 1 輯）。李息，本書卷五五《李息傳》載，武帝初爲材官將軍，與韓安國、李廣等駐軍馬邑。三爲將軍，後爲大行，不曾出任給事黄門侍郎。則此處李息别爲一人，當爲宣、元之際人。事迹不詳。

《淮陽憲王賦》二篇。[1]

［1］【今注】案，《隋志》、兩《唐志》無著録，已亡佚。淮陽憲王，即劉欽，漢宣帝子。宣帝元康三年（前 63）立，好經書、法律，聰達有材藝。成帝河平二年（前 27）薨。傳見本書卷八〇。

《揚雄賦》十二篇。[1]

［1］【今注】案，本類後注曰，“入揚雄八篇”，則《七略》所收衹有本書卷八七上《揚雄傳》所收揚雄《甘泉賦》《河東賦》《校獵賦》《長楊賦》四篇，班固又增八篇，包括本傳所載《反離騷》《廣騷》《畔牢愁》，今存《古文苑》的《蜀都賦》《太玄賦》《逐貧賦》，以及《全漢文》卷五二所輯《覈靈賦》《酒賦》。又有《解嘲》《解難》《趙充國頌》《劇秦美新》等賦。《隋志》著録漢太中大夫《揚雄集》五卷。兩《唐志》著録《揚雄集》五卷。《宋志》著録《揚雄集》六卷。《郡齋讀書志》載《揚雄集》五卷，稱宋朝譚愈好雄文，患其散在諸篇籍，離而不屬，因綴輯之，得四十餘篇。有鄭樸、張燮、李賓、嚴可均等輯本，又有《漢魏六朝諸家文集》《七十二家集》《漢魏六朝百三名家集》，以及清抄本《揚子雲集》六卷。

《待詔馮商賦》九篇。[1]

［1］【今注】案，《隋志》、兩《唐志》無著録，已亡佚。《藝文類聚》卷八〇引劉向《别録》曰，“待詔馮商作《燈賦》”。

《博士弟子杜参賦》二篇。[1]

［1］【顔注】師古曰：劉向《别録》云：“臣向謹與長社尉杜参校中秘書。”劉歆又云：“参，杜陵人，以陽朔元年病死，死時年二十餘。”【今注】案，《隋志》、兩《唐志》無著録，已亡佚。博士弟子，漢太學學生名。博士官置弟子學於太學，或稱太學生。其設置始於武帝元朔五年（前124）丞相公孫弘建議。杜参，杜陵（今陝西西安市東南）人。以長社尉（《北史》卷八三《樊遜傳》作“長水校尉臣参書”）與劉向校秘書。

《車郎張豐賦》三篇。[1]張子僑子。

[1]【今注】案，《隋志》、兩《唐志》無著録，已亡佚。張豐，事迹不詳。姚振宗《條理》認爲，張豐或因其父任光禄大夫而爲車郎。車郎，官名。漢代光禄勳屬官有大夫、郎、謁者。郎有議郎、中郎、侍郎、郎中。其中郎中有車、户、騎三將。掌宿衛，出充車騎。秩比三百石。

《驃騎將軍朱宇賦》三篇。[1]

[1]【顔注】師古曰：劉向《别録》云"驃騎將軍史朱宇"，志以宇在驃騎府，故總言驃騎將軍。【今注】案，《隋志》、兩《唐志》無著録，已亡佚。驃騎將軍，西漢武帝置爲重號將軍，僅次於大將軍。朱宇，事迹不詳。據劉向《别録》，"將軍"下脱"史"字。

右賦二十一家，二百七十四篇。[1]入揚雄八篇。[2]

[1]【今注】案，實爲二百七十五篇。
[2]【今注】案，指《七略》衹載四篇，班固補入八篇，共爲十二篇。

《孫卿賦》十篇。[1]

[1]【今注】案，本《志》載"大儒孫卿及楚臣屈原離讒憂國，皆作賦以風，咸有惻隱古詩之義"。《隋志》著録《楚蘭陵令荀況集》一卷，殘缺。梁二卷。兩《唐志》著録《趙荀況集》二

卷。顧實《講疏》以爲，今存《荀子·成相篇》包括五篇賦，《賦篇》有《禮》《知》《雲》《蠶》《箴》五賦及《佹詩》一篇，凡十一篇。此十篇疑是十一篇之誤。有嚴可均輯本。

《秦時雜賦》九篇。[1]

[1]【今注】案，《隋志》、兩《唐志》無著録，已亡佚。《文心雕龍·詮賦》云“秦世不文，頗有雜賦”。

李思《孝景皇帝頌》十五篇。[1]

[1]【今注】案，《隋志》、兩《唐志》無著録，已亡佚。李思，生平事迹不詳。孝景，漢景帝劉啓。公元前157年至前141年在位。紀見本書卷五、《史記》卷一一。本書卷五七上《司馬相如傳上》載，景帝不好辭賦。《文心雕龍·頌讚》云，容告神明謂之頌。頌主告神，義必純美。秦政刻文，爰頌其德。漢之惠景，亦有述容。本書《禮樂志》載，孝景采《武德舞》以爲《昭德》，以尊大宗廟。

《廣川惠王越賦》五篇。[1]

[1]【今注】案，《隋志》、兩《唐志》無著録，已亡佚。廣川惠王，即劉越，景帝子。漢景帝中元二年（前148）立，十三年崩。傳見本書卷五三。

《長沙王群臣賦》三篇。[1]

[1]【今注】案，《隋志》、兩《唐志》無著録，已亡佚。長沙王，漢初高帝五年（前 202），封吴芮爲長沙王。文帝後元七年（前 157）國除。景帝二年（前 155），重置長沙國。此長沙王在廣川惠王之後，當爲景帝子長沙定王劉發。傳見本書卷五三。

《魏内史賦》二篇。[1]

[1]【今注】案，《隋志》、兩《唐志》無著録，已亡佚。魏内史，不詳何人。漢初有魏王豹，但漢高祖三年（前 204）被殺，國除。内史，官名。漢初諸侯王國置内史，掌治民，理政事。如同郡太守。

《東暆令延年賦》七篇。[1]

[1]【顔注】師古曰：東暆，縣名。暆音移。【今注】案，《隋志》、兩《唐志》無著録，已亡佚。東暆，縣名。爲臨屯郡治。昭帝始元五年（前 82）改屬樂浪郡。治所在今韓國江原道江陵。延年，缺其姓，事迹不詳。

《衛士令李忠賦》二篇。[1]

[1]【今注】案，《隋志》、兩《唐志》無著録，已亡佚。衛士令，官名。隸於衛尉屬官中大夫令。掌領未央宫衛士，管理宫城諸門警衛。秩六百石。李忠，事迹不詳。

《張偃賦》二篇。[1]

［1］【今注】案，《隋志》、兩《唐志》無著録，已亡佚。張偃，張敖之子。吕后元年（前 187）立爲魯王。漢文帝即位，封南宫侯。傳見本書卷三二。但不載其作賦。

《賈充賦》四篇。[1]

［1］【今注】案，《隋志》、兩《唐志》無著録，已亡佚。賈充，事迹不詳。

《張仁賦》六篇。[1]

［1］【今注】案，《隋志》、兩《唐志》無著録，已亡佚。張仁，事迹不詳。

《秦充賦》二篇。[1]

［1］【今注】案，《隋志》、兩《唐志》無著録，已亡佚。秦充，事迹不詳。

《李步昌賦》二篇。[1]

［1］【今注】案，《隋志》、兩《唐志》無著録，已亡佚。李步昌，本《志》"儒家"著録《鉤盾冗從李步昌》八篇，當爲同一人。

《侍郎謝多賦》十篇。[1]

[1]【今注】案，《隋志》、兩《唐志》無著録，已亡佚。侍郎，官名。漢武帝所置郎官之一。爲光禄勳（郎中令）屬官。掌宿衛宫禁，侍奉皇帝。秩比四百石。謝多，事迹不詳。

《平陽公主舍人周長孺賦》二篇。[1]

[1]【今注】案，《隋志》、兩《唐志》無著録，已亡佚。平陽公主，漢武帝姊。食邑於平陽（今山西臨汾市金殿鎮）。初嫁平陽侯曹壽。進衛子夫於武帝。後嫁衛青。舍人，戰國、秦漢時貴族官員的親近侍從。周長孺，事迹不詳。

《雒陽錡華賦》九篇。[1]

[1]【顔注】師古曰：錡，姓；華，名。錡，音魚綺反。【今注】案，《隋志》、兩《唐志》無著録，已亡佚。錡華，姓錡名華。事迹不詳。王先謙《漢書補注》引葉德輝説，邵思《姓解三》稱西漢有錡業。案，華、業字形近，疑即此人。

《眭弘賦》一篇。[1]

[1]【顔注】師古曰：即眭孟也。眭，音先隨反。【今注】案，《隋志》、兩《唐志》無著録，已亡佚。眭弘，字孟，魯國蕃（今山東滕州市西北）人。從嬴公受《春秋》，以明經爲議郎，至符節令。漢昭帝元鳳元年（前80），以《公羊春秋》之意推測泰山出現的異象。坐妖言惑衆，大逆不道，被誅。傳見本書卷七五。

《别栩陽賦》五篇。[1]

[1]【顏注】服虔曰：栩音詡。【今注】案，《隋志》、兩《唐志》無著録，已亡佚。別栩陽，顧炎武《日知録》卷二一稱，此人當是姓別，名栩陽。事迹不詳。王應麟《考證》以庾信《哀江南賦》"栩陽亭有離別之賦"認爲"栩陽"爲亭名，此説並不準確。

《臣昌市賦》六篇。[1]

[1]【今注】案，《隋志》、兩《唐志》無著録，已亡佚。昌市，事迹不詳。

《臣義賦》二篇。[1]

[1]【今注】案，《隋志》、兩《唐志》無著録，已亡佚。義，此人缺姓。事迹不詳。

《黄門書者假史王商賦》十三篇。[1]

[1]【今注】案，《隋志》、兩《唐志》無著録，已亡佚。黄門書者，官名。漢代宫中有黄門署，其長官爲黄門令。爲少府屬官，掌宫中乘輿狗馬倡優鼓吹等事。其中有技藝才能者常在其署待詔。黄門書者，當爲以善書寫供職於此的人。本書卷六八《霍光金日磾傳》又載，黄門畫者，漢武帝使其畫周公負成王朝諸侯以賜霍光。假史，當作"假吏"。指權宜委以差事的官吏。王商，生平事迹不詳。

《侍中徐博賦》四篇。[1]

[1]【今注】案，《隋志》、兩《唐志》無著録，已亡佚。侍中，加官名。侍從皇帝，出入宫庭，備顧問，參與朝政。徐博，事迹不詳。

《黄門書者王廣吕嘉賦》五篇。[1]

[1]【今注】案，《隋志》、兩《唐志》無著録，已亡佚。王廣，事迹不詳。吕嘉，事迹不詳。

《漢中都尉丞華龍賦》二篇。[1]

[1]【今注】案，《隋志》、兩《唐志》無著録，已亡佚。漢中，郡名。治西城縣（今陜西安康市西北）。都尉丞，官名。都尉輔佐郡守，爲掌郡中軍事的高級官吏。秩比二千石。屬官有丞。華龍，本書卷六四下《王襃傳》載，華龍爲金馬門待詔，與劉向、王襃同時。本書卷七八《蕭望之傳》載，宣帝時與張子蟜等待詔，以行污濊不進，欲入周堪等，周堪等不接納，故與鄭朋相結。宦官弘恭、石顯令華龍、鄭朋告蕭望之。於是宣帝收蕭望之前將軍光禄勳印綬，及周堪、劉更生皆免爲庶人。

《左馮翊史路恭賦》八篇。[1]

[1]【今注】案，《隋志》、兩《唐志》無著録，已亡佚。左馮翊，漢三輔之一。武帝太初元年（前 104）改左内史置。治所在長安城（今陜西西安市西北）。相當於郡太守。因地屬畿輔，故不稱郡。史，即掾史。路恭，事迹不詳。

右賦二十五家，百三十六篇。

《客主賦》十八篇。[1]

［1］【今注】案，《隋志》、兩《唐志》無著録，已亡佚。本書卷八七下《揚雄傳下》載，揚雄《長揚賦》“藉翰林以爲主人，子墨爲客卿以風”。此賦蓋類於此。書名《客主賦》當有一“雜”字（徐光明、孫振田：《〈漢書·藝文志〉研究三札》，《圖書館》2015年第12期）。

《雜行出及頌德賦》二十四篇。[1]

［1］【今注】案，《隋志》、兩《唐志》無著録，已亡佚。行出，或爲侍從皇帝出行者所作，多詼諧調笑之作。本書卷五一《枚皋傳》載，枚皋從漢武帝“行至甘泉、雍、河東，東巡狩，封泰山，塞決河宣房，游觀三輔離宮館，臨山澤，弋獵射馭狗馬蹵鞠刻鏤，上有所感，輒使賦之。爲文疾，受詔輒成，故所賦者多”。其所作賦可讀者百二十篇，其尤嫚戲不可讀者尚數十篇。另外，本書卷六五《東方朔傳》載，東方朔所作《封泰山》《責和氏璧》及《皇太子生禖》《屏風》《殿上柏柱》《平樂觀賦獵》，八言、七言上下，《從公孫弘借車》，其中也有從行或者頌德的賦。本書卷四四《淮南衡山濟北王傳》載，淮南王劉安又獻頌德及長安都國頌。

《雜四夷及兵賦》二十八篇。[1]

［1］【今注】案，此賦或描寫四夷人物、風俗，也含有詼諧調笑的内容（參見伏俊璉《〈漢書·藝文志〉“雜行出及頌德”“雜四夷及兵”賦考》，《西北師大學報》2001年第4期）。又案，二十

八，蔡琪本、大德本、殿本作“二十”。

《雜中賢失意賦》十二篇。[1]

[1]【今注】案，《隋志》、兩《唐志》無著録，已亡佚。此類是不得志或下層知識分子自我嘲謔、抒發憤懣之情的賦作，其特點是語言接近口語化，風格詼諧。如王褒《責須髯奴辭》、揚雄的《逐貧賦》（伏俊璉：《〈漢書·藝文志〉“雜中賢失意賦”考略》，《新疆大學學報》2005年第5期）。

《雜思慕悲哀死賦》十六篇。[1]

[1]【今注】案，《隋志》、兩《唐志》無著録，已亡佚。此類賦多以描寫事物情態，抒發情志。如賈誼《吊屈原賦》《鵩鳥賦》、董仲舒《士不遇賦》、司馬遷《悲士不遇賦》之類。

《雜鼓琴劍戲賦》十三篇。[1]

[1]【今注】案，《隋志》、兩《唐志》無著録，已亡佚。此類賦主要描寫擊鼓、奏琴、舞劍、雜戲之類活動，爲咏物賦。本書卷五一《枚皋傳》載，枚皋賦“弋獵射馭狗馬蹵鞠刻鏤”，或是此類賦。

《雜山陵水泡雲氣雨旱賦》十六篇。[1]

[1]【顔注】師古曰：泡，水上浮漚也。泡，音普交反。漚，音一侯反。【今注】案，《隋志》、兩《唐志》無著録，已亡佚。此

類賦當涉及山、水、雲、氣、雨、旱等地理天象。如荀子《雲賦》、宋玉《風賦》、陸賈《孟春賦》、賈誼《旱雲賦》、董仲舒《山川頌》、公孫乘《月賦》等。

《雜禽獸六畜昆蟲賦》十八篇。[1]

[1]【今注】案，《隋志》、兩《唐志》無著録，已亡佚。劉向《别録》有《行過江上弋鴈賦》《行弋賦》《弋雌得雄賦》。此類賦當包括三類，一是咏物賦，二是擬人化的動物故事賦，三是介紹動物知識的韻誦體應用文。如公孫詭《文鹿賦》、路喬如《鶴賦》、王延壽《王孫賦》等。出土的類似文獻有1972年臨沂銀雀山漢簡《相狗方》、1973年長沙馬王堆漢墓帛書《相馬經》、1993年江蘇連雲港尹灣漢墓竹簡《神烏賦》等（伏俊璉：《〈漢書·藝文志〉“雜禽獸六畜昆蟲賦”考》，《文獻》2001年第4期）。上博戰國楚竹書《鵬賦》。

《雜器械草木賦》三十三篇。[1]

[1]【今注】案，《隋志》、兩《唐志》無著録，已亡佚。撰者不詳。此類賦當描述日常器物及草木等。《西京雜記》有中山王《文本賦》、鄒陽《酒賦》《几賦》、羊勝《屏風賦》。上博戰國楚竹書《蘭賦》。

《大雜賦》三十四篇。[1]

[1]【今注】案，《隋志》、兩《唐志》無著録，已亡佚。張舜徽《通釋》認爲，以上雜賦，名目很多，當爲劉向等校書時，將當

時中秘所藏的各類賦進行分類彙編，加以各種標題而成。《文心雕龍·詮賦》云："漢初辭人，順流而作，陸賈扣其端，賈誼振其緒，枚馬同其風，王楊騁其勢，皋翔已下，品物畢圖。繁積於宣時，校閲於成世，進御之賦，千有餘首，討其源流，信興楚而盛漢矣。"其中或有本《志》所未載的東方朔賦。

《成相雜辭》十一篇。[1]

[1]【今注】案，《隋志》、兩《唐志》無著録，已亡佚。王應麟《考證》引《荀子·成相篇》注"蓋亦賦之流也"。朱熹稱，"凡三章，雜陳古今治亂興亡之效，託聲詩以諷時君"。此三章或在此十一篇之内。《藝文類聚》卷八九引《成相篇》云"莊子貴支離，悲木槿"，注曰："《成相》，出《淮南子》。"顧實《講疏》據此認爲，此賦爲淮南王所作。

《隱書》十八篇。[1]

[1]【顔注】師古曰：劉向《别録》云："隱書者，疑其言以相問，對者以慮思之，可以無不諭。"【今注】案，隱書是記録隱語的書，多以四言賦體寫成。隱，亦作"讔"。《文心雕龍·諧隱》載，"讔者，隱也；遯辭以隱意，譎譬以指事也"。又稱"漢世隱書十有八篇，歆、固編文，録之歌末"。2010年初入藏的北大藏秦簡有《隱書》四篇，其中一枚背面題"此隱書也"四字（參見李零《隱書》，《簡帛》第8輯，上海古籍出版社2013年版）。

右雜賦十二家，二百三十三篇。[1]

［1］【今注】案，雜賦是某一主題賦作的彙編，包括民間流傳的寓言故事等賦作，以及無作者、年代不明的文人俗賦。形式上是民間謠誦體，包括箴言類雜記，以及《隱書》等滑稽諧趣之言和占卜繇辭、《成相雜辭》講唱文學，描寫日常動植物的小賦，風格詼諧調侃（參見程千帆《漢志雜賦義例説臆》，《閑堂文藪》，河北教育出版社2000年版，第218頁；伏俊璉《〈漢書·藝文志〉“雜賦”臆説》，《文學遺産》2002年第6期；伏俊璉《〈漢書·藝文志〉“雜賦”考》，《文獻》2003年第2期）。

《高祖歌詩》二篇。[1]

［1］【今注】案，此二篇即本書《高祖紀下》所載《大風歌》與卷四〇《留侯世家》所載《鴻鵠歌》。王應麟《考證》云，《大風歌》亦名《三侯之章》。“侯”與“兮”皆爲語辭，此歌有三“兮”，故稱“三侯”。高祖，劉邦。紀見本書卷一。案，歌詩指配有樂譜可以歌唱的樂府詩。

《泰一雜甘泉壽宫歌詩》十四篇。[1]

［1］【今注】案，據本書《武紀》載，武帝在元鼎五年（前112）十一月冬至、元封五年（前106）夏四月、天漢元年（前100）春正月和後元元年（前88）春正月共計四次赴甘泉“郊泰畤”。頻繁的甘泉祭祀活動對漢代文學産生了一定影響，促生了司馬相如《大人賦》、王褒的《甘泉宫賦》、揚雄《甘泉賦》、劉歆《甘泉宫賦》、桓譚《仙賦》和黄香《九宫賦》等文學作品（蔡丹君：《西漢甘泉祭祀儀式的文學影響——從“采詩夜誦”到甘泉諸賦》，《文學評論》2016年第2期）。定郊祀之禮，祀太一於甘泉，祭后土於汾陰。立樂府，以李延年爲協律都尉，多舉司馬相如等數

十人所造詩賦，略論律吕，以合八音之調，作十九章之歌。此十四篇當存於《十九章之歌》。《隋志》、兩《唐志》無著録，已亡佚。泰一，亦作“太一”，天神名。武帝元封二年（前109），亳人謬忌提出祭祀太一，認爲“天神貴者泰一，泰一佐曰五帝”。武帝元狩四年（前119），齊人少翁以鬼神方見上。元狩五年，大赦，置壽宫神君。壽宫神君最貴者太一，其佐曰大禁、司命之屬。

《宗廟歌詩》五篇。[1]

［1］【今注】案，本書《禮樂志》載，高祖時，叔孫通因秦樂人制宗廟樂，有《嘉至》《永至》《登歌》《休成》《永安》五篇。王先謙《漢書補注》認爲，此處五篇合上文十四篇，或合稱《十九章之歌》。或是《帝臨》《青陽》《朱明》《西顥》《玄明》五篇。《隋志》、兩《唐志》無著録，已亡佚。

《漢興以來兵所誅滅歌詩》十四篇。[1]

［1］【今注】案，《隋志》、兩《唐志》無著録，已亡佚。王先謙《漢書補注》認爲，此即漢鼓吹鐃歌諸曲。

《出行巡狩及游歌詩》十篇。[1]

［1］【今注】案，《隋志》、兩《唐志》無著録，已亡佚。王先謙《漢書補注》認爲，當即漢武帝《瓠子》《盛唐》《樅陽》等歌，漢鐃歌《上之回曲》，當亦在内。

《臨江王及愁思節士歌詩》四篇。[1]

[1]【今注】案，《隋志》、兩《唐志》無著録，已亡佚。臨江王劉榮，孝景帝子，孝景四年（前153）立爲皇太子，七年春正月廢爲臨江王。景帝中元二年（前148），因侵太宗廟地，遭中尉訊責，自殺。傳見本書卷五三。疑此歌爲其所作。梁庾信《哀江南賦》有“臨江王有愁思之歌”。

《李夫人及幸貴人歌詩》三篇。[1]

[1]【今注】案，《隋志》、兩《唐志》無著録，已亡佚。據本書卷九七上《外戚傳上》，李夫人死後，漢武帝令方士齊人少翁致其神。漢武帝愈加悲感，爲作詩。又自爲作賦，以傷悼之。李夫人，漢武帝寵妃，善歌舞，生昌邑哀王劉髆，早卒。武帝思念不已，畫其形於甘泉宫。昭帝時，追上尊號曰孝武皇后。事見本書《外戚傳上》。

《詔賜中山靖王子噲及孺子妾冰未央材人歌詩》四篇。[1]

[1]【顔注】師古曰：孺子，王妾之有品號者也。妾，王之衆妾也。冰，其名。材人，天子内官。【今注】案，《隋志》、兩《唐志》無著録，已亡佚。姚振宗《條理》認爲，本書卷五三《景十三王傳》載中山靖王有子一百二十餘人，其中封侯者二十餘人，皆爲武帝時分封。而噲當爲諸子中未封侯的。本書《王子侯表上》有薪館侯未央，此處的未央材人，或爲薪館侯之材人，以失侯故稱其名。此四篇應爲詔賜王子、孺子、妾、材人各一篇，均爲中山國之人。中山靖王，劉勝，漢景帝子。傳見本書卷五三。劉噲，當爲薪館侯未央之子，中山靖王之孫。事迹不詳。孺子，王妾之有品號者。材人，陳直《漢書新證》認爲，即才人，爲妃嬪之號。此詩作

者是未央材人，經漢廷賞賜與中山王子噲及其妾冰。

《吴楚汝南歌詩》十五篇。[1]

[1]【今注】案，《隋志》、兩《唐志》無著録，已亡佚。不署撰者。顧實《講疏》認爲，吴、楚、汝南相當於春秋時吴國、楚國、蔡國；唐代以前的江東、江南地區，在今湖北、湖南之間，安徽、江蘇兩省長江以南地區。如《雞鳴歌》《江南可采蓮》《烏生十五子》《白頭吟》等。此書所載吴楚歌詩當多爲漢以前之作，因篇名多用漢代以前地域稱謂。後文燕代謳、齊鄭歌詩、周歌、周謡等也屬此類（參見劉旭青《漢代歌詩研究》，武漢出版社 2008 年版，第 24 頁）。

《燕代謳鴈門雲中隴西歌詩》九篇。[1]

[1]【今注】案，《隋志》、兩《唐志》無著録，已亡佚。本書《禮樂志》載，武帝立樂府，采詩夜誦，有趙、代、秦、楚之謳。此書當爲樂府所采燕代、雁門、雲中、隴西等地歌。燕代，今河北西北部和山西東北部地區。鴈門，郡名。治善無（今山西右玉縣南）。雲中，郡名。治雲中（今内蒙古托克托縣古城村）。隴西，郡名。治狄道（今甘肅臨洮市）。

《邯鄲河間歌詩》四篇。[1]

[1]【今注】案，此四篇爲漢邯鄲、河間兩地所采詩。在今河北南部。《琴操》内有《河間雜歌》二十一章。《隋志》、兩《唐志》無著録，已亡佚。邯鄲，郡名。治邯鄲（今河北邯鄲市）。河

間，王國名。都欒城（今河北獻縣東南）。本書《禮樂志》有邯鄲鼓員二人。

《齊鄭歌詩》四篇。[1]

[1]【今注】案，指齊、鄭兩地采集之詩，在今山東北部及沿海地區以及河南中部。《隋志》、兩《唐志》無著録，已亡佚。本書《禮樂志》有鄭四會員六十二人，齊四會員十九人，齊謳員六人。

《淮南歌詩》四篇。[1]

[1]【今注】案，指淮南采集之詩，在今安徽長江以南地區及江西。《隋志》、兩《唐志》無著録，已亡佚。淮南，西漢王國名。漢高祖五年（前202），治六縣（今安徽六安市北），十一年徙治壽春縣（今安徽壽縣）。本書《禮樂志》有淮南鼓員四人。

《左馮翊秦歌詩》三篇。[1]

[1]【今注】案，《隋志》、兩《唐志》無著録，已亡佚。左馮翊，三輔之一。漢武帝太初元年（前104）改左内史置，相當於郡，但地屬畿輔，故不稱郡。治長安城（今陝西西安市西北）。在今陝西渭河以北、涇河以東洛河中下游地區。秦，在今陝西中部平原地區。本書《禮樂志》有秦倡員二十九人，秦倡象人員三人。

《京兆尹秦歌詩》五篇。[1]

［1］【今注】案，《隋志》、兩《唐志》無著録，已亡佚。京兆尹，三輔之一。漢武帝太初元年（前 104）改右内史置，治長安縣（今陝西西安市西北）。

《河東蒲反歌詩》一篇。[1]

［1］【今注】案，《隋志》、兩《唐志》無著録，已亡佚。河東，郡名。治安邑（今山西夏縣西北）。蒲反，即蒲阪，縣名。治所在今山西永濟市西南蒲州鎮。今山西西南部。

《黄門倡車忠等歌詩》十五篇。[1]

［1］【今注】案，此歌詩當由黄門倡等數人所作。《樂府詩集》中有《黄門倡歌》。本書《禮樂志》載，成帝時，有黄門名倡丙彊、景武等人。《隋書·樂志》曰，漢樂有黄門鼓吹，天子宴群臣之時所用。又有《俳歌辭》。《隋志》、兩《唐志》無著録，已亡佚。倡，宫中歌舞藝人。本書卷八九《召信臣傳》載，召信臣奏省樂府黄門倡優諸戲。車忠，事迹不詳。

《雜各有主名歌詩》十篇。[1]

［1］【今注】案，指有明確作者的雜歌詩。《隋志》、兩《唐志》無著録，已亡佚。

《雜歌詩》九篇。[1]

［1］【今注】案，指作者不明的雜歌詩。《隋志》、兩《唐志》

無著録，已亡佚。

《雒陽歌詩》四篇。[1]

［1］【今注】案，《隋志》、兩《唐志》無著録，已亡佚。雒陽。本名洛邑，春秋時稱成周。在今河南洛陽市東。此書與後面四種書均爲原周朝所在地的歌詩。

《河南周歌詩》七篇。[1]

［1］【今注】案，《隋志》、兩《唐志》無著録，已亡佚。河南，古邑名。治所在今河南洛陽市西澗河東岸。《史記・周本紀》載，東周考王封其弟於河南，是爲西周桓公，以續周公之官職。

《河南周歌聲曲折》七篇。[1]

［1］【今注】案，《隋志》、兩《唐志》無著録，已亡佚。王先謙《漢書補注》云，聲曲折即歌聲曲譜，即記録曲調樂譜（劉再生：《"聲曲折"之我見》，《中國音樂學》1990年第1期）。也有學者認爲，"聲曲折"當作"歌聲曲折"，即"歌曲曲調"（馮潔軒、李愛群：《"聲曲折"是個錯定的詞》，《中國音樂》1998年第1期）。據前後文，書名上當脱一"詩"字（徐光明、孫振田：《〈漢書・藝文志〉研究三札》，《圖書館》2015年第12期）。

《周謡歌詩》七十五篇。[1]

［1］【今注】案，《隋志》、兩《唐志》無著録，已亡佚。指原

戰國時期西周、東周之地民間歌謠等。周，古地區名。指今河南洛陽市、孟津縣、偃師市、鞏義市一帶。《爾雅·釋樂》："徒吹謂之和，徒歌謂之謡。"即没有伴奏的個人清唱。

《周謡歌詩聲曲折》七十五篇。[1]

[1]【今注】案，指原戰國時期西周、東周之地民間歌謡的曲譜等。《隋志》、兩《唐志》無著録，已亡佚。

《諸神歌詩》三篇。[1]

[1]【今注】案，即向神祈禱的歌詩。本書《禮樂志》載，"是以薦之郊廟則鬼神饗，作之朝廷則群臣和，立之學官則萬民協"。《隋志》、兩《唐志》無著録，已亡佚。

《送迎靈頌歌詩》三篇。[1]

[1]【今注】案，沈欽韓《漢書疏證》認爲，後世的迎送神弦歌即起源於此。本書《禮樂志》載，高祖時，叔孫通因秦樂人制宗廟樂。大祝迎神於廟門，奏《嘉至》，如同古降神之樂。《隋志》、兩《唐志》無著録，已亡佚。

《周歌詩》二篇。[1]

[1]【今注】案，指原戰國時期西周、東周之地的歌詩。《隋志》、兩《唐志》無著録，已亡佚。

《南郡歌詩》五篇。[1]

[1]【今注】案，《隋志》、兩《唐志》無著録，已亡佚。不署撰者。南郡，治江陵縣（今湖北荆州市荆州區故江陵縣城）。在今湖北大部分地區。

右歌詩二十八家，三百一十四篇。[1]

[1]【今注】案，實際爲三百一十六篇。除去《曲折》兩家八十二篇，共二十六家，二百三十四篇。

凡詩賦百六家，千三百一十八篇。[1]入揚雄八篇。

[1]【今注】案，其篇數闕少三篇，今校當爲千三百二十一篇。

傳曰："不歌而誦謂之賦，[1]登高能賦可以爲大夫。"[2]言感物造耑，[3]材知深美，[4]可與圖事，故可以爲列大夫也。古者諸侯卿大夫交接鄰國，以微言相感，當揖讓之時，[5]必稱《詩》以諭其志，蓋以别賢不肖而觀盛衰焉。[6]故孔子曰"不學《詩》，無以言"也。[7]春秋之後，周道寖壞，[8]聘問歌詠不行於列國，[9]學《詩》之士逸在布衣，而賢人失志之賦作矣。大儒孫卿及楚臣屈原離讒憂國，[10]皆作賦以風，[11]咸有惻隱古詩之義。其後宋玉、唐勒，漢興枚乘、司馬相如，下及楊子雲，競爲侈麗閎衍之詞，[12]没其風諭之義。[13]是以楊子悔之，曰："詩人之賦麗以則，[14]辭人之賦麗以淫。[15]如孔氏之門人用賦也，則賈誼登堂，相如入室矣，如其不用何！"[16]自孝武立樂府而采歌謠，於是有代、趙之謳，秦、楚之風，皆感於哀樂，緣事而發，亦可以觀風俗，知薄厚云。序詩賦爲五種。[17]

［1］【今注】案，此句指賦具有"不歌而誦"的特點。誦，朗讀。"不歌而誦謂之賦"係出自劉向的《别録》（冷衛國：《劉向、劉歆賦學批評發微》，《文學遺産》2010年第2期）。

［2］【今注】案，此句或班固引自《韓詩外傳》。韓嬰《韓詩外傳》卷七載孔子游於景山之上，孔子曰："君子登高必賦。"王應麟《考證》引《毛詩·定之方中傳》所述君子九德，"故建邦能命龜，田能施命，作器能銘，使能造命，升高能賦，師旅能誓，山川能説，喪紀能誄，祭祀能語，君子能此九者，可謂有德音，可以爲大夫"，與此文差别較大。《毛詩正義》卷三孔穎達疏謂，升高能賦，指升高有所見，能爲詩賦其形狀，鋪陳其事勢。

［3］【顔注】師古曰：耑，古"端"字也。因物動志，則造辭義之端緒。【今注】感物造耑：因物而觸動感情。耑，同"端"。端緒，頭緒。

［4］【今注】材知：才智。材，同"才"。知，同"智"。

［5］【今注】揖讓：古代賓主相見的禮儀。也指春秋時諸侯國之間的外交禮儀。

［6］【今注】案，此句指春秋時外交辭令並不直接表達，而是善於比喻，引用《詩經》，隱約其辭，以情理和文辭感人。

［7］【顔注】師古曰：《論語》載孔子戒伯魚之辭也。【今注】案，見《論語·季氏》。又稱學《詩》"可以群，可以怨。近之事父，遠之事君，多識於草木鳥獸之名"。

[8]【顏注】師古曰：寖，漸也。

[9]【今注】聘問：春秋時各諸侯國之間互相遣使訪問，稱爲聘。小規模的聘稱爲問。　歌詠：以詩賦抒發情感。

[10]【顏注】師古曰：離，遭也。風讀曰諷。次下亦同。【今注】離讒：遭到讒毀。離，同“罹”。遭受苦難或不幸。

[11]【今注】風：通“諷”。諷諫。

[12]【今注】侈麗閎衍：文辭華麗繁富。

[13]【今注】没（mò）：隱没、消失。

[14]【今注】麗以則：文辭優美而不失其諷諫的本意。

[15]【顏注】師古曰：辭人，言後代之爲文辭。【今注】麗以淫：文辭優美而辭藻渲染過度。

[16]【顏注】師古曰：如孔氏之門既不用賦不可如何謂賈誼相如無所施也。【今注】案，此句見揚雄《法言·吾子》。原文作：“或問：‘景差、唐勒、宋玉、枚乘之賦也，益乎？’曰：‘必也，淫。’‘淫，則奈何？’”爲回答此問，揚雄曰：“詩人之賦麗以則，辭人之賦麗以淫。如孔氏之門用賦也，則賈誼登堂，相如入室矣，如其不用何？”所謂“詩人之賦”，《詩經》作者所作賦，這類賦往往有諷諫的作用；荀子、屈原繼承了《詩經》精神。所謂“辭人之賦”，即景差、唐勒、宋玉、枚乘等人的賦，此類賦衹是辭藻華麗。本書卷八七下《揚雄傳下》載，揚雄以爲賦是爲了諷諫，而辭藻華麗、言語恢諧的賦，並非法度所存、賢人君子詩賦之正。

[17]【今注】案，《漢志》所載歌詩，其數與《詩經》相同，當爲有意仿照《詩經》。其中高祖歌詩以下八家比大雅；吴、楚、燕、代、邯鄲等以比國風；黄門倡車忠以下八家，如小雅；諸神歌詩以下同頌（參見熊良智《〈漢志·詩賦略〉分類義例新論》，《中州學刊》2002年第3期）。詩賦略分爲屈原賦、陸賈賦、荀卿賦、雜賦，分别對應《國語·周語上》所載的“瞽獻曲”“史獻書”“瞍賦矇頌”“百工諫”，是班固析賦爲四類的理論根據（參見曾祥

旭《〈漢書·藝文志·詩賦略〉之“賦”説》，《南都學壇》2012年第2期）。漢志以傳播方式立詩賦略，又根據歌和誦的不同區分詩和賦，又根據所含諷諭之旨的多少對其價值進行評判並分爲四類（伏俊璉：《〈漢志·詩賦略〉“賦”分四家》，《中華文史論叢》第76輯）。《漢志·詩賦略》前三種賦各有體制，自成流別，雜賦一種，附録而已。屈原賦二十家，主在騷體，抒寫個人情性，源自於楚，而視爲風體之賦；陸賈賦二十一家，述行紀實，以典誥之體，稱述帝王行事，當爲雅體之賦；荀卿賦二十五家以整飭聯章的形式，四言爲主，述德而兼諷誦，陳於朝廷宗廟，乃列土獻詩、工師賦誦的流變，可視爲頌體之賦。這種分類義例正出自漢代主流意識的詩學思想（熊良智：《〈漢志·詩賦略〉分類義例新論》，《中州學刊》2002年第3期）。

《吴孫子兵法》八十二篇。[1]圖九卷。[2]

[1]【顔注】師古曰：孫武也，臣於闔廬。【今注】案，《史記》卷六五《孫子吴起列傳》張守節《正義》，孫子爲齊人。事於吴王闔閭，爲吴將，作兵法十三篇。《七録》云《孫子兵法》三卷。案十三篇爲上卷，又有中、下二卷。則本《志》中八十二篇，當是以十三篇爲上卷，中下二卷爲孫武以後人所增加。《隋志》著録《孫子兵法》二卷，吴將孫武撰，魏武帝注。又有《孫子兵法》一卷，注謂魏武、王凌集解。《舊唐志》著録《孫子兵法》十三卷，注謂孫武撰，魏武帝注。《新唐志》著録魏武帝注《孫子》三卷。《宋志》著録孫武《孫子》三卷、朱服校定《孫子》三卷、魏武帝注《孫子》三卷。《郡齋讀書志》卷一四著録魏武注《孫子》一卷，稱《漢志》有《孫子兵法》八十二篇，此本止十三篇。杜牧稱此書本數十萬言，魏武帝刪削成此書。《直齋書録解題》卷一二著録《孫子》三卷，亦稱魏武帝削其繁冗，定爲十三篇。《史

記·孫子吴起列傳》載闔閭稱孫子之書十三篇，則孫子確實著有此書。1972 年 4 月，山東臨沂銀雀山 1 號漢墓同時出土漢簡本《孫子兵法》和《孫臏兵法》。其中《孫子兵法》除《地形篇》外，其餘十二篇皆有文字殘存，篇次與今本有出入，文字有不少勝於今本之處（熊劍平：《簡本〈孫子〉的發現及其研究概況》，《軍事歷史》2012 年第 2 期）。今傳宋刻本《十一家注孫子》及其他多本《孫子》篇名有“篇”字，但漢簡本《孫子兵法》每篇篇名皆無“篇”字，可知今本各篇名的“篇”字皆爲後人所加。後世注《孫子》頗多，宋吉天保編《孫子十家注》包括魏武帝、梁孟氏，唐李荃、杜牧、陳皞、賈林，宋梅堯臣、王晳、何延錫、張預。對此書的研究，有孫星衍《孫子十家注》，錢基博《孫子兵法章句訓義》，謝祥皓、劉申寧輯《孫子集成》，吴如嵩等《孫子校釋》，楊丙安《十一家注孫子校理》等。孫子，即孫武，字長卿。春秋時齊國人，後入吴。善用兵，吴王闔閭任爲將。公元前 506 年，與伍子胥率軍攻楚，入郢都。齊國因此强盛。傳見《史記》卷六五。

［2］【今注】案，《隋志》著録《鈔孫子兵法》一卷魏太尉賈詡鈔。注謂《孫子八陣圖》一卷。亡。又有《吴孫子牝牡八變陣圖》二卷。

《齊孫子》八十九篇。[1]《圖》四卷。

［1］【顔注】師古曰：孫臏。【今注】案，《隋志》、兩《唐志》無著録，已亡佚。1972 年，山東臨沂銀雀山 1 號漢墓出土竹簡 440 枚，字數 11000 多字。經整理編定上下兩編，各十五篇。其中上編十篇與《五教法》一篇，可以確定是《孫臏兵法》，下編十五篇則存疑（榮挺進：《孫臏及其〈兵法〉研究》，《三峽學刊》1994 年第 C1 期）。關於此書的研究，有張震澤《孫臏兵法校理》。齊孫子，即孫臏，戰國時齊國人，生於阿鄄之間，孫武後世子孫。與龐

涓同學兵法。後龐涓至魏，設計將他處以臏刑，故稱孫臏。後入齊，因田忌推薦，任齊威王軍師，在桂陵、馬陵大敗魏軍，擒龐涓，以此名揚天下。傳見《史記》卷六五。

《公孫鞅》二十七篇。[1]

［1］【今注】案，《荀子·議兵》載，秦之衛鞅，世之所謂善用兵者。張舜徽《通釋》認爲，商鞅爲法家，以獎勵耕戰爲富國之本，故商君也長於用兵。《商君書》中有《開塞》《耕戰》等篇。《隋志》、兩《唐志》無著録，已亡佚。公孫鞅，即商鞅，又作“衛鞅”。本《志》“法家”著録《商君》二十九篇。

《吴起》四十八篇。[1]有列傳。

［1］【今注】案，《史記》卷六五《孫子吴起列傳》載，吴起兵法世多有。《隋志》著録《吴起兵法》一卷，賈詡注。《新唐志》著録賈詡注《吴子兵法》一卷。《宋志》著録吴起《吴子》三卷。《郡齋讀書志》卷一四著録《吴子》三卷，魏吴起撰，稱“言兵家機權法制之説，唐陸希聲類次爲之”，有説國、料敵、治兵、論將、變動、勵士，共六篇。《四庫全書總目提要》卷九九著録《吴子》一卷，稱此書已非原本。王應麟（《考證》）、姚際恒（《古今僞書考》）、姚鼐（《惜抱軒詩文集》卷五《讀司馬法六韜》）均以爲今本《吴子》六篇爲僞書。顧實《講疏》以今本六篇並非吴起原書。有學者認爲，今本《吴子》即漢志《吴起》四十八篇的一部分，當成書於戰國時期（張世超《〈吴子〉研究》，《古籍整理研究學刊》2002年第6期；徐勇《〈吴子〉的成書、著録及其軍事思想》，《軍事歷史研究》2001年第3期；單育辰《從戰國簡〈曹沫之陳〉再談今本〈吴子〉〈慎子〉的真僞》，載《出土文獻研究》

第12輯)。吴起，戰國時衛人。曾學於曾子。善用兵，爲魯將，大破齊。入魏，魏文侯以其爲將，擊秦，拔五城，爲西河守。武侯時，逃往楚國，爲楚悼王相，實行變法，南平百越，北併陳蔡，西伐秦。悼王死，太子使令尹誅射之。傳見《史記》卷六五。

《范蠡》二篇。[1]越王勾踐臣也。

[1]【今注】案，《隋志》、兩《唐志》無著録，已亡佚。本書卷七〇《甘延壽傳》師古注引張晏説，《范蠡兵法》"飛石重十二斤，爲機發，行二百步"。范蠡，春秋末期楚國宛（今河南南陽市）人。字少伯。入越，任大夫。越國敗於吴，范蠡與文種助越王勾踐滅吴，爲上將軍。後棄官浮海至齊，稱鴟夷子皮，經商致富。齊人以爲相。後歸印散財而去，行止於陶（今山東菏澤市定陶區西北），稱陶朱公。

《大夫種》二篇。[1]與范蠡俱事勾踐。

[1]【今注】案，《隋志》、兩《唐志》無著録，已亡佚。沈欽韓《漢書疏證》引《吴越春秋》曰，"大夫種言滅吴者有九術"。《越絶書》卷一二載"九術"，一曰尊天地，事鬼神；二曰重財幣，以遺其君；三曰貴糴粟槀，以空其邦；四曰遺之好美，以爲勞其志；五曰遺之巧匠，使起宫室高臺，盡其財，疲其力；六曰遺其諛臣，使之易伐；七曰彊其諫臣，使之自殺；八曰邦家富而備器；九曰堅厲甲兵，以承其弊。《史記》卷四一《越王句踐世家》載，越王賜劍給文種，稱："子教寡人伐吴七術，寡人用其三而敗吴，其四在子，子爲我從先王試之。"大夫種，字少禽（《史記》卷六六《伍子胥列傳》作"子禽"）。春秋時期楚國郢人。入越爲大夫，與范蠡共同輔佐句踐滅吴。後被逼自殺。

《李子》十篇。[1]

[1]【今注】案，《隋志》、兩《唐志》無著録，已亡佚。姚振宗《條理》引《韓非子·内儲説》有李悝《習射令》，或爲其中一篇。李悝與商鞅一樣，法家而兼兵、農，故本《志》“儒家”著録《李克》七篇，“法家”著録《李子》三十二篇，與此書皆非一書。姚明煇《注解》疑其爲李牧。李子，即李悝，又作“李克”。

《娷》一篇。[1]

[1]【顔注】師古曰：娷，音女瑞反，蓋説兵法者，人名也。【今注】案，《隋志》、兩《唐志》無著録，已亡佚。姚振宗《條理》認爲，《世本·作篇》有倕作鐘，又有垂作規矩準繩、銚、耒耜、耨，爲黄帝時巧工。梁玉繩《人表考》云，垂又作“倕”，堯時巧工，也稱巧倕，又稱工倕、倕氏。此書或爲戰國時期依託娷所作。又案，《齊孫子》至此書，書名上當有“兵法”二字。

《兵春秋》三篇。[1]

[1]【今注】案，《隋志》無著録，兩《唐志》著録《兵春秋》一卷，或即此書，已亡佚。

《龐煖》三篇。[1]

[1]【顔注】師古曰：煖，音許遠反，又音許元反。【今注】案，今本《鶡冠子·兵政篇》載龐子問鶡冠子用兵之道。又有悼襄王（《世賢》）、武靈王（《武靈王》）問。《隋志》、兩《唐志》

無著録，已亡佚。龐煖，趙將。本《志·諸子略》“縱横家”著録《龐煖》二篇。

《兒良》一篇。[1]

[1]【顔注】師古曰：六國時人也。兒，音五溪反。【今注】案，《隋志》、兩《唐志》無著録，已亡佚。兒（ní）良，《吕氏春秋·審分》載王廖貴先，兒良貴後。注曰，王廖謀兵事，貴先建策。兒良作兵謀，貴後。《史記·秦始皇本紀》載，當時有吴起、孫臏、帶佗、兒良、王廖、田忌、廉頗、趙奢之朋制其兵。司馬貞《索隱》據《吕氏春秋》云“王廖貴先，兒良貴後”，二人皆天下豪士。

《廣武君》一篇。[1]李左軍。

[1]【今注】案，《隋志》、兩《唐志》無著録，已亡佚。廣武君，即李左軍，秦末漢初人。《史記》卷九二《淮陰侯列傳》載，韓信、張耳以兵數萬欲襲趙，李左軍向趙王歇、成安君陳餘建議，以奇兵三萬人斷絶其輜重，趙王歇固守不與之交戰，則可以擊敗韓信、張耳軍。但趙王歇、陳餘不用其謀，後大敗被擒。李左軍被生擒，韓信免其死，用其策定燕。

《韓信》三篇。[1]

[1]【顔注】師古曰：淮陰侯。【今注】案，《隋志》、兩《唐志》無著録，已亡佚。本《志》載，漢初張良、韓信序次兵法，凡百八十二家，删取要用，定著三十五家。本書卷一下《高紀下》

載，天下既定，令韓信申軍法。韓信，淮陰（今江蘇淮安市淮陰區西南）人。秦末，從項羽爲郎中，離楚歸漢。劉邦拜爲大將軍，助漢滅項羽，定天下，封爲齊王。漢初封楚王，後因有人告其謀反，降爲淮陰侯。被吕后設計所殺。傳見本書卷三四、《史記》卷九二。

右兵權謀十三家，二百五十九篇。[1]省《伊尹》《太公》《管子》《孫卿子》《鶡冠子》《蘇子》《蒯通》《陸賈》《淮南王》二百五十九種，[2]出《司馬法》入禮也。[3]

［1］【今注】案，實際爲十三家，二百七十篇，圖十三卷。

［2］【今注】案，顧實《講疏》引陶憲曾説，省《伊尹》以下九篇，因《七略》中這九篇全書收入儒、道、縱横、雜家等，又選其中涉及兵權謀的内容，重入於此，共二百五十九篇。班固將這九家更趨專門列出，而在兵權謀類省略，所省略共二百五十九篇。王先謙《漢書補注》引劉奉世説，“種”當作“重”，“九”下當補一“篇”字。

［3］【今注】案，指《七略》將司馬法入兵權謀類，而班固移入禮類。

權謀者，以正守國，以奇用兵，[1]先計而後戰，[2]兼形勢，包陰陽，用技巧者也。[3]

［1］【今注】案，顧實《講疏》稱，《老子》曰“以正治國，以奇用兵”，孫子曰“凡戰者以正合，以奇勝”，故道家、兵家可以相通。

［2］【今注】先計而後戰：《吕氏春秋·審分》稱王廖謀兵事，貴先建策。兒良作兵謀，貴後。即權謀家重視作戰時的戰略計策（伏奕冰：《從〈漢志·兵書略〉看先秦兵家思想的内涵》，《甘肅

社會科學》2014 年第 5 期）。

［3］【今注】案，此句指權謀家兼有形勢、陰陽、技巧各家特點。兵權謀類多爲齊國兵書，重實戰，少迷信（徐勇：《齊國軍事史》，齊魯書社 1997 年版，第 165 頁）。

《楚兵法》七篇。[1]《圖》四卷。

［1］【今注】案，《隋志》、兩《唐志》無著録，已亡佚。姚振宗《條理》云，《左傳》莊公四年《傳》稱楚武王《荊尸》，即楚國陳兵之法。則當楚武王時，楚國之兵法開始形成，又有孫叔敖、吴起等人進行增補。楚文王有僕區之法，楚莊王有茅門法。

《蚩尤》二篇。[1]見《吕刑》。[2]

［1］【今注】案，秦漢時人認爲，蚩尤是上古善用兵者。《尚書·吕刑》云："若古有訓，蚩尤惟始作亂，延及于平民。"《世本·作篇》又載蚩尤以金作兵器。《隋志》著録梁有《黄帝蚩尤兵法》一卷，已亡。此書或是因蚩尤善作兵而僞託。蚩尤，傳説中上古九黎部落首領。《史記·五帝本紀》載，蚩尤作亂，不用黄帝之命，於是黄帝乃徵師諸侯，與蚩尤戰於涿鹿之野，遂禽殺蚩尤。

［2］【今注】吕刑：《尚書》之篇名。

《孫軫》五篇。[1]《圖》二卷。

［1］【今注】案，《隋志》、兩《唐志》無著録，已亡佚。姚振宗《條理》引《世系·孫氏表》謂，齊國田完四世孫桓子官至上大夫，其子書伐莒有功，齊景公賜姓孫氏，食邑於樂安（今山東高

青縣東南)。則孫軫當即陳軫。《史記·秦始皇本紀》張守節《正義》稱陳軫，夏人，亦仕秦。焦循《孟子正義》卷一《孟子題辭》稱，蘇秦、張儀、公孫衍、陳軫、代、厲之屬，生縱橫短長之説。《史記》卷七〇《張儀列傳》載，陳軫爲游説之士，與張儀俱事秦惠王。因争寵，陳軫奔楚。

《繇叙》二篇。[1]

[1]【今注】案，《隋志》、兩《唐志》無著録，已亡佚。本書《古今人表》有繇余，顔師古注即由余。此繇叙當即繇余，“叙”當作“余”。《太平御覽》卷三〇一《兵部三十二》引李筌《太白陰經》云，秦由余有陣圖。本志《諸子略》“雜家”著録《由余》三篇。

《王孫》十六篇。[1]《圖》五卷。

[1]【今注】案，《隋志》、兩《唐志》無著録，已亡佚。姚振宗《條理》據《左傳》襄公十三年《正義》引《吴語》“王孫雄設法，百人爲行，十行一旌，十旌一將軍”，疑王孫爲吴王孫雄。《國語》作“王孫雒”，《史記》卷四一《越王句踐世家》作“公孫雄”。

《尉繚》三十一篇。[1]

[1]【今注】案，《隋志》著録《魏武帝兵法》一卷，注曰，梁有《尉繚子兵書》一卷。《宋志》著録《尉繚子》五卷，注曰，戰國時人。《崇文總目》著録《尉繚子》五卷，稱《漢志》置此書

於雜家類，隋唐以來皆同，至此列入兵書類。1972 年 4 月，山東臨沂銀雀山 1 號漢墓出土竹簡，有六篇文字與今本《尉繚子》相合。今本《尉繚子》有二十四篇，《漢志》“雜家類”著録《尉繚》二十九篇，與此書當同爲尉繚所著，因内容不同，分置於雜家和兵形勢家。北宋時又衹存有關軍事的文本（參見趙逵夫《尉繚與〈尉繚子〉考論》，《中國文學研究》2018 年第 1 期）。關於此書的研究，有宋施子美講義《尉繚子》，明劉寅《尉繚子直解》、華陸綜《尉繚子注釋》、鍾兆華《尉繚子校注》、李解民《尉繚子譯注》等。

《魏公子》二十一篇。[1]《圖》十卷。[2] 名無忌，有列傳。

[1]【今注】案，《史記》卷七七《魏公子列傳》載，魏公子威振天下，諸侯之客進兵法，公子得之皆以其名命名之，俗稱《魏公子兵法》。裴駰《集解》云，劉歆《七略》有《魏公子兵法》二十一篇，《圖》七卷。《隋志》、兩《唐志》無著録，已亡佚。魏公子，名無忌，戰國時期魏昭王之子，魏安釐王異母弟，封信陵君。仁而下士，門下有食客三千人。公元前 257 年，竊符救趙。公元前 247 年，回魏國，任上將軍，聯合五國兵敗秦軍。後因秦反間，魏王以他人代其爲將。傳見《史記》卷七七。

[2]【今注】案，下文稱圖共十八卷，其中《楚兵法》圖四卷、《孫軫》圖二卷、《王孫》圖五卷，則此處圖當爲七卷。因古書“七”“十”書寫形近而誤。

《景子》十三篇。[1]

[1]【今注】案，《隋志》、兩《唐志》無著録，已亡佚。據

《戰國策·燕策三》載，齊、韓、魏攻燕，燕使太子求救於楚。楚王使景陽救之。《淮南子·汎論訓》稱景陽“威服諸侯”。此景陽當即景子。本《志》“儒家”著録《景子》三篇，班固疑景子爲宓子弟子，兩《景子》蓋非同一書。景子，景陽，楚國將軍。

《李良》三篇。[1]

[1]【今注】案，《隋志》、兩《唐志》無著録，已亡佚。據《史記》卷八九《張耳陳餘列傳》載，李良，秦末趙王武臣將，後因秦反間，殺武臣等反趙。後敗於陳餘，歸章邯。

《丁子》一篇。[1]

[1]【今注】案，《隋志》、兩《唐志》無著録，已亡佚。沈欽韓《漢書疏證》疑丁子爲丁固。又稱丁公，季布同母弟。初爲項羽將，曾圍困劉邦。項王滅後，謁見劉邦。劉邦以其爲項王臣而不忠，使項王失天下，斬之。

《項王》一篇。[1]名籍。

[1]【今注】案，《隋志》、兩《唐志》無著録，已亡佚。《史記》卷七《項羽本紀》載，項籍學劍、學書皆不成，對項梁説："書足以記名姓而已。劍一人敵，不足學，學萬人敵。"於是項梁乃教籍兵法，籍大喜，略知其意，又不肯竟學。又稱項梁以兵法部勒賓客及子弟。項王，名籍，字羽，下相（今江蘇宿遷市西）人。公元前209年，與叔父項梁在吴中起義。項梁死後，領其軍。在鉅鹿擊敗秦軍主力。秦亡後，自立爲西楚霸王，分封十八諸侯王。與漢

王劉邦争天下，敗於垓下，在烏江自刎而死。傳見本書卷三一，紀見《史記》卷七。

右兵形勢十一家，九十二篇，[1]圖十八卷。

［1］【今注】案，實際爲一百二篇。

形勢者，[1]靁動風舉，[2]後發而先至，離合背鄉，[3]變化無常，以輕疾制敵者也。[4]

［1］【今注】形勢：形勢之“形”，主要是指編制實力的組織管理，並兼及作戰部署，而“勢”則是潛在的預期效能，即編制實力經“形”的有效組織管理而轉化成的戰鬬力（王震：《〈漢書·藝文志〉兵形勢考》，《文史哲》2020年第4期）。

［2］【今注】靁動風舉：形容軍隊運動迅速。靁，同“雷”。

［3］【顔注】師古曰：背，音步内反。鄉讀曰嚮。【今注】離合背鄉：形容軍隊機動能力强。離合，指軍隊分散合併。背鄉，指軍隊轉换行動方向。鄉，通“嚮”。

［4］【今注】以輕疾制敵：指善於以輕小的軍隊快速出奇致勝。輕疾，輕捷。

《太壹兵法》一篇。[1]

［1］【今注】案，王應麟《考證》卷八引《武經總要》曰：“太一者，天帝之神也，用軍行師，客主勝負，蓋天人之際相參焉。”《史記·天官書》張守節《正義》載，有太一星，爲天帝之神，知風雨、水旱、兵革、飢饉、疾疫。《隋志》著録《黄帝太一

兵曆》一卷，又有《太一兵書》十一卷，注曰，梁二十卷。《舊唐志》著録《太一兵法》一卷。《新唐志》著録《黄帝太一兵曆》一卷、《太一兵法》一卷。

《天一兵法》三十五篇。[1]

[1]【今注】案，《隋志》著録《太一兵書》十一卷，兩《唐志》均著録《太一兵法》一卷，或即此書。《史記·天官書》張守節《正義》載，有天一星，爲天帝之神。主戰鬬，知人吉凶。

《神農兵法》一篇。[1]

[1]【今注】案，此書當爲後世僞託神農、黄帝而作。《隋志》、兩《唐志》無著録，已亡佚。沈欽韓《漢書疏證》引《越絶書》卷一一風胡子曰，神農之時，以石爲兵。王先謙《漢書補注》引本書《食貨志》有神農之教，“有石城十仞，湯池百步，帶甲百萬，而亡粟，弗能守也”。

《黄帝》十六篇。[1]《圖》三卷。

[1]【今注】案，王應麟《考證》卷八引本書卷六七《胡建傳》，有《黄帝李法》。孟康注，即兵書之法。顔師古注，李爲法官之號，主征伐刑戮之事，故稱《李法》。或即此書。《隋志》著録《黄帝兵法孤虚雜記》一卷（《舊唐志》作《黄帝兵法孤虚推記》）、《黄帝問玄女兵法》四卷（梁三卷）、《黄帝兵法雜要決》一卷、《黄帝軍出大師年命立成》一卷。嚴可均《全上古三代文》輯《李法》《兵法》《黄帝問玄女兵法》數條。銀雀山漢簡《守法

守令等十三篇》中有《李法》一篇（駢宇騫：《出土簡帛書籍分類述略（兵書略）》，《中國典籍與文化》2006年第1期）。

《封胡》五篇。[1]黄帝臣，依託也。

［1］【今注】案，《隋志》、兩《唐志》無著録，已亡佚。王應麟《考證》卷八稱，封胡善守城技巧之術。本書《古今人表》有封鉅、封胡，或爲父子。《史記·孝武本紀》裴駰《集解》稱，封鉅，黄帝師。本書《郊祀志下》則稱封鉅爲黄帝臣。《後漢書》卷五九《張衡傳》引《帝王世紀》稱，黄帝之臣知天、規紀、地典、力牧、常先、封胡、孔甲等，或以爲師，或以爲將。封胡，黄帝臣，本書《古今人表》列爲仁人。

《風后》十三篇。[1]《圖》二卷。黄帝臣，依託也。

［1］【今注】案，《史記》卷一《五帝本紀》裴駰《集解》稱，風后爲黄帝三公。黄帝仰天地置列侯衆官，以風后配上台，天老配中台，五聖配下台，謂之三公。又稱《藝文志》云："風后兵法十三篇，圖二卷。"《後漢書》卷五九《張衡傳》李賢注引《春秋内事》曰，"黄帝師於風后，風后善於伏羲氏之道，故推演陰陽之事"。《抱朴子内篇·極言》載，講占候則詢風后。《隋志》著録《黄帝蚩尤風后行軍祕術》二卷。《宋志》著録《風后握機》一卷，注曰，晉馬隆略序。《四庫全書總目提要》卷九九著録《握奇經》一卷，稱唐獨孤及《毗陵集》有《八陣圖記》，認爲此書或爲唐以來好事者因諸葛亮八陣之法推演爲圖，託之風后。此書本作《幄機》，即帷幄之中機密不可輕易令人知道。今題名爲《握奇》，因經中有四爲正，四爲奇，餘奇爲握奇的説法。

《力牧》十五篇。[1]黄帝臣，依託也。

[1]【今注】案，《隋志》、兩《唐志》無著録，已亡佚。《抱朴子内篇·極言》稱，黄帝精推步則訪山稽、力牧。王應麟《考證》引李筌《太白陰經》，云“風后置虚實二壘，力牧亦創營圖”。1907年，斯坦因在甘肅敦煌漢長城障隧遺址發現兩支殘簡。1914年，羅振玉、王國維《流沙墜簡》（中華書局1993年版，第82頁）“數術類”收録此簡，認爲即《力牧》佚書。力牧作“力墨”。

《鵊冶子》一篇。[1]《圖》一卷。

[1]【顔注】晉灼曰：鵊音夾。【今注】案，《隋志》、兩《唐志》無著録，已亡佚。鵊（jiá）冶子，馬驌《路史》卷一四《黄帝紀》載，鵊冶決法。《繹史》稱其爲黄帝之臣。

《鬼容區》三篇。[1]《圖》一卷。黄帝臣，依託。

[1]【顔注】師古曰：即鬼臾區也。【今注】案，《隋志》、兩《唐志》無著録，已亡佚。姚振宗《條理》引《世本·作篇》有“臾區占星氣”。張澍注，臾區即車區，又作“鬼容”。李奇注，黄帝時諸侯，主觀察星辰運行變化，以確定物候農時。《史記·五帝本紀》載，黄帝以風后、力牧、常先、大鴻以治民。裴駰《集解》引《封禪書》云，鬼臾區號大鴻，爲黄帝大臣。死葬雍，即鴻冢。《藝文志》有“鬼容區兵法三篇”。《史記·孝武本紀》載，黄帝得寶鼎宛朐，問於鬼臾區。

《地典》六篇。[1]

［1］【今注】案，《隋志》、兩《唐志》無著録，已亡佚。地典，黄帝臣。《後漢書》卷五九《張衡列傳》注引《帝王紀》"知天、規紀、地典、力牧、常先、封胡、孔甲等，或以爲師，或以爲將"。《藝文志》陰陽有《地典》六篇。1972 年 4 月山東臨沂《銀雀山漢墓竹簡》有《地典》殘簡三十五枚，内容爲黄帝與地典的對話，討論關於用兵的地形生死、向背及陰陽、刑德等，以論地形爲主（李零：《簡帛古書與賢術源流》，生活・讀書・新知三聯書店 2008 年版，第 423—425 頁；洪德榮：《〈銀雀山漢墓竹簡〔貳〕・地典〉研究》，《華學》第 12 輯，中山大學出版社 2017 年版）。

《孟子》一篇。［1］

［1］【今注】案，《隋志》、兩《唐志》無著録，已亡佚。沈欽韓《漢書疏證》認爲，本《志》五行家有《猛子閭昭》，疑此是猛子。與"儒家"所録無涉。

《東父》三十一篇。［1］

［1］【今注】案，《隋志》、兩《唐志》無著録，已亡佚。沈欽韓《漢書疏證》引《後漢書・天文志上》有魏石申夫，注曰，或云石申父。或即申父。東父，事迹不詳。

《師曠》八篇。［1］晉平公臣。［2］

［1］【今注】案，《後漢書》卷三〇上《蘇競傳》有《師曠雜事》，注曰，雜占之書。前書（《漢書》）曰，陰陽書十六家，有《師曠》八篇。《後漢書》卷八二《方術傳》有師曠之書，注曰，

占災異之書。今書《七志》有《師曠》六篇。《隋志》、兩《唐志》無著録，已亡佚。

［2］【今注】晉平公：名彪。悼公子。公元前558年即位。公元前556年伐齊。在位時，晉國之政歸趙、韓、魏三家。

《萇弘》十五篇。[1]周史。

［1］【今注】案，《隋志》、兩《唐志》無著録，已亡佚。《吕氏春秋·孝行覽》載，萇弘死，藏其血三年而爲碧。注曰，萇弘，春秋時周敬王大夫，號知天道。敬王二十八年（前492），晉大夫范吉射、中行寅叛其君晉卿。范氏與劉氏世爲婚姻。萇弘事劉文公，參與其事。晉人因此責讓周，周殺萇弘。因不當其罪，故血三年而爲碧。《史記·樂書》裴駰《集解》鄭玄曰："萇弘，周大夫。"司馬貞《索隱》據《大戴禮》謂，孔子適周，訪禮於老聃，學樂於萇弘。本書《郊祀志上》載，周靈王時，萇弘明鬼神事，以鬼神之術尊周靈王以朝會諸侯。

《别成子望軍氣》六篇。[1]《圖》三卷。

［1］【今注】案，王先謙《漢書補注》認爲，此人應當爲别姓。望軍氣，通過望雲氣，附會並預測軍事行動的吉凶禍福。《隋志》著録有《對敵占風》一卷，注曰，梁有《黄帝夏氏占氣》六卷，《兵法風氣等占》三卷，亡。《兵書雜占》十卷，注曰，梁有《兵法日月風雲背向雜占》十二卷，《兵法》三卷，《虚占》三卷，《京氏征伐軍候》八卷。《兵法三家軍占祕要》一卷，李行撰。《天大芒霧氣占》一卷，《鬼谷先生占氣》一卷，《五行候氣占災》一卷，《乾坤氣法》一卷等，當與此書類。

《辟兵威勝方》七十篇。[1]

[1]【今注】案，此書爲關於避兵器而取勝的符咒。辟兵，同“避兵”。兵指古代戈、殳、戟、矛、弓矢等步卒兵器。《三國志》卷六《魏書·董卓傳》裴松之注引《魏書》曰：“輔恇怯失守，不能自安，常把辟兵符。”《隋志》著録《黄帝複姓符》條下有注曰，梁有《辟兵法》一卷。

右陰陽十六家，[1]二百四十九篇，[2]圖十卷。

[1]【今注】案，此處“陰陽”與下文“陰陽者”，均當加一“兵”字。本《志》前已有陰陽家，此屬兵陰陽家，故當有“兵”字。

[2]【今注】案，實際爲二百二十七篇。

陰陽者，順時而發，推刑德，[1]隨斗擊，[2]因五勝，[3]假鬼神而爲助者也。[4]

[1]【今注】刑德：刑罰與教化、恩賞。古人以刑爲陰克，以德爲陽生，附會五行生克之説。《韓非子·二柄》：“何謂刑德？曰：殺戮之謂刑，慶賞之謂德。”《淮南子·兵略訓》高誘注：刑，十二辰；德，十日。

[2]【今注】斗擊：《淮南子·天文訓》云“北斗所擊，不可與敵”。高誘注：斗，指北斗。擊，星宿的運行、碰撞。古代陰陽術數皆尊北斗。

[3]【顔注】師古曰：五勝，五行相勝也。【今注】案，沅陵虎溪山漢簡《閻氏五勝》，内容爲五行相勝，李學勤認爲即“因五

勝”類書籍（騈宇騫：《出土簡帛書籍分類述略（兵書略）》，《中國典籍與文化》2006 年第 1 期）。

［4］【今注】案，《史記》卷一二八《龜策列傳》云：“明於陰陽，審於刑德。先知利害，察於禍福。以言而當，以戰而勝，王能寶之，諸侯盡服。”

《鮑子兵法》十篇。[1]《圖》一卷。

［1］【今注】案，《隋志》、兩《唐志》無著録，已亡佚。姚振宗《條理》認爲，此人在伍子胥之前，當爲春秋時人。錢大昭《漢書辨疑》云，閩本“十”作“一”。

《伍子胥》十篇。[1]《圖》一卷。

［1］【今注】案，《隋志》著録《遁甲決》一卷、《遁甲文》一卷、《遁甲孤虚記》一卷。兩《唐志》著録《遁甲經》一卷、《遁甲文》一卷、《伍子胥兵法》一卷。王應麟《考證》卷八稱，《武經總要》云“伍子胥對闔閭，以船軍之教比陸軍之法”。嚴可均《上古三代文》稱伍子胥有兵技巧十篇，圖一篇。又輯《文選注》《太平御覽》引伍子胥《水戰法》，《越絶書》引伍子胥《水戰兵法内經》。1983 年初，湖北江陵張家山 247 號漢墓出土簡本《蓋廬》，共有五十五枚簡，二千餘字，分九節。蓋廬是人名，即《左傳》所見闔閭。各章以蓋閭與伍子胥的對話寫成，涉及兵陰陽家學説（連劭名：《張家山漢簡〈蓋廬〉考述》，《中國歷史文物》2005 年第 2 期；田旭東：《張家山漢簡〈蓋廬〉所反映的伍子胥兵賢特點》，《西部考古》2007 年第 2 輯）。五子胥，即伍子胥。本《志·諸子略》“雜家”著録《五子胥》八篇，與此非同一書。

《公勝子》五篇。[1]

[1]【今注】案，《隋志》、兩《唐志》無著録，已亡佚。公勝子，姚明煇《注解》認爲，即公輸子。葉德輝認爲，即楚昭王時白公勝。

《苗子》五篇。[1]《圖》一卷。

[1]【今注】案，《隋志》、兩《唐志》無著録，已亡佚。姚振宗《條理》認爲，自《伍子胥》至此，書名皆當加“兵法”二字。苗子，事迹不詳。

《逢門射法》二篇。[1]

[1]【顔注】師古曰：即逢蒙。【今注】案，《隋志》、兩《唐志》無著録，已亡佚。《孟子·離婁下》有“逢蒙學射於羿”。《吕氏春秋·有始覽》有“蠭門始習於甘蠅”。《史記》卷一二八《龜策列傳》“羿名善射，不如雄渠、蠭門”，裴駰《集解》曰“劉歆《七略》有《蠭門射法》也”。逢門，即逢蒙、蠭門。傳説中的善射者。此書當爲後人僞託。

《陰通成射法》十一篇。[1]

[1]【今注】案，《隋志》、兩《唐志》無著録，已亡佚。陰通成，事迹不詳。董祐誠《董方立文集》文乙集卷上載“陰通成之五射”。

《李將軍射法》三篇。[1]

[1]【顔注】師古曰：李廣。【今注】案，《隋志》、兩《唐志》無著録，已亡佚。李將軍，即李廣，隴西成紀（今甘肅静寧縣西南）人。本書卷五四《李廣傳》載，李廣世世受射。漢文帝時，擊匈奴有功，爲郎。景帝時，任驍騎都尉，後歷任上谷、上郡、隴西、北地、雁門、雲中太守。武帝時，任衛尉、右北平太守。號爲“飛將軍”。武帝元狩四年（前119），隨大將軍衛青擊匈奴，迷失道路，遭到問責，自刎而亡。傳見本書卷五四、《史記》卷一〇九。

《魏氏射法》六篇。[1]

[1]【今注】案，《隋志》、兩《唐志》無著録，已亡佚。魏氏，《文選》曹子建《七啓》有“乃使任子垂釣，魏氏發機”。吕向注：魏氏，善射者。黄帝作弓，以備四方，後有楚狐父以其道傳羿，羿傳逄蒙，蒙傳楚琴氏，琴氏傳大魏。

《彊弩將軍王圍射法》五卷。[1]

[1]【顔注】師古曰：圍，郁郅人（蔡琪本、殿本同，大德本句末有“也”字），見《趙充國傳》。【今注】案，《隋志》、兩《唐志》無著録，已亡佚。彊弩將軍，武官名。漢雜號將軍之一。掌管彊弩。王圍，郁郅（今甘肅慶陽市附近）人，本書卷六九《趙充國傳》載，其人以勇武顯聞。

《望遠連弩射法具》十五篇。[1]

［1］【今注】案，此書爲關於“連弩射法”的軍事教程或訓練條令。《隋志》、兩《唐志》無著録，已亡佚。連弩，裝有機栝，可以連續發射的弩。《史記》卷一〇九《李將軍列傳》，孟康注曰：“《太公六韜》曰，陷堅敗强敵，用大黄連弩。”韋昭曰：“角弩色黄而體大也。”（王子今：《秦漢“連弩”考》，《軍事歷史研究》2016年第1期）

《護軍射師王賀射書》五篇。[1]

［1］【今注】案，此書當爲護軍射師教授和訓練射法的著作。《隋志》、兩《唐志》無著録，已亡佚。護軍射師，陳直《漢書新證》認爲是護軍都尉屬官。王賀，事迹不詳。

《蒲苴子弋法》四篇。[1]

［1］【顔注】師古曰：苴，音子余反。【今注】案，《隋志》、兩《唐志》無著録，已亡佚。蒲苴子，王應麟《考證》卷八據《列子·湯問》稱，蒲苴子爲古代善弋射者，“弱弓纖繳，乘風振之，連雙鶬於青雲之際，用心專，動手均也”。《淮南子·覽冥訓》“蒲苴子之連鳥於百仞之上”注曰，蒲苴子，楚人，善弋射者。

《劍道》三十八篇。[1]

［1］【今注】案，《隋志》、兩《唐志》無著録，已亡佚。《史記》卷一三〇《太史公自序》云，“司馬氏在趙者，以傳劍論顯”。裴駰《集解》引晉灼注：“《史記·吴起贊》曰‘非信仁廉勇，不能傳劍論兵書’也。”本書卷六二《司馬遷傳》亦稱司馬氏以傳劍

論顯，師古注：劍論，劍術之論。《史記》卷七《項羽本紀》載，項籍少時，學書，不成；去，學劍，又不成。

《手搏》六篇。[1]

［1］【今注】案，《隋志》、兩《唐志》無著録，已亡佚。本書卷七〇《甘延壽傳》載，甘延壽試弁爲期門，師古注：弁，手搏。卷一一《哀紀》載，哀帝時覽卞射武戲。蘇林注曰“手搏爲卞，角力爲武戲也”，類似於今天的散打搏擊。

《雜家兵法》五十七篇。[1]

［1］【今注】案，《隋志》著録《雜兵書》十卷，《雜兵圖》二卷。沈欽韓《漢書疏證》認爲，此五十七篇不知何人所作，内容兼有權謀、形勢、陰陽、技巧，故置於末尾。已亡佚。銀雀山漢簡“兵書叢殘”存十五篇（駢宇騫：《出土簡帛書籍分類述略（兵書略）》，《中國典籍與文化》2006年第1期）。

《蹵鞠》二十五篇。[1]

［1］【顔注】師古曰：鞠以韋爲之，實以物，蹵蹋之以爲戲也。蹵鞠，陳力之事，故附於兵法焉。蹵，音子六反。鞠，音巨六反。【今注】案，《隋志》、兩《唐志》無著録，已亡佚。蹴鞠，又作“蹋鞠”，以毛髮等充實皮革做成的球中，用於軍中訓練和游戲。《史記》卷一一一《衛將軍驃騎列傳》載，驃騎尚穿域蹋鞠。司馬貞《索隱》注穿域蹵鞠。《蹵鞠書》有《域説篇》，又以杖打，也有限域。《史記》卷六九《蘇秦列傳》作“蹋鞠”。裴駰《集解》

引劉向《别録》曰：“蹵鞠者，傳言黄帝所作，或曰起戰國之時。蹋鞠，兵勢也，所以練武士，知有材也，皆因嬉戲而講練之。”《太平御覽》卷七五五《工藝部十二》所引多“今軍無事，得使蹵鞠，有書二十五篇”。

右兵技巧十三家，[1]百九十九篇。[2]省《墨子》重，[3]入《蹵鞠》也。[4]

[1]【今注】案，實際爲十六家。

[2]【今注】案，實際爲二百七篇。此後當加“圖三卷”三字。

[3]【今注】案，張舜徽《通釋》引陶憲曾説，因劉向《七略》將《墨子》七十一篇收入墨家，又將其中涉及兵技巧的十二篇移入兵技巧家。而班固省略之。《蹴鞠》本在諸子類，班固移入兵技巧家。

[4]【今注】案，姚振宗《條理》認爲，兵技巧類分五段，自《鮑子》至《苗子》四家，涉及技巧，爲第一段；《逢門》至《王賀》七家，涉及射法及弩射、射具等，爲第二段；《弋法》《劍道》《手搏》三家，涉及弋射、劍術、雜藝等，爲第三段；《雜家兵法》爲第四段；《蹴鞠》爲第五段。

技巧者，習手足，[1]便器械，[2]積機關，[3]以立攻守之勝者也。

[1]【今注】手足：指手搏、蹴鞠等。

[2]【今注】器械：指射弋等。

[3]【今注】機關：指連弩等。

凡兵書五十三家，[1]七百九十篇，[2]圖四十三卷。[3]省十家二百七十一篇重，入《蹵鞠》一家二十五篇，出《司馬法》百五十五篇入禮也。

[1]【今注】案，實際爲五十六家。

[2]【今注】案，實際爲八百六篇。

[3]【今注】案，實際爲四十七卷。

兵家者，蓋出古司馬之職，[1]王官之武備也。[2]《鴻範》八政，[3]八曰師。[4]孔子曰爲國者"足食足兵"，[5]"以不教民戰，是謂棄之"，[6]明兵之重也。《易》曰"古者弦木爲弧，剡木爲矢，弧矢之利，以威天下"，[7]其用上矣。後世燿金爲刃，[8]割革爲甲，器械甚備。下及湯武受命，以師克亂而濟百姓，動之以仁義，行之以禮讓，《司馬法》是其遺事也。自春秋至於戰國，出奇設伏，變詐之兵並作。漢興，張良、韓信序次兵法，[9]凡百八十二家，删取要用，定著三十五家。諸吕用事而盜取之。[10]武帝時，軍政楊僕捃摭遺逸，[11]紀奏兵録，猶未能備。至于孝成，命任宏論次兵書爲四種。

[1]【今注】司馬：官名。《周禮·夏官司馬》大司馬之職，使帥其屬而掌邦政，以佐王平邦國。屬官有小司馬、軍司馬、輿司馬、行司馬等。

[2]【今注】王官：商周天子之官，與諸侯之官相對。

[3]【今注】案，鴻，蔡琪本、大德本同，殿本作"洪"。

八政：《尚書洪範》曰八政，一曰食，二曰貨，三曰祀，四曰司空，五曰司徒，六曰司寇，七曰賓，八曰師。

［4］【今注】師：立師防寇賊，以安民。師掌軍旅之官，與司馬類同。

［5］【今注】案，此句見《論語·顔淵》，原文作“子貢問政，子曰：‘足食，足兵，民信之矣。’”

［6］【顔注】師古曰：亦論語所載孔子之言，非其不素習武備。【今注】案，此句見《論語·子路》，指派未經訓練的民衆作戰，就是放棄他們。

［7］【顔注】師古曰：下繫之辭也。弧，木弓也。剡謂鋭而利之也，音弋冉反。

［8］【顔注】師古曰：爍讀與鑠同，謂銷也。

［9］【今注】張良：字子房。其祖先爲戰國韓人。秦滅韓後，募力士在博浪沙狙擊秦始皇，不成功。後逃至下邳（今江蘇睢寧縣古邳鎮），得《太公兵法》。後助劉邦得天下，封留侯。晚年好黄老，學辟穀之術。卒謚文成。傳見本書卷四〇、《史記》卷五五。

［10］【今注】諸吕：指吕后及其外戚吕産、吕禄等人。

［11］【顔注】師古曰：捃摭，謂拾取之。捃，音九問反。摭，音之石反。【今注】軍政楊僕：王先謙《漢書補注》引劉奉世曰，軍政，當作“軍正”。楊僕，宜陽（今河南宜陽縣西）人。以千夫爲吏，遷御史，至主爵都尉。武帝元鼎五年（前112），以樓船將軍擊南越，封將梁侯。元鼎六年，擊東越。元封二年（前109）擊朝鮮，因亡失過多被免爲庶人，病死。傳見本書卷九〇。

《泰壹雜子星》二十八卷。[1]

［1］【今注】案，此書依託故泰壹子及其他諸子而作。《隋志》、兩《唐志》無著録，已亡佚。《路史》卷三載泰壹有兵法、

雜子陰陽、雲氣、黄冶及泰壹之書（參見趙益《漢志數術略考釋補證（上）》，《古典文獻研究》第7輯，江蘇古籍出版社2004年版；趙益《漢志數術略考釋補證（下）》，《古典文獻研究》第8輯，江蘇古籍出版社2005年版。以下關於數術略注解，均參考兩文）。王先謙《漢書補注》稱，泰壹，星名。即太一。雜子星者，蓋此書雜記諸星，以太一冠之。太一在西漢初期成爲總理陰陽之天神。姚振宗《條理》稱泰壹雜子即泰壹家之諸子傳授星官學的。

《五殘雜變星》二十一卷。[1]

[1]【顔注】師古曰：五殘，星名也。見《天文志》。【今注】案，此書載五殘星之精散而爲妖的各種表現。《隋志》、兩《唐志》無著録，已亡佚。本書《天文志》載，五殘星，出正東，東方之星。其狀類辰，去地可六丈，大而黄。《史記·天官書》載，五殘星，出正東東方之野。其星狀類辰星，去地可六丈。裴駰《集解》引孟康注："五星之精散爲六十四變，記不盡。"有馬國翰輯本。

《黄帝雜子氣》三十三篇。[1]

[1]【今注】案，此書實雲氣占之書，疑託黄帝所作。姚振宗《條理》認爲，《隋志》著録《天文占氣書》一卷、《候雲氣》一卷，梁有《雜望氣經》八卷，《候氣占》一卷，或即此類。馬王堆漢墓出土帛書"天文氣象雜占"，有"任氏""北宫氏"，或即雜子之一。

《常從日月星氣》二十一卷。[1]

[1]【顔注】師古曰：常從，人姓名也，老子師之。【今注】案，《隋志》、兩《唐志》無著録，已亡佚。常從，老子之師，《淮南子·繆稱訓》載，老子學商容，見舌而知守柔。常從又作“商容”。王應麟《考證》卷九載，《説苑》有“常樅有疾，老子往問焉”。姚振宗《條理》認爲，此書有五行數義篇。蕭吉《五行大義》引此書。

《皇公雜子星》二十二卷。[1]

[1]【今注】案，此書記古天文家皇公一家之學及其徒衆傳授的相關内容。《隋志》、兩《唐志》無著録，已亡佚。不署撰者。皇公，或爲古神人名。

《淮南雜子星》十九卷。[1]

[1]【今注】案，《隋志》、兩《唐志》無著録，已亡佚。本書卷四四《淮南衡山濟北王傳》載，淮南子作爲内書二十一篇，外書甚衆，又有中篇八卷，言神仙黄白之術，也有二十餘萬言。姚振宗《條理》認爲，此十九卷或在外書中。所謂雜子，當即門客等。

《泰壹雜子雲雨》三十四卷。[1]

[1]【今注】案，姚振宗《條理》稱《開元占經》所載雲雨占，或出於此書。《隋志》著録《日月暈珥雲氣圖占》一卷，注曰，梁有《君失政大雲雨日月占》二卷。

《國章觀霓雲雨》三十四卷。[1]

[1]【今注】案，《隋志》、兩《唐志》無著録，已亡佚。王先謙《漢書補注》認爲，國章，姓國，名章。張舜徽《通釋》認爲，觀字當作觀測之意，指觀測霓虹雲雨以占吉凶。霓，即副虹，彩色順序與虹相反。

《泰階六符》一卷。[1]

[1]【顔注】李奇曰：三台謂之泰階，兩兩成體，三台故六。觀色以知吉凶，故曰符。【今注】案，《隋志》、兩《唐志》無著録，已亡佚。泰階，即三台。今太微垣星。陳朝爵《約説》云，三台六星在太微垣西北，又曰三能，三公之位諸侯大臣之象。紫微，天子之大内。太微，天子之南宫。本書卷六五《東方朔傳》載，東方朔稱願陳泰階六符。孟康注："泰階，三台也。每台二星，凡六星。符，六星之符驗也。"應劭注提及《黄帝泰階六符經》，可知此書原名有"經"字，而且託名黄帝所作。

《金度玉衡漢五星客流出入》八篇。[1]

[1]【今注】案，此書或是漢代靈臺觀測記録。《隋志》有《黄帝五星占》一卷。王先謙《漢書補注》曰："《律歷志》，度，其法用銅，故曰金度。"玉衡，爲北斗柄第三星。五星，歲星爲木星，熒惑爲火星，太白爲金星，辰星爲水星，填星爲土星。本書《天文志》載五星聚東井事。姚振宗《條理》云，所謂五星客流出入，指五星及客星、流星出入於金度、玉衡之間。度衡似即璇璣玉衡。

《漢五星彗客行事占驗》八卷。[1]

［1］【今注】案，此書爲觀測五星、彗、客運行以占吉凶。《隋志》著録《京氏釋五星灾異傳》一卷，與此類似。馬王堆帛書《五星占》，根據五星運行的規律及其與其他星象的關係來占測用兵的吉凶。阜陽雙古堆漢簡《五星》通過觀測和運轉式盤並查看《五星》圖表來確定五星方位，並判斷其吉凶利害的（駢宇騫：《出土簡帛書籍分類述略（數術略）》，《中國典籍與文化》2006年第2期）。已亡佚。客，客星，忽隱忽顯、忽大忽小之星。

《漢日旁氣行事占驗》三卷。[1]

［1］【今注】案，《隋志》著録《京氏日占圖》三卷、《夏氏日旁氣》一卷、《魏氏日旁氣圖》一卷。已亡佚。日旁氣，即日暈。本書《高惠高后文功臣表》載，光禄大夫滑堪日旁占驗。《天文志》載，王朔所候，決於日旁。卷三一《陳勝項籍傳》載，周文爲項燕軍視日。如淳注："視日時吉凶舉動之占。"1973年馬王堆3號漢墓帛書《天文氣象雜占》，是以星、彗、雲、氣等來占驗吉凶的書籍，圖文並茂（駢宇騫：《出土簡帛書籍分類述略（數術略）》，《中國典籍與文化》2006年第2期）。

《漢流星行事占驗》八卷。[1]

［1］【今注】案，王先謙《漢書補注》稱此書專占流星。《隋志》有《流星形名占》一卷。已亡佚。

《漢日旁氣行占驗》十三卷。[1]

［1］【今注】案，《隋志》、兩《唐志》無著録，已亡佚。王先

謙《漢書補注》云，“此與上《日旁氣行事占驗》同，而奪一事字。云十三卷，蓋别一書”。

《漢日食月暈雜變行事占驗》十三卷。[1]

[1]【今注】案，《隋志》著録《日食占》《月暈占》《日月薄蝕圖》《日變異食占》《日月暈珥雲氣圖占》各一卷，又有《日月食暈占》四卷。兩《唐志》無著録，皆是此類書。

《海中星占驗》十二卷。[1]

[1]【今注】案，王應麟《考證》卷九有曰，《隋志》有《海中星占》《星圖海中占》各一卷，即張衡所謂海人之占。顧炎武《日知録》卷三二曰，海中指中國。《隋志》著録《海中星占》《星圖海中占》各一卷。已亡佚。

《海中五星經雜事》二十二卷。[1]

[1]【今注】案，《隋志》、兩《唐志》無著録，已亡佚。撰者不詳。

《海中五星順逆》二十八卷。[1]

[1]【今注】案，此書觀測五星順行、逆行。《隋志》、兩《唐志》無著録，已亡佚。撰者不詳。五星按規律運行，即爲順，反之爲逆。本書《天文志》載，天下太平，五星循度，亡有逆行。《隋志》載：“古曆五星並順行，秦曆始有金火之逆。又甘、石並時，

自有差異。漢初測候，乃知五星皆有逆行，其後相承罕能察。”《史記·天官書》稱：“甘、石曆五星法，唯獨熒惑有反逆行；逆行所守，及他星逆行，日月薄蝕，皆以爲占。”

《海中二十八宿國分》二十八卷。[1]

[1]【今注】案，《隋志》著録《二十八宿十二次》一卷、《二十八宿分野圖》一卷，或與此類似。已亡佚。古代以二十八宿對應天下十二州。每州之分野包括數宿。王應麟《考證》卷九曰：“《漢書·地理志》分郡國以配諸次，其地分或多或少。鶉首極多，鶉火甚狹。徒以相傳爲説，其源不可得而聞之。”

《海中二十八宿臣分》二十八卷。[1]

[1]【今注】案，王先謙《漢書補注》引張衡曰，天上的二十八宿，“在野象物，在朝象官，在人象事”。《隋志》著録《二十八宿二百八十三官圖》。已亡佚。

《海中日月彗虹雜占》十八卷。[1]

[1]【今注】案，《隋志》、兩《唐志》無著録，已亡佚。撰者不詳。

《圖書祕記》十七篇。[1]

[1]【今注】案，或爲圖讖之類書籍。《隋志》、兩《唐志》無著録，已亡佚。張舜徽《通釋》認爲即河圖、緯書之類。《後漢

書》卷三五《鄭玄傳》載，鄭玄於戒子益恩書中言，“時覩祕書緯術之奥”；卷三〇上《楊厚傳》稱楊春卿善圖讖學，言“吾綈中有先祖所傳祕記，爲漢家用”。

右天文二十一家，[1]四百四十五卷。[2]

[1]【今注】案，實際爲二十二家。此處所謂天文，即星占之書，以占吉凶。

[2]【今注】案，實際爲四百一十九卷。姚振宗《條理》認爲，自《泰壹》至《淮南雜子星》，涉及星氣，爲第一段；自《泰壹》至《泰階六符》，涉及雲雨虹霓及三台星，爲第二段；自《金度玉衡》至《日食月暈》等，涉及漢代以來行事占驗，爲第三段；海中諸占六家，爲第四段；《圖書祕記》爲第五段。

天文者，序二十八宿，[1]步五星日月，以紀吉凶之象，聖王所以參政也。《易》曰：“觀乎天文，以察時變。”[2]然星事㓙悍，非湛密者弗能由也。[3]夫觀景以譴形，非明王亦不能服聽也。以不能由之臣，諫不能聽之王，[4]此所以兩有患也。

[1]【今注】二十八宿：古人將黄道帶上星象進行劃分，《史記·天官書》稱二十八宿，四方各有七宿，東方名爲蒼龍，有角、亢、氐、房、心、尾、箕七宿；北方名爲玄武，有斗、牛、女、虚、危、室、壁七宿；西方名爲白虎，有奎、婁、胃、昂、畢、觜、參七宿；南方名爲朱雀，有井、鬼、柳、星、張、翼、軫七宿。

[2]【顔注】師古曰：賁卦之彖辭也。

［3］【顔注】師古曰：讀與凶同。湛讀曰沈。由，用也。【今注】湛：同“沈”。深沉。由：使用。

［4］【今注】案，此段文字《隋志》作“天文者，所以察星辰之變，而參於政者也。《易》曰：‘天垂象，見吉凶。’《書》稱：‘天視自我人視，天聽自我人聽。’故曰：‘王政不修，謫見于天，日爲之蝕。后德不修，謫見于天，月爲之蝕。’其餘孛彗飛流，見伏陵犯，各有其應。《周官》，馮相掌十有二歲、十有二月、十有二辰、十日、二十有八星之位，辨其叙事，以會天位，是也。小人爲之，則指凶爲吉，謂惡爲善，是以數術錯亂而難明”。

《黄帝五家歷》三十三卷。[1]

［1］【今注】案，此書爲古代天官觀測歲、月、日、星辰的曆書。《隋志》、兩《唐志》無著録，已亡佚。《史記·天官書》司馬貞《索隱》指歲、月、日、星辰、曆數，各有一家顓學習之，故曰五家。張守節《正義》稱，五家謂黄帝、顓頊、夏、殷、周。或作“五官”。《索隱》稱，黄帝考定星曆，建立五行，起消息，正閏餘，於是有天地神祇物類之官，是謂五官。

《顓頊歷》二十一卷。[1]

［1］【今注】案，《隋志》、兩《唐志》無著録，已亡佚。《顓頊曆》起源於顓頊帝時代，“南正重司天以屬神，火正黎司地以屬民”。夏商周三代演變爲“三正”，東周時由觀象曆發展爲推步曆，有古六曆。楚國先祖源於重黎氏，稱王用《顓頊曆》。秦始皇將秦朝一直行用的顓頊曆推廣至全國以統一曆法（趙江紅：《秦代用曆考述》，載《秦漢研究》第12輯，西北大學出版社2018年版；武家璧：《簡論楚〈顓頊曆〉》，《長江大學學報》2019年第4期）。

《史記》卷九六《張丞相列傳》載，張蒼用秦之《顓頊曆》。顓頊，黄帝之孫、昌意之子，號高陽氏。即位後，命重爲南正，司天以屬神，命黎爲火正，司地以屬民，使民神不相侵擾，是謂“絶地天通”。又傳星與日辰之位皆在北維，爲顓頊所建。

《顓頊五星曆》十四卷。[1]

[1]【今注】案，此書或爲觀測五星運行的記録。《隋志》、兩《唐志》無著録，已亡佚。王應麟《考證》卷九云：“漢興，襲秦正朔。以張蒼言，用《顓帝曆》，比於六曆，疏闊中最爲微近。”

《日月宿曆》十三卷。[1]

[1]【今注】案，《隋志》、兩《唐志》無著録，已亡佚。《續漢書・律曆志中》賈逵云“願請太史官宿簿及星度課”。其中提到的《日月宿簿》《星度課》，或是此類書。古代治曆，以日月周期、王星周行度確定上元。此書當爲日月運行周期的記録，書名上當加“顓頊”二字。

《夏殷周魯曆》十四卷。[1]

[1]【今注】案，《隋志》、兩《唐志》無著録，已亡佚。周壽昌《漢書注校補》引蔡邕議，黄帝、顓頊、夏、殷、周、魯凡六家。即古代所謂六家曆。古曆遭戰國、秦而亡，漢代所存的六曆，皆爲後世依託。

《天曆大曆》十八卷。[1]

［1］【今注】案，《隋志》、兩《唐志》無著録，已亡佚。楊樹達《漢書窺管》引《晉書》卷五一《束皙傳》載，汲郡人不準盜發魏墓，得竹書數十車，其中有《大曆》二篇，鄒子談天之類。疑即此書。大曆，即天、地、人三皇之文，又稱“三皇天文大字”“三皇内文”等，最開始爲埋，有召喚萬神、辟邪制魔的功效。

《漢元殷周諜歷》十七卷。[1]

［1］【今注】案，《隋志》、兩《唐志》無著録，已亡佚。王先謙《漢書補注》引《後漢書》卷五九《張衡傳》注，諜即譜第。諜曆當作“曆諜”，而文字誤倒。姚振宗《條理》認爲，所謂諜曆，指記其世系而繫以年有終始年代可考的。所謂漢元殷周，或指漢代建元改曆時上溯殷周二代。“譜諜”指世表、譜系，“曆”指曆法、年曆之屬（陳鵬：《終始傳和曆譜諜》，《中國典籍與文化》2013年第1期）。

《耿昌月行帛圖》二百三十二卷。[1]

［1］【今注】案，《隋志》、兩《唐志》無著録，已亡佚。《續漢書·律曆志中》賈逵説，宣帝甘露二年（前52），大司農中丞耿壽昌奏，以圖儀度日月行，考驗天運狀。王先謙《漢書補注》以爲其即爲耿壽昌。姚振宗《條理》認爲，“月行帛圖”，當作“日月行度圖”。

《耿昌月行度》二卷。[1]

［1］【今注】案，《隋志》、兩《唐志》無著録，已亡佚。此書

當爲與上文書合併，一爲文字，一爲圖。

《傳周五星行度》三十九卷。[1]

[1]【今注】案，《隋志》、兩《唐志》無著録，已亡佚。王念孫《讀書雜志·漢書第七》認爲，傳周當作“傅周”。

《律歷數法》三卷。[1]

[1]【今注】案，《隋志》、兩《唐志》無著録，已亡佚。本書卷四二《張蒼傳》載，張蒼著書十八篇，言陰陽律曆事。姚振宗《條理》認爲，本《志》“陰陽家”載張蒼書十六篇，其餘二篇講律曆，與武帝時落下閎等所作合爲三卷。因作者並非一人，故不署撰者。趙益認爲，此書當爲武帝時鄧平、唐都、落下閎等人所作。

《自古五星宿紀》三十卷。[1]

[1]【今注】案，此書或爲推論五星行度之書。《隋志》、兩《唐志》無著録，已亡佚。

《太歲謀日晷》二十九卷。[1]

[1]【今注】案，此書當是太歲紀年之書。《隋志》、兩《唐志》無著録，已亡佚。太歲，中國古代天文學上所假定的歲星。古代將黄道附近一周天分爲十二等分，並分别命名。歲星（木星）在天空從西向東繞日運行，正好十二年一周，故古人以歲星所在的位置紀年。而歲星的運行方向與黄道十二支的方向正好相反，古人便

設想出一個與真歲星運行方向相反的假歲星，稱之爲“太歲”。日晷，古代利用太陽投射的影子來測定時刻的儀器。也稱“日規”。王先謙《漢書補注》引王引之説，“諜”當作“諜”。

《帝王諸侯世譜》二十卷。[1]

[1]【今注】案，《隋志》、兩《唐志》無著録，已亡佚。趙益引《群書考索》卷五八，譜記敘古帝王授受的世次，説明三統的順序，記載災異吉凶的表現，使作曆者可以參考。王先謙《漢書補注》引葉德輝説，《隋志》著録《世本王侯大夫譜》二卷，疑即此書。

《古來帝王年譜》五卷。[1]

[1]【今注】案，此書當爲古代帝王氏姓之書。《隋志》、兩《唐志》無著録，已亡佚。《隋志》曰漢初得《世本》，叙黄帝以來祖世所出，而漢代又有《帝王年譜》。

《日晷書》三十四卷。[1]

[1]【今注】案，此書爲漢靈臺晷景的記録。《隋志》、兩《唐志》無著録，已亡佚。

《許商算術》二十六卷。[1]

[1]【今注】案，本書卷八八《儒林傳》載，許商善爲算，著《五行論》《曆》。其中《五行論》在本《志》六藝略尚書家，

《曆》即此書。《隋志》、兩《唐志》無著録，已亡佚。

《杜忠算術》十六卷。[1]

[1]【今注】案，《隋志》、兩《唐志》無著録，已亡佚。本書《溝洫志》稱，博士許商善爲算，能度功用。所謂"算"，即用於推算曆數，並非九章術。杜忠，事迹不詳。

右歷譜十八家，六百六卷。[1]

[1]【今注】案，實際爲五百六十六卷。

歷譜者，[1]序四時之位，正分至之節，[2]會日月五星之辰，以考寒暑殺生之實。故聖王必正歷數，以定三統服色之制，[3]又以探知五星日月之會。凶阨之患，[4]吉隆之喜，其術皆出焉。此聖人知命之術也，非天下之至材，其孰與焉！[5]道之亂也，患出於小人而强欲知天道者，壞大以爲小，削遠以爲近，是以道術破碎而難知也。

[1]【今注】歷譜：從《漢志》來看，曆譜可以分爲三類：一是制曆方法和計算資料的書籍；第二類是年譜、世譜之類的書籍，第三類是計算方法和算術類書籍（駢宇騫：《出土簡帛書籍分類述略（數術略）》，《中國典籍與文化》2006年第2期）。

[2]【今注】分至：指春分、秋分和夏至、冬至。

[3]【今注】三統：指夏、商、周三代的正朔。周以十一月建子爲正，天始施之端，曰天統；商以十二月建丑爲正，地始化之

端，曰地統；夏以正月建寅爲正，人始成立之端，曰人統。服色，古代王朝所定車馬、祭牲、服飾的顏色。“三統説”主張王朝更替按“黑統→白統→赤統”次序循環，新王朝根據相應的“統”改正朔、易服色。秦至西漢初年，王朝正朔、服色主要依據“五德終始説”。至漢武改制，定正朔改從“三統説”，服色仍據德運（陳鵬：《三統説與漢晉服色》，《史林》2017 年第 4 期）。

［4］【今注】凶阸（è）：困厄。

［5］【顔注】師古曰：與讀曰豫。【今注】與：參與。同“豫”。

《泰一陰陽》二十三卷。[1]

［1］【今注】案，此書當爲據陰陽五行之法以擇日之書，並非星占之書。《隋志》、兩《唐志》無著録，已亡佚。

《黄帝陰陽》二十五卷。[1]

［1］【今注】案，《隋志》、兩《唐志》無著録，已亡佚。撰者不詳。實際上均是後世僞託黄帝所作。

《黄帝諸子論陰陽》二十五卷。[1]

［1］【今注】案，《隋志》、兩《唐志》無著録，已亡佚。《史記》卷一《五帝本紀》載黄帝二十五子，其得姓者十四人。此書當爲後世託名所作。

《諸王子論陰陽》二十五卷。[1]

［1］【今注】案，《隋志》、兩《唐志》無著録，已亡佚。撰者不詳。趙益認爲，此書書名或當作“五子論陰陽”，“王”或“五”之訛，又多以“諸”字。

《太元陰陽》二十六卷。[1]

［1］【今注】案，《隋志》、兩《唐志》無著録，已亡佚。撰者不詳。據《後漢書》卷八二上《方術傳上》，有《元氣》一書，李賢注：《元氣》者，謂開闢陰陽之書。

《三典陰陽談論》二十七卷。[1]

［1］【今注】案，《隋志》、兩《唐志》無著録，已亡佚。此書或與兵陰陽家著録的《地典》類似，爲兵陰陽家相地形之説。也有學者認爲，“典”指技術要領之類的文獻（羅家湘：《〈逸周書〉研究》，上海古籍出版社2006年版，第156頁）。

《神農大幽五行》二十七卷。[1]

［1］【今注】案，《隋志》、兩《唐志》無著録，已亡佚。大幽五行，指五行玄妙之極者。張舜徽《通釋》認爲，“大幽”或當作“六幽”，指四方上下幽隱之處。

《四時五行經》二十六卷。[1]

［1］【今注】案，此書當爲論述五行、四時、六合、十二辰及干支等相配合演化的情況。《隋志》、兩《唐志》無著録，已亡佚。

《猛子閭昭》二十五卷。[1]

[1]【今注】案,《隋志》、兩《唐志》無著録,已亡佚。王先謙《漢書補注》認爲,猛子與閭昭爲二人。

《陰陽五行時令》十九卷。[1]

[1]【今注】案,《隋志》、兩《唐志》無著録,已亡佚。董仲舒治《公羊春秋》始推陰陽。劉向治《穀梁春秋》,討論禍福。此後李尋等闡述《洪範》災異之説,以配時令,本書卷七五《李尋傳》載李尋所説“古之王者,尊天地,重陰陽,敬四時,嚴月令。順之以善政,則和氣可立致,猶枹鼓之相應也”。

《堪輿金匱》十四卷。[1]

[1]【顔注】師古曰:許慎云:“堪,天道;輿,地道也。”【今注】案,《隋志》、兩《唐志》無著録,已亡佚。本書卷五七上《司馬相如傳上》張晏注,堪輿,天地總名。《史記》卷一二七《日者列傳》載,武帝時,聚集各占家,問某日可取婦。堪輿家曰不可。《隋志》作“堪餘”,皆爲選擇日期時辰之書,與後稱風水爲堪輿不同。金匱,也當爲擇日之書。

《務成子灾異應》十四卷。[1]

[1]【今注】案,《隋志》、兩《唐志》無著録,已亡佚。張舜徽《通釋》認爲,此書當爲記載五行災異而有應驗的内容。

《十二典灾異應》十二卷。[1]

[1]【今注】案,《隋志》、兩《唐志》無著録,已亡佚。姚振宗《條理》認爲,此書或是關於十二月令中某事見、某災至的内容。或者是以十二州、十二次、十二律之屬配合五行説災異的感應。

《鐘律灾異》二十六卷。[1]

[1]【今注】案,《隋志》、兩《唐志》無著録,已亡佚。本書卷七五《京房傳》,載京房好鍾律,知音聲。《續漢書・律曆上》載,元帝時,郎中京房知五聲之音、六律之數,沈欽韓《漢書疏證》據此以爲是書即京房之術。以聲律配五行、八卦、十二支,最初衹是表明聲音的高低次序,京房等人則以鐘律推測陰陽消息,並講災異。又案,異,蔡琪本、大德本、殿本作“應”。

《鐘律叢辰日苑》二十二卷。[1]

[1]【今注】案,《隋志》、兩《唐志》無著録,已亡佚。據《史記》卷一二七《日者列傳》載叢辰家,乃爲占家之一。睡虎地秦簡甲種《日書》有《稷辰》一篇,當即叢辰,以秀、正陽等八名排列。九店楚簡《日書》也有類似十二直名。李零認爲,即“叢辰”之秦、楚系統(《中國方術考(修訂本)》,東方出版社2001年版,第43—47頁)。其法爲以兩個月爲一組,以秀、正陽、危陽、敫、᪥、陰、徹、結八個日名與各地支日相配屬,然後用《日書》查找“秀”“正陽”等日名含義,便可以知當日吉凶(參見林劍鳴、吴永琪主編《秦漢文化史大辭典》,第818頁)。以叢辰與鍾律結合,或叢辰家關於辰日之名及其推演方法,與音律有關。

叢辰包括吉辰、凶辰以及做事宜忌等内容。日苑，李零認爲是日書之别名（李零：《蘭臺萬卷（修訂版）》，生活·讀書·新知三聯書店 2013 年版，第 185 頁）。

《鐘律消息》二十九卷。[1]

［1］【今注】案，《隋志》、兩《唐志》無著録，已亡佚。《史記·曆書》張守節《正義》引皇侃説，“乾者陽，生爲息；坤者陰，死爲消也”。

《黄鍾》七卷。[1]

［1］【今注】案，《隋志》、兩《唐志》無著録，已亡佚。不署撰者。本書《律曆志上》載，五聲之本，生於黄鐘之律。即黄鐘爲音律的開始，黄鐘即音律的别稱。此書當爲聲律相生或五行配應之書。

《天一》六卷。[1]

［1］【今注】案，《隋志》、兩《唐志》無著録，已亡佚。《淮南子·天文訓》載：“天神之貴者，莫貴於青龍，或曰天一，或曰太陰。太陰所居，不可背而可向。”錢大昕《十駕齋養新録》認爲，即《史記》卷一二七《日者列傳》中的“天人家”。馬王堆帛書《式法》有涉及“天一”的部分，即以“天一”所居定諸事吉凶（參見陳松長《帛書〈陰陽五行〉與秦簡〈日書〉》，《簡帛研究》第 2 輯，法律出版社 1996 年版；劉樂賢《簡帛數術文獻探論（增訂版）》，第 96—104 頁）。

《泰一》二十九卷。[1]

[1]【今注】案，此書即《史記》卷一二七《日者列傳》所謂“太一家”。根據太一所行以占諸事的吉凶。《後漢書》卷八〇下《高彪傳》注引《太一式》。《隋志》著録《太一式雜占》十卷、《太一九宫雜占》十卷，或與此書有關。《隋志》、兩《唐志》無著録，已亡佚。

《刑德》七卷。[1]

[1]【今注】案，《隋志》、兩《唐志》無著録。刑德，即古代帝王治術的兩種方式，即《韓非子》所謂“殺戮之謂刑，慶賞之謂德”。後世以此推測禍福、勝敗，結合曆日干支推測吉凶。1973年湖南長沙馬王堆3號漢墓出土帛書，甲本是一種以刑德法來占測當年戰争勝負、人事吉凶的實用性文獻，乙本則不是專爲特定的哪一年而抄録（陳松長：《帛書〈刑德〉略説》，《簡帛研究》第1輯，法律出版社1993年版；陳松長：《馬王堆帛書〈刑德〉甲、乙本的比較研究》，《文物》2000年第3期）。1977年，安徽阜陽雙古堆1號漢墓出土漢簡，内容涉及刑、皇德及青龍、白虎、勾陳、玄武等星辰的運行。其内容當是《淮南子·天文訓》所記“二十歲刑德”（胡平生：《阜陽雙古堆漢簡數術書簡論》，載《出土文獻研究》第4輯，中華書局1998年版）。

《風鼓六甲》二十四卷。[1]

[1]【今注】案，《隋志》、兩《唐志》無著録，已亡佚。王先謙《漢書補注》云，遁甲演於風后，“風鼓”疑“風后”之誤。王應麟《考證》云，六甲即甲子、甲寅、甲辰、甲午、甲申、甲戌，

與遁甲相關。

《風后孤虚》二十卷。[1]

［1］【今注】案，《隋志》、兩《唐志》無著録，已亡佚。孤虚，即計日時，以十天干順次與十二地支相配爲一旬，所餘的兩地支稱爲“孤”，與孤相對者爲“虚”。常用以推算吉凶禍福及事之成敗。《史記》卷一二八《龜策列傳》有曰“日辰不全，故有孤虚”。裴駰《集解》云：甲乙謂之日，子丑謂之辰。六甲孤虚法，即甲子旬中無戌亥，戌亥爲孤，辰巳即爲虚；甲戌旬中無申酉，申酉爲孤，寅卯即爲虚；甲申旬中無午未，午未爲孤，子丑即爲虚；甲午旬中無辰巳，辰巳爲孤，戌亥即爲虚；甲辰旬中無寅卯，寅卯爲孤，申酉即爲虚；甲寅旬中無子丑，子丑爲孤，午未即爲虚。1999 年，沙市周家臺秦簡有關於孤虚法的記載（劉樂賢：《從周家臺秦簡看古代的“孤虚”術》，載《出土文獻研究》第 7 輯，上海古籍出版社 2005 年版；吕思静：《孤虚術：中國古代軍事占卜》，《學術月刊》2018 年第 5 期）。

《六合隨典》二十五卷。[1]

［1］【今注】案，此書當爲日月之行及合辰的概述。《隋志》著録《六合婚嫁曆》一卷，《六合婚嫁書》一卷，《圖》一卷。已亡佚。古代以月建和日辰的地支相合爲吉日，即子與丑合、寅與亥合、卯與戌合、辰與酉合、巳與申合、午與未合。沈欽韓《漢書疏證》引《南齊書·禮志上》有“五行説十二辰爲六合，寅與亥合，建寅月東耕，取月建與日辰合也”。

《轉位十二神》二十五卷。[1]

[1]【今注】案，《隋志》載，梁有《十二屬神圖》一卷。轉位，當即蕭吉《五行大義·論諸神》引《九宫經》“天一之行，始於離宫。太一之行，始於坎宫。天一主豐穰，太一主水旱兵飢。合十二神，遊行九宫十二位，從少之多”。其中，太一爲十二神之一。十二神，即微明、河魁、從魁、傳送、勝先、小吉、太一、天罡、大衝、功曹、大吉、神后。天一爲十二將之一。十二將，天一、騰蛇、朱雀、六合、句陳、青龍、天后、太陰、玄武、太常、白虎、天空。李零認爲，“十二神”主要配應於十二地支，爲式盤的時間系統，展示太一所行。以用意不同，或謂月建，或指歲次。爲六壬式之十二神（《“式”與中國古代的宇宙模式》，《中國文化》1991年第4期）。

《羨門式法》二十卷。[1]

[1]【今注】案，《隋志》、兩《唐志》無著録，已亡佚。《後漢書》卷八〇下《文苑傳下》“天有太一，五將三門”，李賢注：“《太一式》：凡舉事皆欲發三門，順五將。發三門者，開門、休門、生門。五將者，天目、文昌等。”則羨門式或爲太一式法之始。羨門或爲秦漢方士之名。式，同“栻”。旋轉。周壽昌《漢書注校補》云，栻的形狀，上圓象天，下方法地。用之則轉天綱加地之辰，故云旋式。

《羨門式》二十卷。[1]

[1]【今注】案，《隋志》、兩《唐志》無著録，已亡佚。不署撰者。顧實《講疏》認爲，此與《羨門式法》卷數相同，而書名少一“法”字，或爲另外一種書。但陳國慶《彙編》認爲，應是傳寫之誤。

《文解六甲》十八卷。[1]

[1]【今注】案，《隋志》、兩《唐志》無著録，已亡佚。不署撰者。文解當爲古數術家的一派。張舜徽《通釋》認爲，此書或爲解釋六甲的書籍。

《文解二十八宿》二十八卷。[1]

[1]【今注】案，此書當移入天文類。《隋志》、兩《唐志》無著録，已亡佚。

《五音奇胲用兵》二十三卷。[1]

[1]【顔注】如淳曰：胲音該（蔡琪本、大德本、殿本無"胲"字）。師古曰：許慎云胲，軍中約也。【今注】案，此書爲納音以推奇秘之術。《隋志》、兩《唐志》無著録，已亡佚。五音，即納音。以五音律數結合五行八卦的變化以及干支演變以推測吉凶。奇胲（gāi），即奇秘、非常。

《五音奇胲刑德》二十一卷。[1]

[1]【今注】案，此爲以納音推刑德之書。《隋志》、兩《唐志》無著録，已亡佚。

《五音定名》十五卷。[1]

[1]【今注】案，此書指以五音之術用於姓名、宅第吉凶的占

測。《隋志》、兩《唐志》無著録，已亡佚。顧實《講疏》稱《論衡·詰術》載“五音之家，用口調姓名及字，用姓定其名，用名正其字”。宅第也有五音符第。故以姓名之音數與宅第之音數比較，可以得人所居處的宜忌。本書卷九九下《王莽傳下》載，李焉與卜者王況所言，當即此種方法的使用。

右五行三十一家，六百五十二卷。[1]

[1]【今注】案，實際爲六百五十四卷。

五行者，五常之形氣也。[1]《書》云“初一曰五行，次二曰羞用五事”，[2]言進用五事以順五行也。貌、言、視、聽、思心失，[3]而五行之序亂，五星之變作，皆出於律歷之數而分爲一者也。[4]其法亦起五德終始，[5]推其極則無不至。而小數家因此以爲吉凶，[6]而行於世，寖以相亂。[7]

[1]【今注】五常之形氣：五行與五常的關係。王應麟《考證》引《中庸》注載：“木神則仁，金神則義，火神則禮，土神則智，水神則信。”又引張文饒説：“五運六氣，天之五行也。五音六律，地之五行也。納音，人之五行也。”

[2]【顔注】師古曰：《周書·洪範》之辭也。【今注】羞用五事：本書《五行志上》云，顔師古注“羞，進也”。《尚書正義》卷二作“敬用五事”，注曰“五事在身，用之必敬，乃善”。五事，指貌、言、視、聽、思。

[3]【今注】心失：内心迷失。失，同“泆”。

[4]【顔注】師古曰：説皆在《五行志》也。

［5］【今注】案，戰國陰陽家鄒衍關於天道循環的學説，認爲水、木、金、火、土五德相生相克，周而復始，並以此推斷社會發展和王朝更替。本書《郊祀志上》載，自齊威、宣時，騶子之徒論著終始五德之運。如淳注：其書有《五德終始》。五德各以所勝爲行。秦以周爲火德，滅火者水，故自稱水德。

［6］【今注】小數家：即前文所論陰陽家，牽於禁忌，泥於小數的。

［7］【顔注】師古曰：寖，漸也。【今注】案，本段文字《隋志》作“五行者，金、木、水、火、土，五常之形氣者也。在天爲五星，在人爲五藏，在目爲五色，在耳爲五音，在口爲五味，在鼻爲五臭。在上則出氣施變，在下則養人不倦。……小數者才得其十粗，便以細事相亂，以惑于世”。

《龜書》五十二卷。[1]

［1］【今注】案，王應麟《考證》卷九曰，《隋志》有《龜經》一卷，晉掌卜大夫史蘇撰。《崇文總目》著録三卷，而五十二卷之書已亡佚。《宋志》無著録，已亡佚。古人卜祀用龜甲，也用獸骨。《史記》卷一二八《龜策列傳》褚先生所補：“一曰‘北斗龜’，二曰‘南辰龜’，三曰‘五星龜’，四曰‘八風龜’，五曰‘二十八宿龜’，六曰‘日月龜’，七曰‘九州龜’，八曰‘玉龜’：凡八名龜。龜圖各有文在腹下。”

《夏龜》二十六卷。[1]

［1］【今注】案，此書爲託名於夏朝的龜卜之書。《隋志》、兩《唐志》無著録，已亡佚。

《南龜書》二十八卷。[1]

[1]【今注】案，即上文《史記》卷一二八《龜策列傳》所載“南辰龜”。《隋志》、兩《唐志》無著録，已亡佚。張舜徽《通釋》認爲，“南龜書”或當作“商龜書”，則《夏龜》《商龜》即《連山》《歸藏》。

《巨龜》三十六卷。[1]

[1]【今注】案，《隋志》、兩《唐志》無著録，已亡佚。撰者不詳。

《雜龜》十六卷。[1]

[1]【今注】案，《隋志》、兩《唐志》無著録，已亡佚。撰者不詳。

《蓍書》二十八卷。[1]

[1]【今注】案，《隋志》、兩《唐志》無著録，已亡佚。筮法用蓍草，比龜卜較爲簡易。《史記》卷一二八《龜策列傳》載："'天下和平，王道得，而蓍莖長丈，其叢生滿百莖。'方今世取蓍者，不能中古法度，不能得滿百莖長丈者，取八十莖已上，蓍長八尺，即難得也。人民好用卦者，取滿六十莖已上，長滿六尺者，即可用矣。"

《周易》三十八卷。[1]

［1］【今注】案，此書爲雜占類《周易》。1977 年安徽阜陽雙古堆 1 號漢墓出土漢簡《周易》，存殘片 750 餘枚，共 3119 字，其中屬經文的有 1110 字，屬卜辭的有 2009 字。與傳世《周易》對勘，阜陽漢簡本《周易》有經文而無傳文。經文部分有卦畫五個，有卦名、爻題、卦辭、爻辭等。卦辭、爻辭後有卜辭，是今傳世本所沒有的。（駢宇騫：《出土簡帛書籍分類述略（數術略）》，《中國典籍與文化》2006 年第 2 期）

《周易明堂》二十六卷。[1]

［1］【今注】案，此書爲漢儒明堂陰陽之説。《隋志》、兩《唐志》無著録，已亡佚。

《周易隨曲射匿》五十卷。[1]

［1］【今注】案，射匿即射覆。《隋志》著録《易射覆》二卷，又《易射覆》一卷。本書卷六五《東方朔傳》載，武帝嘗使諸數家射覆，東方朔自贊曰："臣嘗受《易》，請射之。"其方法是，先有卦辭，占者以卦推之。凡細微的事物，皆可射中。也有學者認爲，"隨曲"當作"隨典"（林志鵬、楊智宇：《讀〈漢書·藝文志〉札記》，《經學文獻研究集刊》2016 年第 16 輯）。

《大筮衍易》二十八卷。[1]

［1］【今注】案，《隋志》、兩《唐志》無著録，已亡佚。大筮，同"太筮"。對卜筮的美稱。衍易，指仿《易》而演《易》之類。

《大次雜易》三十卷。[1]

［1］【今注】案，《隋志》、兩《唐志》無著録，已亡佚。全祖望《讀易别録》認爲，即《春秋傳》所録的雜筮占。

《鼠序卜黄》二十五卷。[1]

［1］【今注】案，指長壽之鼠憑人而占卜。《隋志》、兩《唐志》無著録，已亡佚。鼠序，或即鼠卜。《抱朴子内篇·對俗》有“鼠壽三百歲，滿百歲則色白，善憑人而卜，名曰仲，能知一年中吉凶及千里外事”。姚振宗《條理》引本書《郊祀志》李奇注“持雞骨卜，如鼠卜”，稱“鼠卜即此鼠序也，雞卜即此卜黄也”。卜黄，即以鷄卵之黄進行占卜。

《於陵欽易吉凶》二十三卷。[1]

［1］【今注】案，《隋志》、兩《唐志》無著録，已亡佚。顧實《講疏》認爲，於陵爲姓，欽爲名。王利器《風俗通義校注·佚文·古制》載，於陵氏爲齊世家陳仲子的後人，因辭爵灌園，居於於陵，因以爲氏。漢有議郎於陵欽。

《任良易旗》七十一卷。[1]

［1］【今注】案，《隋志》、兩《唐志》無著録，已亡佚。任良，京房弟子，官爲中郎。易旗，姚振宗《條理》認爲，如十二靈棋卜之類。

《易卦八具》。[1]

[1]【今注】案，《隋志》、兩《唐志》無著録，已亡佚。此書或爲書寫於木牘上的筮占記録。《儀禮注疏》卷四七載"卦者在左坐，卦以木。卒筮，乃書卦於木，示主人乃退占"。鄭玄注曰："卦以木者，每一爻畫地以識之。六爻備，書於版。"八具，即版書。有學者認爲，"八具"當作"八算"。算，即算籌。指簡易占法用八根算籌，每根上畫一八卦，隨機抽取兩根，即得上下卦，即可占卜（林志鵬、楊智宇：《讀〈漢書·藝文志〉札記》，《經學文獻研究集刊》2016年第16輯）。

右蓍龜十五家，四百一卷。[1]

[1]【今注】案，計標出卷數，實爲四百七十七卷。

蓍龜者，聖人之所用也。《書》曰："女則有大疑，謀及卜筮。"[1]《易》曰："定天下之吉凶，成天下之亹亹者，莫善於蓍龜。""是故君子將有爲也，將有行也，問焉而以言，其受命也如嚮，無有遠近幽深，遂知來物。非天下之至精，其孰能與於此。"[2]及至衰世，解於齊戒，[3]而婁煩卜筮，神明不應。[4]故筮瀆不告，《易》以爲忌；[5]龜厭不告，《詩》以爲刺。[6]

[1]【顔注】師古曰：《周書·洪範》之辭也。言所爲之事有疑，則以卜筮決之也。龜曰卜，蓍曰筮。【今注】案，見《尚書·洪範》。《尚書正義》卷一二"汝則有大疑，謀及乃心，謀及卿士，謀及庶人，謀及卜筮"，注：將舉事而汝則有大疑，先盡汝心以謀

慮之，次及卿士衆民，然後卜筮以決之。

［2］【顔注】師古曰：皆上繫之辭也。亹亹，深遠也。言君子所爲行，皆以其言問於易。受命如嚮者，謂示以吉凶，其應速疾，如嚮之隨聲也。遂猶究也。來物謂當來之事也。嚮與響同。與讀曰豫。【今注】亹（wěi）亹：勤勉不倦。　莫善於蓍龜：今本《周易正義》卷七作“莫大乎蓍龜”。　其受命也如嚮：卜筮顯示吉凶迅速快捷，如聲音之嚮應。　無有遠近幽深遂知來物：指《易經》不論遠近、幽深難懂之事，均能知其未來之事的吉凶。

［3］【顔注】師古曰：解讀曰懈。齊讀曰齋。婁讀曰屢。

［4］【今注】“及至衰世”四句：指卜筮不能連續多次，否則會使人迷惑。

［5］【顔注】師古曰：《易・蒙卦》之辭曰“初筮告，再三瀆，瀆則不告”，言童蒙之來決疑。初則以實而告，至于再三，爲其煩瀆，乃不告也。

［6］【顔注】師古曰：《小雅・小旻》之詩曰“我龜既厭，不我告猶”，言卜問煩數，媟嫚於龜，龜靈厭之，不告以道也。

《黄帝長柳占夢》十一卷。[1]

［1］【今注】案，《隋志》、兩《唐志》無著録，已亡佚。《史記》卷一《五帝本紀》張守節《正義》引《帝王世紀》載，黄帝占夢，得風后、力牧，因著《占夢經》十一卷。1975 年湖北雲夢睡虎地 11 號秦墓出土秦簡《日書・夢》，1993 年湖北江陵縣荆州鎮郢北村王家臺秦墓出土秦簡《日書・夢占》（駢宇騫：《出土簡帛書籍分類述略（數術略）》，《中國典籍與文化》2006 年第 2 期）。長柳，爲古占候方法之一。

《甘德長柳占夢》二十卷。[1]

［1］【今注】案，《隋志》、兩《唐志》無著録，已亡佚。甘德，又作“甘公”。秦末善占星者。齊人。《史記·天官書》稱“在齊甘公”，張守節《正義》引《七略》云“楚人，戰國時，作《天文星占》八卷”。裴駰《集解》云“甘公名德，本魯人”。

《武禁相衣器》十四卷。[1]

［1］【今注】案，《隋志》著録梁有《裁衣書》一卷，亡。此書内容類似王充《論衡·譏日》所言“裁衣有書，凶日製衣有禍，吉日有福”。武禁，疑爲人名。

《嚏耳鳴雜占》十六卷。[1]

［1］【顔注】師古曰：嚏，音丁計反。【今注】案，此書爲關於嚏、耳鳴等生理現象的雜占。《隋志》“五行類”載，梁有《嚏書》《耳鳴書》各一卷。居延漢簡中有耳鳴、目瞤的内容，饒宗頤集録這些材料，撰文考證（《居延漢簡術數耳鳴目瞤解》，《大陸雜志》卷一三上）。

《禎祥變怪》二十一卷。[1]

［1］【今注】案，《隋志》、兩《唐志》無著録，已亡佚。禎祥，吉兆；變怪，災變怪異。

《人鬼精物六畜變恠》二十一卷。[1]

［1］【今注】案，《隋志》、兩《唐志》無著録，已亡佚。楊樹

達《漢書窺管》以爲，“物”假爲“鬽”。鬽，老物精。又案，恠，蔡琪本同，大德本、殿本作“怪”。

《變恠誥咎》十三卷。[1]

[1]【今注】案，《隋志》、兩《唐志》無著録，已亡佚。沈欽韓《漢書疏證》認爲，“誥，告於神也；咎，自刻責也”。睡虎地《日書》甲種内有《詰咎》篇，記述鬼怪、神妖等危害人的種種表現，以及人如何防治、驅除鬼神的方法（駢宇騫：《出土簡帛書籍分類述略（數術略）》，《中國典籍與文化》2006年第2期）。

《執不祥劾鬼物》八卷。[1]

[1]【今注】案，《隋志》、兩《唐志》無著録，已亡佚。古人稱鬼鬽爲不祥，故想法驅除。《抱朴子神仙》曰：“《神仙集》中有召神劾鬼之法，又有使人見鬼之術。”《後漢書》卷八二下《方術傳下》載，章帝時有壽光侯，能劾百鬼衆魅，令自縛見形。

《請官除訞祥》十九卷。[1]

[1]【顔注】師古曰：訞字與妖同。【今注】案，《隋志》、兩《唐志》無著録，已亡佚。不署撰者。

《禳祀天文》十八卷。[1]

[1]【顔注】師古曰：禳，除灾也，音人羊反。【今注】案，此書内容爲禳除天變之災。《隋志》、兩《唐志》無著録，已亡佚。

《周禮·天官》載，女祝掌以時招梗禬禳之事，以除疾殃。後世祇存禳。禳祀，去除災變的祭祀。

《請禱致福》十九卷。[1]

[1]【今注】案，此書爲周秦以來請土、請壽、請雨之類。《隋志》著録有董仲舒《請禱圖》三卷。

《請雨止雨》二十六卷。[1]

[1]【今注】案，《隋志》、兩《唐志》無著録，已亡佚。本書卷五六《董仲舒傳》載，董仲舒以春秋災異之變推陰陽所以錯行，故求雨，閉諸陽，縱諸陰，其止雨反是。《續漢書·輿服志下》注引董仲舒《止雨書》。馬國翰輯《請雨止雨書》一卷。

《泰壹雜子候歲》二十二卷。[1]

[1]【今注】案，《史記·天官書》載"候歲"，以冬至日、腊明日、正月旦、立春日等特徵，以占候一歲的氣候、水旱及收成美惡、諸事吉凶等。泰壹，爲依託。《隋志》著録《東方朔歲占》一卷。

《子贛雜子候歲》二十六卷。[1]

[1]【今注】案，《隋志》、兩《唐志》無著録，已亡佚。王先謙《漢書補注》引葉德輝説，"此因子貢貨殖依託而作"。秦簡中有《占候》（參見《秦簡牘合集（肆）》，武漢大學出版社 2014 年

版，第88—89頁）。

《五法積貯寶臧》二十三卷。[1]

［1］【今注】案，《隋志》、兩《唐志》無著録，已亡佚。顧實《講疏》認爲，此書並非農家，而是以占候爲主。《越絶書·内經》云“人之生無幾，必先憂積蓄以備妖祥”。

《神農教田相土耕種》十四卷。[1]

［1］【今注】案，《隋志》、兩《唐志》無著録，已亡佚。不署撰者。嚴可均《全上古三代文》認爲，《開元占經》卷一一一引《神農書》十五條、《神農占》十條，當是此書佚文。顧實《講疏》認爲，馬國翰所輯《神農書》内容與此書有關。

《昭明子釣種生魚鼈》八卷。[1]

［1］【今注】案，昭明子，《史記》卷三《殷本紀》載，契之子昭明。張舜徽《通釋》認爲，此書涉及釣取、繁殖、長養魚鱉，三者各有占候。顧實《講疏》以爲《齊民要術》引陶朱公《養魚經》，或即此書。馬國翰、顧觀光輯《養魚經》一卷。

《種樹臧果相蠶》十三卷。[1]

［1］【今注】案，《隋志》、兩《唐志》無著録，已亡佚。《史記》卷六《秦始皇本紀》載，秦焚書時，醫藥卜筮種樹之書不在其列。姚振宗《條理》稱，《齊民要術》載種樹諸篇至多，又引

《食經》載藏果法，亦數十條，其蓋出於此。鄭注《周禮》引《蠶書》，或即其中相蠶的内容。《崇文總目》載淮南王《蠶經》三卷。

右雜占十八家，三百一十三卷。[1]

[1]【今注】案，實際爲三百一十二卷。

雜占者，紀百事之象，候善惡之徵。[1]《易》曰："占事知來。"[2]衆占非一，而夢爲大，故周有其官。[3]而《詩》載熊羆虺蛇衆魚旐旟之夢，[4]著明大人之占，以考吉凶，蓋參卜筮。《春秋》之説訞也，曰："人之所忌，其氣炎以取之，訞由人興也。人失常則訞興，人無釁焉，訞不自作。"[5]故曰德勝不祥，義厭不惠。[6]桑穀共生，[7]大戊以興；[8]雊雉登鼎，[9]武丁爲宗。[10]然惑者不稽諸躬，[11]而忌訞之見，是以《詩》刺"召彼故老，訊之占夢"，[12]傷其舍本而憂末，不能勝凶咎也。[13]

[1]【顔注】師古曰：徵，證也。

[2]【顔注】師古曰：下繫之辭也。言有事而占，則覩方來之驗也。【今注】占事知來：見《易·繫辭下》。通過卜占之事知未來之應驗。

[3]【顔注】師古曰：謂大卜掌三夢之法，又占夢中士二人，皆宗伯之屬官。

[4]【顔注】師古曰：《小雅·斯干》之詩曰："吉夢維何？維熊維羆，男子之祥；維虺維蛇，女子之祥。"《無羊》之詩曰："牧人乃夢，衆維魚矣，旐維旟矣。大人占之，衆維魚矣，實維豐

年，旐維旟矣，室家溱溱。”言熊羆虺蛇皆爲吉祥之夢，而生男女。及見衆魚，則爲豐年之應，旐旟則爲多盛之象。大人占之，謂以聖人占夢之法占之也。畫龜蛇曰旐，鳥隼曰旟。【今注】】羆：棕熊。《爾雅・釋獸》：“羆，如熊，黄白文。”　虺（huǐ）：指腹蛇。　旐（zhào）：上面畫有龜蛇圖案的旗幟。　旟（yú）：上面繪有鳥隼圖像的旗幟。本書卷一〇〇上《叙傳上》應劭曰：“周宣王牧人夢衆魚與旟旐之祥，而中興。”

［5］【顔注】師古曰：申繻之辭也，事見莊公十四年。炎謂火之光始燄燄也。言人之所忌，其氣燄引致於炎也。釁，瑕也。失常，謂反五常之德也。炎讀與燄同。【今注】案，今傳本無“人失常則訞興”六字。其下文爲“人無釁焉，訞不自作。人棄常則訞興，故有訞”。

［6］【顔注】師古曰：厭，音伊葉反。惠，順也。【今注】案，“德勝不祥”二句，指以“德”“義”戰勝、抑制不祥和不順的事物。厭，鎮壓、抑制；惠，順從。

［7］【今注】桑穀共生：桑樹與楮樹共生，是一種不祥。《尚書正義》卷八載，亳有祥，桑穀共生於朝。注曰，二木合生七日大拱不恭之罰。

［8］【今注】大戊以興：大戊，太甲之孫。任用伊陟、巫咸等人，使商朝復興，諸侯歸之。號中宗。據《史記・殷本紀》載，帝太戊時，有桑穀生於廷。太戊懼，問伊陟。伊陟曰：“臣聞訞不勝德，帝之政其有闕與？帝其修德。”大戊從之，桑穀即死。

［9］【今注】案，據《史記・殷本紀》、本書《郊祀志上》載，武丁即位，任用傅説，殷復興，稱高宗。有雉登鼎而鳴，武丁懼。祖己曰：“修德。”武丁從之，天下太平。　雊（gòu）雉：雉鳴叫。

［10］【顔注】師古曰：説在《郊祀》《五行志》。【今注】武丁：殷高宗，小乙之子。即位後，三年不言，政事決定於冢宰。以

傅説爲相，方使殷朝大治。

［11］【顔注】師古曰：稽，考也，計也。【今注】不稽諸躬：不考慮自身所存在的問題。稽，考察。諸躬，自身。

［12］【顔注】師古曰：《小雅·正月》之詩也。故老，元老也。訊，問也。言不能修德以禳灾，但問元老以占夢之吉凶。

［13］【今注】凶咎：災禍。

《山海經》十三篇。[1]

［1］【今注】案，《史記》卷一二三《大宛列傳》云："至《禹本紀》《山海經》所有怪物，余不敢言之也。"則此書當爲秦漢以前古籍。其中所載内容，如劉歆《上山海經表》所説："内别五方之山，外分八方之海，紀其珍寶奇物，異方之所生，水土草木，禽獸昆蟲麟鳳之所止，禎祥之所隱，及四海之外絶域之國，殊類之人。禹别九州，任土作貢，而益等類物善惡，著《山海經》，皆聖賢之遺事，古文之著明者也。"《隋志》亦稱相傳爲夏禹所記。晉郭璞注《山海經》，其稱此書跨世七代，歷載三千，雖暫顯於漢，而尋亦寢廢，其山川名號所在，多有舛謬，與今不同。自南北朝時，此書即有竄亂。如《顔氏家訓·書證》稱此書爲夏禹及益所記，但其中却有長沙、零陵、桂陽、諸暨等後世地名。劉歆所校《山海經》三十二篇，定爲十八篇。《漢志》著録十三篇，指劉向合《南山經》三篇爲《南山經》一篇，《西山經》四篇爲《西山經》一篇，《北山經》三篇爲《北山經》一篇，《東山經》四篇爲《東山經》一篇，《中山經》十二篇爲《中山經》一篇，並《海外經》四篇、《海内經》四篇，共十三篇。至劉歆增《大荒經》四篇、《海内經》一篇，故爲十八篇。《隋志》著録《山海經》二十三卷，郭璞注。《舊唐志》著録《山海經》十八卷，郭璞撰；《山海經圖讚》二卷，《山海經音》二卷。《新唐志》著録《山海經》

二十三卷，郭璞注；《山海經圖讚》二卷，《山海經音》二卷。《宋志》著録郭璞《山海經讚》二卷、郭璞注《山海經》十八卷。《直齋書録解題》卷八稱，今本爲尤袤所校定。《四庫全書總目提要》卷一四二著録《山海經》十八卷，稱《隋志》、兩《唐志》著録皆爲二十三卷，今本十八卷乃後人合併所致，以符合劉歆所定十八篇，並非闕佚。研究《山海經》成果有畢沅《山海經新校正》、郝懿行《山海經箋疏》、吴任臣《山海經廣注》、王心湛《山海經集解》、袁珂《山海經校注》等。

《國朝》七卷。[1]

[1]【今注】案，《隋志》、兩《唐志》無著録，已亡佚。沈欽韓《疏證》認爲，《隋志》云，劉向略言地域，丞相張禹使屬朱貢（《漢書·地理志》作“朱贛”）條記風俗，班固之作《地理志》，疑其即《國朝》。但有學者認爲，“國朝”應與下文“宫宅地形”相連，作爲一書（趙益：《〈漢志·數術略〉考釋證補（下）》，《古典文獻研究》第8輯）。

《宫宅地形》二十卷。[1]

[1]【今注】案，此當爲關於宫宅風水吉凶之書。《周禮·地官大司徒》云：“以土宜之法，辨十有二土之名物，以相民宅，而知其利害。”王先謙《漢書補注》稱《論衡·詰術》言及圖宅術。《隋志》“五行類”著録《宅吉凶論》三卷、《相宅圖》八卷等。已亡佚。

《相人》二十四卷。[1]

[1]【今注】案，《荀子·非相》“相人之形狀顔色而知其吉凶妖祥，世俗稱之”楊倞注曰：“相，視也，視其骨狀以知吉凶貴賤也。”漢初有許負，善相人，曾相薄姬、周亞夫。有《相經》。《隋志》著録《相書》四十六卷。已亡佚。

《相寶劍刀》二十卷。[1]

[1]【今注】案，《吕氏春秋·别類》載，相劍者曰，“白所以爲堅也，黄所以爲牣也。黄白雜則堅且牣，良劍也”。《越絶書》卷一一載，有能相劍者薛燭。1972年至1977年在甘肅酒泉居延破城子遺址第四十探方中出土的木簡中有六簡，整理者定名《相寶劍刀》，主要涉及善劍與惡劍的一些具體標準。《隋志》著録《仙寶劍經》二卷。已亡佚。

《相六畜》三十八卷。[1]

[1]【今注】案，《隋志》、兩《唐志》無著録，已亡佚。《隋志》著録《相馬經》一卷，注曰，梁有《伯樂相馬經》《闕中銅馬法》《周穆王八馬圖》《齊侯大夫甯戚相牛經》《王良相牛經》《高堂隆相牛經》《淮南八公相鵠經》《浮丘公相鶴書》《相鴨經》《相雞經》《相鵝經》《相貝經》。《史記》卷一二七《日者列傳》載陳君夫以相馬立名天下，留長孺以相彘立名，滎陽褚氏以相牛立名。本書卷六五《東方朔傳》載，董偃，學書計、相馬、御射。《後漢書》卷二四《馬援傳》載，馬援學相馬骨法。《三國志》卷九《魏書·夏侯泰初傳》注稱漢世有《鷹經》《牛經》《馬經》。1906年至1907年甘肅敦煌平望朱爵燧出土漢簡《相馬法》、1973年湖南長沙馬王堆3號漢墓出土帛書《相馬經》、1990年敦煌甜水井附近漢代懸泉簡牘《相馬經》。1972年山東臨沂銀雀山1號漢墓竹簡

《相狗方》、安徽阜陽雙古堆1號漢墓出土漢簡《相狗》。

右形法六家，百二十二卷。

形法者，大舉九州之勢以立城郭室舍形，人及六畜骨法之度數、器物之形容以求其聲氣貴賤吉凶。[1]猶律有長短，[2]而各徵其聲，非有鬼神，數自然也。然形與氣相首尾，[3]亦有有其形而無其氣，有其氣而無其形，此精微之獨異也。

[1]【今注】案，此數句指形法家所涉及的内容，指通過地理、城廓、宫室、人畜骨相、器物形狀，以知其聲氣、貴賤、吉凶。骨法，人與六畜等動物的骨相。度數，標準、規則。聲氣，聲望、氣勢。

[2]【今注】律：古代以竹、銅、玉等製成，用於校正樂律的器具。以管的長短來確定音的不同高度。從低音到高音，成奇數的六個管稱“律”，成偶數的六個管稱“吕”。

[3]【今注】形與氣：各種事物的具體形象及藴含的本質性内容。

凡數術百九十家，[1]二千五百二十八卷。[2]

[1]【今注】案，實際爲一百一十家。

[2]【今注】案，實際爲二千五百五十卷。

數術者，皆明堂羲和史卜之職也。[1]史官之廢久矣，其書既不能具，雖有其書而無其人。《易》曰：“苟非其人，道不虚行。”[2]春秋時魯有梓慎，[3]鄭有裨竈，[4]晉有卜偃，[5]宋有子韋。[6]六國時楚有甘公，[7]魏有石申夫。[8]漢有唐都，[9]庶得麤觕。[10]蓋有因而成易，無因而成難，故因舊書以序數術爲六種。

［1］【今注】明堂：古代帝王宣明政教的地方，凡朝會、祭祀、慶賞、選士、養老、教學等大典，皆在此舉行。　羲和：羲氏、和氏，唐虞時爲掌天地四時之官，後以羲和爲官名。史卜，史爲掌天文曆法之官，卜爲掌卜筮之官。

［2］【顔注】師古曰：下繫之辭也。言道由人行。【今注】案，此句指如果是聖人，則能循其文辭、揆其義理、知其典常，則易道得運行。如果不是通聖之人，則不曉達易之道理，則易道不能運行。因爲，易道不能虚空得行。

［3］【今注】梓慎：春秋時魯國大夫。《左傳》襄公二十八年載，魯襄公二十八年（前545）春無冰，以爲歲星在星紀而淫於玄枵，必有天時不正之災。明年，宋、鄭果飢。

［4］【今注】裨（pí）竈（zào）：春秋時鄭國大夫。《左傳》昭公十七年載，裨竈對子産説："宋衛陳鄭將同日火，若我用瓘斝玉瓚，鄭必不火。"子産不與。

［5］【今注】卜偃：春秋時晉國人。姓郭，名偃。任掌卜大夫。《左傳》僖公五年（前655）晉獻公將攻虢，問何月爲宜，偃答宜在九月十月之交。晉如期發兵滅虢。

［6］【今注】子韋：宋景公之史，任司星。

［7］【今注】甘公：或曰名德。《七録》云楚人，戰國時作《天文星占》八卷。

［8］【今注】石申夫：《七録》云石申，魏人，戰國時作《天文》八卷。

［9］【今注】唐都：漢武帝時方士，與巴郡落下閎參與造漢《太初曆》。

［10］【顔注】師古曰：觕，粗略也，音才户反。【今注】庶：差不多。 麤（cū）觕（cū）：粗略。

《黄帝内經》十八卷。[1]

［1］【今注】案，王應麟《考證》卷一〇稱，王冰謂《素問》即《黄帝内經》十八卷之九卷，兼《靈樞》九卷。張仲景《傷寒論集》稱引用《素問》，則此書已見於漢代。皇甫謐《鍼灸甲乙經序》稱《鍼經》九卷、《素問》九卷，皆爲《内經》，與《漢志》所載十八卷相合。又有南北朝全元起《素問注》八卷，王冰作注，得八十一篇二十四卷。宋代嘉祐中林億、高保衡承詔校定補注。《隋志》著録《黄帝素問》九卷，注謂梁八卷。《舊唐志》著録《黄帝素問》八卷、《黄帝内經明堂》十三卷。《新唐志》著録《黄帝素問》九卷、王冰注《黄帝素問》二十四卷，《釋文》一卷。兩《唐志》又著録《黄帝内經明堂》十三卷、《黄帝内經太素》三十卷（楊上善注）、《黄帝内經明堂類成》十三卷（楊上善撰）。《四庫全書總目提要》卷一〇三著録王冰注《黄帝素問》二十四卷、《靈樞》十二卷。

《外經》三十七卷。[1]

［1］【今注】案，《隋志》、兩《唐志》無著録，已亡佚。張舜徽《通釋》認爲，醫書分《内經》《外經》，如同《春秋》《韓詩》内外傳。内經涉及醫學理論和思想，外經涉及醫學技藝和案例。《隋志》著録《黄帝甲乙經》十卷、《歧伯經》十卷、《黄帝流注脈經》一卷，梁有《黄帝鍼灸經》十二卷，當均爲外經。

《扁鵲内經》九卷。[1]

［1］【今注】案，《史記》卷一三〇《太史公自序》稱“扁鵲言醫，爲方者宗，守數精明”。《史記》卷一〇五《扁鵲倉公列傳》稱“扁鵲者，勃海郡鄭人也，姓秦氏，名越人。”司馬貞《索隱》稱爲“春秋時良醫”，張守節《正義》曰，《黄帝八十一難序》云：“秦越人與軒轅時扁鵲相類，仍號之爲扁鵲。又家於盧國，因命之曰盧醫也。”《舊唐志》著録《黄帝八十一難經》一卷，秦越人撰。《新唐志》著録秦越人《黄帝八十一難經》二卷。《宋志》著録《扁鵲注黄帝八十一難經》二卷，秦越人撰。《四庫全書總目提要》卷一〇三著録《難經本義》二卷，周秦越人撰，元滑壽注。稱《難經》八十一篇，本《志》不載。隋、唐《志》始著録《難經》二卷，秦越人著，吴太醫令吕廣嘗作注，則其文當出三國前。張守節注《史記·扁鵲倉公列傳》所引《八十一難經》，悉與今合，則今書仍是古本。書名稱《難經》，指對經文有疑問，各設問難以辯明。顧實《講疏》稱，《千金方》等引扁鵲語皆不見今傳扁鵲《難經》。《難經》自兩《唐志》始著録，此書是否出於扁鵲之手，當存疑。

《外經》十二卷。[1]

［1］【今注】案，《隋志》、兩《唐志》無著録，已亡佚。

《白氏内經》三十八卷。[1]

［1］【今注】案，《隋志》、兩《唐志》無著録，已亡佚。白氏，或當作“百氏”，即將作者不詳的諸家醫經彙編。

《外經》三十六卷。[1]

[1]【今注】案,《隋志》、兩《唐志》無著録,已亡佚。

《旁篇》二十五卷。[1]

[1]【今注】案,《隋志》、兩《唐志》無著録,已亡佚。

右醫經七家,二百一十六卷。[1]

[1]【今注】案,實際爲一百七十五卷。

醫經者,原人血脉經落骨髓陰陽表裏,以起百病之本,死生之分,而用度箴石湯火所施,[1]調百藥齊和之所宜。[2]至齊之德,猶慈石取鐵,[3]以物相使。拙者失理,以瘉爲劇,[4]以生爲死。

[1]【顏注】師古曰:箴,所以刺病也。石謂砭石,即石箴也。古者攻病則有砭,今其術絶矣。箴,音之林反。砭,音彼廉反。【今注】度:考慮。　箴石:古代以石製成的針,用以刺病。　湯:中藥湯劑。　火:指中醫用灼燒的方法治療。王念孫《讀書雜志·漢書第七》稱,此句"所施"前當有"之"字。

[2]【顏注】師古曰:齊,音才詣反,其下並同。和,音呼卧反(呼,蔡琪本、殿本同,大德本作"乎")。【今注】齊(jì):同"劑"。用多味中藥配製而成的藥劑。

[3]【今注】慈石:磁石。

[4]【顏注】師古曰:瘉讀與愈同。愈,差也。【今注】以瘉(yù)爲劇:指拙於治病的人使本來能治愈的病人的病情加重。

《五藏六府痹十二病方》三十卷。[1]

［1］【今注】案，《隋志》、兩《唐志》無著録，已亡佚。五藏，即五臟，指脾、肺、腎、肝、心。六府，即六腑，指胃、大腸、小腸、三焦、膀胱、膽。痹（bì），風濕病。通常所指風、寒、濕等引起關節、肌肉疼痛、麻木的病症。

《五藏六府疝十六病方》四十卷。[1]

［1］【顔注】師古曰：疝，心腹氣病，音山諫反，又音删。【今注】案，《隋志》、兩《唐志》無著録，已亡佚。疝（shàn），《素問·長俠節論》稱腹痛不得大小便，名曰疝。

《五藏六府癉十六病方》四十卷。[1]

［1］【顔注】師古曰：癉，風溼之病，音必二反。【今注】案，《隋志》、兩《唐志》無著録，已亡佚。癉，指内臟使用過度而勞傷，或人的津液虧耗，或熱症，或黄疸（張怡、李海峰：《釋〈黄帝内經〉中的“癉”》，《中國中醫基礎醫學雜志》2020 年第 5 期）。

《風寒熱十六病方》二十六卷。[1]

［1］【今注】案，《隋志》、兩《唐志》無著録，已亡佚。寒熱指惡寒發熱（朱鵬舉：《〈黄帝内經〉“寒熱”病辨疑》，《中國中醫基礎醫學雜志》2016 年第 5 期）。

《泰始黄帝扁鵲俞拊方》二十三卷。[1]

[1]【顔注】應劭曰：黄帝時醫也。師古曰：拊音膚。【今注】案，《隋志》、兩《唐志》無著録，已亡佚。泰始，古代指天地初開、萬物開始形成的時代。俞拊，上古時之醫者。《史記》卷一〇五《扁鵲倉公列傳》載扁鵲説，臣聞上古之時，醫有俞跗，治病不以湯液醴灑，而是利用鑱石、切脈治病。

《五藏傷中十一病方》三十一卷。[1]

[1]【今注】案，《隋志》、兩《唐志》無著録，已亡佚。姚振宗《條理》引《素問·診要經絡論》，稱刺胸腹必避五臟，中心者環死、中脾者五日死、中腎者七日死、中肺者五日死，中鬲者皆爲傷中。

《客疾五藏狂顛病方》十七卷。[1]

[1]【今注】案，《隋志》、兩《唐志》無著録，已亡佚。狂顛，風癲，即癇證。《素問·生氣通天論》載，岐伯曰，陰不勝其陽，則脈流薄疾，並乃狂。《八一難經》載，“癲病始發，意不樂，直視僵仆，其脈三部陰陽俱盛”。

《金創瘲瘛方》三十卷。[1]

[1]【顔注】服虔曰：音瘛引之瘛。師古曰：小兒病也。瘛，音充列反（列，蔡琪本同，大德本、殿本作“制”）。瘲，音子用反。【今注】案，《隋志》、兩《唐志》無著録，已亡佚。金創，

金屬器械對人造成的傷口。瘲（zòng）瘛（chì），王念孫《讀書雜志・漢書第七》認爲，師古注瘛音在前，瘲音在後，則瘲瘛當爲瘛瘲。此爲小兒驚風病，手足痙攣，口眼歪斜。

《婦人嬰兒方》十九卷。[1]

[1]【今注】案，《隋志》、兩《唐志》無著録，已亡佚。《史記》卷一〇五《扁鵲倉公列傳》載，扁鵲過邯鄲，聞貴婦人，即爲帶下醫。來入咸陽，聞秦人愛小兒，即爲小兒醫。

《湯液經法》三十二卷。[1]

[1]【今注】案，《隋志》、兩《唐志》無著録，已亡佚。王應麟《考證》卷一〇載《内經素問》有《湯液醪醴論》。《事物紀原》載，《湯液經》出於商伊尹。張仲景有《伊尹湯液》十餘卷。

《神農黄帝食禁》七卷。[1]

[1]【今注】案，《隋志》、兩《唐志》無著録，已亡佚。《周禮注疏》卷五注引作"《漢書・藝文志》云《神農黄帝食藥》七卷"。《隋志》著録神農《藥忌》一卷、《黄帝雜飲食忌》二卷。王先謙《漢書補注》引葉德輝曰，日本醫者丹波康賴《醫心方》二十九引《本草食禁》，即此書，疑古本附《本草》後，故云《本草食禁》。

右經方十一家，二百七十四卷。[1]

［1］【今注】案，實際爲二百九十五卷。

經方者，[1]本草石之寒温，[2]量疾病之淺深，假藥味之滋，因氣感之宜，辯五苦六辛，[3]致水火之齊，[4]以通閉解結，反之於平。及失其宜者，以熱益熱，以寒增寒，精氣内傷，不見於外，是所獨失也，故諺曰："有病不治，常得中醫。"[5]

［1］【今注】經方：醫家在治療過程中發現的確有療效的"經驗之方"。

［2］【今注】本：根據。

［3］【今注】案，指按照五臟六腑的性質采用不同的藥。《儒門事親》云："以爲五苦者，五臟爲裏屬陰，宜用苦劑，謂苦涌泄爲陰；六辛者，六腑爲表屬陽，宜用辛劑，謂辛甘發散爲陽。此其義也。"

［4］【今注】致水火之齊：製中藥劑有水火之分。姚明煇《注解》認爲，火製有四，煅、煨、炙、炒；水製有三，浸、泡、洗；水火共製有二，蒸、煮。

［5］【今注】案，"故諺曰"數句指有病時求醫治療，難免有所得失。如果遇到庸醫，更是不如不治。無病時則需要養生，故重食療。

《容成陰道》二十六卷。[1]

［1］【今注】案，《隋志》、兩《唐志》無著録，已亡佚。王應麟《考證》卷一〇稱《後漢書》卷八二《方術傳》載，甘始、東郭延年、封君達三人，能行容成公御婦人術。注引《列仙傳》，容

成公能善補導之事。

《務成子陰道》三十六卷。[1]

[1]【今注】案，此書當爲託名務成子。務成子，傳説中爲堯師，西漢初年受到“黄老思想”的影響而成爲司房中的神仙角色（朱滸：《“房中”與升仙——漢代“容成”及其圖像考》，《中國典籍與文化》2014 年第 2 期）。《隋志》、兩《唐志》無著録，已亡佚。

《堯舜陰道》二十三卷。[1]

[1]【今注】案，此書當爲託名堯舜。《隋志》、兩《唐志》無著録，已亡佚。

《湯盤庚陰道》二十卷。[1]

[1]【今注】案，《抱朴子·極言》載，殷王遣采女從彭祖問房中之術，行之有效。《隋志》、兩《唐志》無著録，已亡佚。

《天老雜子陰道》二十五卷。[1]

[1]【今注】案，天老爲黄帝三公之一。《文選·嵇叔夜養生論》注引《天老養生經》。《隋志》、兩《唐志》無著録，已亡佚。

《天一陰道》二十四卷。[1]

[1]【今注】案，天一即天乙，商湯之名。《隋志》、兩《唐志》無著録，已亡佚。

《黄帝三王養陽方》二十卷。[1]

[1]【今注】案，三王，指夏禹、商湯、周文王（一説爲周武王）。王先謙《漢書補注》引葉德輝説，丹波康賴《醫心方》二十九《養陽篇》引《玉房祕訣》等，皆其遺説。《隋志》著録《玉房祕訣》，無著録此書，已亡佚。

《三家内房有子方》十七卷。[1]

[1]【今注】案，《隋志》、兩《唐志》無著録，已亡佚。楊樹達《漢書窺管》稱《千金翼方》卷五載，行房法一依《素女經》，女人月信斷，一日爲男，二日爲女，三日爲男，四日爲女，以外無子。每日午時夜半後行事，生子吉，餘時生子，不吉。

右房中八家，百八十六卷。[1]

[1]【今注】案，實際爲一百九十一家。

房中者，[1]情性之極，至道之際，是以聖王制外樂以禁内情，而爲之節文。[2]《傳》曰“先王之作樂，所以節百事也”。[3]樂而有節，則和平壽考。[4]及迷者弗顧，以生疾而隕性命。

[1]【今注】房中：即房中術，古代道士、方士關於節欲養生

保氣之術。1973 年湖南長沙馬王堆 3 號漢墓出土有帛書《養生方》、漢簡《合陰陽》《雜禁方》《天下至道談》，上海博物館藏戰國楚竹書《彭祖》。江西海昏侯墓出土六十餘枚“房中”簡（楊博:《西漢海昏侯劉賀墓出土“房中”簡初識》,《文物》2020 年第 6 期）。

［2］【今注】節文：制定禮儀，使行之有度。

［3］【今注】案，“傳曰”數句見《左傳》昭公元年，今本作“先王之樂，所以節百事也”。

［4］【今注】和平：心平氣和。　壽考：年長、長壽。

《宓戲雜子道》二十篇。[1]

［1］【今注】案，《隋志》、兩《唐志》無著録，已亡佚。宓戲，伏羲。

《上聖雜子道》二十六卷。[1]

［1］【今注】案,《隋志》、兩《唐志》無著録，已亡佚。姚振宗《條理》認爲，上聖指上古聖人，在伏羲之後。

《道要雜子》十八卷。[1]

［1］【今注】案,《隋志》、兩《唐志》無著録，已亡佚。姚振宗《條理》認爲，道要指至道之要。作者不止一人。

《黄帝雜子步引》十二卷。[1]

[1]【今注】案，當爲導引之書。《隋志》、兩《唐志》無著録，已亡佚。《隋志》著録有《引氣圖》一卷、《道引圖》三卷，注曰，立一、坐一、卧一。

《黄帝岐伯按摩》十卷。[1]

[1]【今注】案，《隋志》、兩《唐志》無著録，已亡佚。《史記》卷一〇五《扁鵲倉公列傳》載，俞跗治病，"案扤毒熨"。案扤，即按摩。按摩身體使調和。岐伯，相傳爲黄帝臣，名醫，曾與黄帝論醫。

《黄帝雜子芝菌》十八卷。[1]

[1]【顔注】師古曰：服餌芝菌之法也。菌，音求閔反。【今注】案，此書内容爲服餌芝菌之法。《隋志》、兩《唐志》無著録，已亡佚。張玉春《史記日本古注疏證》引司馬相如《大人賦》有"噍咀芝英兮嘰瓊華"。芝英，即芝菌，與瓊華同爲可以長生之物。

《黄帝雜子十九家方》二十一卷。[1]

[1]【今注】案，《隋志》、兩《唐志》無著録，已亡佚。

《泰壹雜子十五家方》二十二卷。[1]

[1]【今注】案，《隋志》、兩《唐志》無著録，已亡佚。

《神農雜子技道》二十三卷。[1]

[1]【今注】案，《隋志》、兩《唐志》無著録，已亡佚。技道，技術、方術。

《泰壹雜子黄冶》三十一卷。[1]

[1]【顔注】師古曰：黄冶，釋在《郊祀志》。【今注】案，黄冶即道家所言用丹砂煉成黄金。《隋志》著録《合丹節度金丹藥方》、《唐志》著録《燒煉秘訣》。已亡佚。

右神僊十家，二百五卷。[1]

[1]【今注】案，實際爲二百一卷。

神僊者，[1]所以保性命之真，[2]而游求於其外者也。聊以盪意平心，同死生之域，[3]而無怵惕於匈中。[4]然而或者專以爲務，則誕欺怪迂之文彌以益多，[5]非聖王之所以教也。孔子曰："索隱行怪，後世有述焉，吾不爲之矣。"[6]

[1]【今注】神僊：古代能够養性延命，長生不死的人（楊英：《神仙家淵源考》，《宗教學研究》2004年第2期）。

[2]【今注】性命：《史記·樂書》張守節《正義》曰，性，生也。萬物各有嗜好謂之性。命，指長短夭壽。

[3]【顔注】師古曰：盪，滌。一曰，盪，放也。【今注】案，"盪意平心"二句，指洗滌心靈，心平氣和，使生死統一起來。《莊子·齊物論》云："天地與我并生，而萬物與我爲一。"盪，洗滌。

[4]【今注】怵惕（tì）：戒懼、驚懼。

[5]【顔注】師古曰：誕，大言也。迂，遠也。【今注】誕欺：以荒誕不經的言語進行欺騙。恠迂：怪異荒誕。

[6]【顔注】師古曰：《禮記》載孔子之言。索隱，求索隱暗之事，而行恠迂之道，妄令後人有所祖述，非我本志。【今注】案，"孔子曰"數句見《禮記·中庸》。指以索求隱僻的理論、怪異荒誕的舉動使後世稱贊自己，我並不願意這樣做。今本作"素隱行怪，後世有述焉，吾弗爲之矣"。鄭玄注曰："素讀如攻城攻其所傃之傃，傃猶鄉也。言方鄉辟害隱身，而行佹譎，以作後世名也。弗爲之矣，恥之也。"

凡方技三十六家，八百六十八卷。[1]

[1]【今注】案，實際爲八百六十二卷。

方技者，皆生生之具，[1]王官之一守也。[2]太古有岐伯、俞拊，中世有扁鵲、秦和，[3]蓋論病以及國，原診以知政。[4]漢興有倉公。[5]今其技術晻昧，[6]故論其書，以序方技爲四種。

[1]【今注】生生之具：人們繁衍生息的手段。《周易》云"生生謂之易"。《史記》卷一《五帝本紀》載"什物"，裴駰《集解》曰，通謂生生之具爲什物。

[2]【今注】案，方技多屬春官宗伯。

[3]【顔注】師古曰：和，秦醫名也。

[4]【顔注】師古曰：診，視驗，謂視其脉及色候也。診音軫，又音丈刃反。【今注】案，"論病以及國"二句，指治病與診

脈的思想和理論方法與治國理政有相通之處（參見金仕起《論病以及國——周秦漢方技與國政關係的一個分析》，博士學位論文，台灣大學，2003 年）。

［5］【今注】倉公：姓淳于，名意，漢初齊國臨菑（今山東淄博市西北）人。任太倉長，又稱太倉公。漢高后八年（前 180），從師公乘陽慶，得黄帝、扁鵲之脈書，習五色診病及藥論。受業三年，爲人治病，多有應驗。平時行游各諸侯國。文帝四年（前 176），獲罪當處肉刑，其女緹縈上書，願爲官婢，以贖其罪。文帝因此罷肉刑。傳見《史記》卷一〇五。

［6］【顔注】師古曰：晻與暗同。【今注】晻昧：幽暗不明。晻，同暗。昏暗。

大凡書，六略三十八種，五百九十六家，[1] 萬三千二百六十九卷。[2] 入三家，五十篇，省兵十家。

［1］【今注】案，實際爲六百家。

［2］【今注】案，實際爲一萬二千九百五十五卷。另有圖四十七卷。